KB238092

부사산 비파호를 날 듯이 건너

Flying over Mt. Busa and Lake Bipa

日本錄

소명출판

지은이 성대중(成大中, 1732~1812)은 본관은 창녕(昌寧)이고 자는 사집(士執)이며 호는 청성(青城)이다. 서얼이었으나 통청운동에 힘입어 청직(清職)에 임명된 후 서얼통청운동의 상징적 인물이 되었다. 박지원, 홍대용 등 북학파 학자들과 교유하였으나 한편으로는 정조의 문체반정에 적극 호응한 의고문주의자이기도 하며, 조선 후기의 실학자 성해응(成海應)이 그의 아들이다. 1763년 서기의 자격으로 통신사 조엄을 수행하여 일본에 다녀왔고 이때 남긴 글이 바로 『일본록』인데, 그밖에 천 수 가까운 시를 수창하였으며, 특히 글씨로 유명하여 일본의 학자 및 일반인들에게 써준 글씨가 만여 장이 넘었다고 한다. 문집으로 『청성집(青城集)』이 전한다.

감수자 이혜순(李慧淳)은 1942년 서울에서 출생하여 서울대학교 문리과대학 국문학과를 졸업하고, 서울대학교와 미국 일리노이대학에서 각각 국문학석사와 비교문학석사를, 중국 국립대만사범대학에서 중국문학 박사학위를 받았다. 1973년부터 이화여자대학교 국어국문학과 교수로 재직중이며, 국어국문학회 대표이사와 한국고전여성문학회 회장, 한국고전문학회 회장을 역임했다. 저서로 『비교문학—이론과 방법』, 『수호전 연구』, 『조선통신사의 문학』, 『고려전기 한문학사』, 『한국 고전여성작가의 시세계』, 『한국 고전여성작가 연구』(공저), 『비교문학의 새로운 조명』(공저) 등이 있고, 『한국 고전여성문학의 세계』(전2권, 한시편, 산문편), 『한국의 열녀전』 등을 공역했다.

옮긴이 홍학희(洪學姬)는 이화여자대학교 국어국문학과를 졸업하고 같은 대학원에서 한문학으로 석·박사학위를 받았으며, 우전(雨田) 신호열(辛鎬烈) 선생님, 사단법인 유도회(儒道會)의 권우(卷宇) 홍찬유(洪贊裕) 선생님, 퇴운(退雲) 이지풍(李之灃) 선생님 등에게서 한문을 사사하였다. 이화여자대학교, 충북대학교, 한남대학교 등에서 강의하였으며, 이화여자대학교 한국어문학연구소 전임연구원을 역임하였다. 박사논문 「율곡(栗谷) 이이(李珥)의 시문학 연구」를 비롯하여 「이이 산수기행시의 주기적 전망」, 「율곡 이이의 고문관(古文觀)과 그 표현 특성」, 「한국 도학시 연구에 있어서의 몇 가지 문제」 등의 논문이 있는데, 주로 조선 중기의 도학시에 관심을 갖고 『염락풍아(濂洛風雅)』를 공부하고 있는 중이며 넓은 의미에서의 한시비평에 관심이 있다.

부사산 비파호를 날 듯이 건너

1판 1쇄 인쇄 2006년 3월 15일
1판 1쇄 발행 2006년 3월 30일

지은이 / 성대중
옮긴이 / 홍학희
펴낸이 / 박성모
펴낸곳 / 소명출판
출판고문 / 김호영
등록 / 제13-522호
주소 / 137-878 서울시 서초구 서초동 1621-18 (란빌딩 1층)
대표전화 / (02) 585-7840
팩시밀리 / (02) 585-7848
somyong@korea.com / www.somyong.com

ⓒ 2006, 홍학희

값 15,000원

ISBN 89-5626-209-8 03810
※ 이 역서는 2002년도 한국학술진흥재단의 지원에 의해 번역되었음(KRF-2002-071-AS2511).

부사산 비파호를 날 듯이 건너

Flying over Mt. Busa and Lake Bipa

日本錄

성대중 지음 | 이혜순 감수
홍학희 옮김

소명출판

본 책은 아래와 같은 원칙과 요령으로 엮었다.

1. 번역의 저본은 고려대학교 육당문고 소장『日本錄』을 사용하였다.
2. 편차와 체재는 저본을 따랐다. 단, 독자의 편의를 위하여 저본의 내용을 해치지 않는 범위에서 문단을 나누거나 구성을 재조정하였다.
3. 「사상기」와 「일본록」의 목차는 독자의 편의를 위하여 역자가 임의로 붙인 것이다.
4. 번역은 직역을 원칙으로 하였다. 단, 원뜻을 표현할 수 없거나 문장의 맛을 살릴 수 없는 경우에는 의역하였다.
5. 맞춤법·띄어쓰기 등은 '한글 맞춤법'을 따름을 원칙으로 하였다.
6. 고유명사나 용어 등은 ( ) 안에 한자를 넣어 표기하고, 시에는 원문을 실었다.
7. 인명과 지명은 우리 한자 음으로 적었다.
8. 성과 이름, 성과 자호는 붙여 썼다. 외국 인명 등에 있어서, 지명이면서 관명·성명의 뜻을 겸하고 있는 것 중 구분하기 어려운 것도 붙여 썼다.
9. 저자의 주석은 본문 중에 작은 글자로 넣었다. 역자의 주석은 간단한 것은 본문 중에 ( )로 묶어 넣고 그렇지 않은 것은 미주로 처리하였다.
10. 부호는 다음과 같이 구별하여 사용하였다.
　( ) : 음이 같은 한자를 묶을 때, 혹은 역자의 간단한 주석을 본문 중에 넣을 때.
　[ ] : 음은 다르나 뜻이 같은 한자를 묶을 때.
　" " : 대화체나 인용문을 묶을 때.
　' ' : 대화체나 인용문에서 재인용문을 묶을 때, 혹은 특정한 용어나 어구를 강조할 때.
　「 」 : 서적의 편명이나 논문 제목, 작품의 제목을 표시할 때.
　『 』 : 서적의 제목을 표시할 때.
11. ≪ ≫은 저본에서 쓰여진 원주를 나타낸다.

역자는 지금 개인 사정으로 미국 캘리포니아에 위치한 몬테레이를 방문중이다. 몬테레이는 미국인들이 가장 아름다운 도시 가운데 하나라고 손꼽는 유명한 휴양지로서, 존 스타인벡의 『에덴의 동쪽』에서 주인공의 가족을 비롯한 샐리너스의 사람들이 동경해마지 않았던 바로 그 에덴의 땅이기도 하다. 이곳에 도착하여 반년 가까이 살면서 느낀 점은 그렇다. 이곳은 봄·여름·가을·겨울 기온의 변화가 거의 없는 곳, 비가 오지 않으면서도 사철 내내 꽃이 피어 있는 곳, 땅이 넓어 웬만한 건물이 2층을 넘지 않는 곳, 학생들에게 지나친 경쟁을 유발하지 않는 곳, 전기를 펑펑 쓰는 곳, 해만 지면 거의 모든 사람들이 집으로 돌아가며 남자들이 밤늦게까지 술을 마시지 않는 곳, 정원과 집을 예쁘게 가꾸는 것이 취미인 곳, 쓰레기 재활용을 열심히 하지 않는 곳, 초콜렛이나 스낵으로 식사를 대신하기도 하며 상상을 초월하게 뚱뚱한 사람들이 많이 사는 곳, 길에서 처음 만나는 사람에게도 웃으며 인사를 하는 곳……

여기까지 읽은 사람들은 아마 눈치 챘을 것이다. 역자가 미국을 바라보는 시각의 저변에는 항상 한국, 혹은 한국 사람들이 기준으로 작용하고 있다는 것을. 은연중에 미국 혹은 미국인들이 우리와 같고 다른 점들을 매순간 인식하게 되고 그리고 그것들을 통해서 우리를 생각해보게된다. 이러한 관점은 어디를 가든 마찬가지여서 늘상 그곳의 산천과 문물을 한국의 그것과 상대적으로 견주어 보게 된다. 샌프란시스코는, 새크라멘토는, 샌디에고는…… 로스앤젤레스의 차이나타운은, 리틀 도쿄는…… 아마 통신사들도 그랬을 것이다. 가는 곳마다, 보는 것마다 일본의 모든 것을 조선의 그것과 견주어 보았을 것이다.

역자는 그렇게 생각한다. 통신사의 기록이 우리에게 무엇보다도 중요한 것은, 중국과는 또 다르게 이들의 기록을 통하여 조선이 문화 상대주의의 시각을 확보할 수 있었을 것이라는 점이다. 비록 의도한 바는 아니었지만 결과적으로 통신사들은 조선에 있어 일본이라는 문명의 타자를 발견했고 그것을 각종 저술을 통해 조선에 소개함으로써 조선의 문명 자체를 상대화하는 결과를 가져왔다. 때로 일본의 아름다운 풍광이나 물산의 풍성함 등에 놀라움을 표시한다거나 실용적 기술에 관심을 보이면서 일본을 이적시하는 관점이 약화되고 그들의 문명에 관심을 가지게된 점이 바로 그러한 증거이다. 문화는 결코 일방적인 흐름이 아니다. 밉거나 곱거나 간에 일본을 통해 조선 자신도 재해석되는 과정을 밟아왔으니, 독자들은 통신사들의 기록을 통해 18세기 일본을 접하고 동시에 그에 준하여 18세기 조선의 모습을 보다 객관적으로 바라볼 수 있었을 것이다. 역자는 조선후기 통신사행록의 가장 중요한 의의 가운데 하나가 바로 이러한 점이라고 생각한다.

글을 보면 곧 그 사람을 알 수 있다는 말이 있다. 이 책 『일본록』의 저자 성대중은 매우 지적이고 이성적인 사람이었던 것으로 생각된다. 차분하고 담담한 태도로 자신의 감정을 되도록 배제하고 있는 그대로의 상황만을 기술하며, 작은 일은 무심한 듯 지나치고 말하지 않는 것이 매우 인상적이었다. 그의 태도는 마치 높은 곳에서 대상을 내려다보면서 절대 대상에 몰입하지 않고 그것 위에 서 있는 관점을 보여주는데, 처음에는 매우 건조하게 느껴지지만 사실을 기술하는 역사가로서 신뢰가 가는 태도임에 틀림없다. 다만 번역자로서 조금 더 자세한 기록을 남겼더라면 하는 아쉬움이 남는데, 통신사 서기로서 일본의 문인들과 시를 수창하고 길에서 만나는 사람들에게 글씨를 써주느라 여력이 없었던 것 같다. 통신사 서기로서 성대중의 활약은 그의 시 및 글씨와 함께 연구되어야 전모가 드러날 것이다.

이 책이 나오기까지 감사해야 할 분들이 너무 많다. 연구책임자이신 이혜순 선생님께서는 언제나처럼 격려와 채찍과 사랑을 번갈아 베풀어주셨다. 같은 팀원이었던 박재금·김경숙·김보경·최윤정·홍인숙 선생과는 거의 만 3년을 넘게 동고동락하였다. 학술진흥재단의 지원이 없었다면 강의에, 연구에 쫓기는 우리들에게 있어 번역은 거의 불가능한 작업이었을 것이다. 그리고 소명출판의 여러분들은 팔리지도 않을 책을 출판하느라 물심양면으로 애써주셨다. 깊이 감사드리며, 마지막으로 가족들에게 사랑한다고 말하고 싶다.

2006년 1월
미국 몬테레이에서
홍 학 희

『일본록』, 사행일기와 견문록의 만남

1. 계미사행과 『일본록』

『일본록(日本錄)』은 1763년(영조 39)부터 1764년에 걸쳐 이루어진 계미사행(癸未使行)의 서기 성대중(成大中, 1732~1809)의 일본 왕환 기록으로, 총2책으로 이루어져 있으며 고려대학교 육당(六堂)문고에 소장되어 있다.

계미사행은 원가치(原家治)가 새로 일본 관백이 된 것을 축하하기 위하여 파견된 사행으로, 정사 조엄(趙曮), 부사 이인배(李仁培), 종사관 김상익(金相翊) 등 삼사신을 비롯하여 제술관 남옥(南玉), 서기 성대중, 원중거(元重擧), 김인겸(金仁謙) 등 약 500여 명의 사절단이 1763년 8월 한양을 출발하여 강호(江戶)에 가서 원가치에게 국서를 전달하고 1764년 7월 조선에 돌아와 복명하였다. 계미사행은 조선 후기 통신사행의 대미를 장식한 사행이라고 할 수 있으니, 통신사행은 총12차에 걸쳐 이루어졌으나 제12차

사행은 대마도까지밖에 가지 못했으므로 11차 사행인 계미사행이 강호까지 다녀온 마지막 사행이었고 또 대규모 사절단으로 이루어져 문화 교류의 양과 질의 측면에서 볼 때 조선 후기 통신사행의 절정을 이루었기 때문이다. 이때에 양국 문사간의 시문 창화가 가장 활발하게 이루어졌으며 또 단일 사행으로서는 가장 많은 총8종의 사행록이 찬술되었다. 통신사행에 있어 제술관과 서기 등 사객(詞客)의 역할 가운데 하나는 일본 문사들과 필담을 나누거나 시문(詩文)을 창수하고 여정에서 만나는 일반인들에게 글을 써주는 것이다. 정사 서기로 사행에 참여하였던 성대중 역시 그렇게 해서 지은 시가 1,000여 수에 이르렀으며 특히 그의 글씨는 일본인들 사이에 매우 인기가 있었다고 한다. 그러는 한편 일본에 다녀오면서 보고 듣고 느낀 것을 기록하여 『일본록』으로 엮어냈는데 이 책은 이때 쓰여진 『해사일기(海槎日記)』(趙曮), 『일관기(日觀記)』(南玉), 『승사록(乘槎錄)』(元重擧), 『화국지(和國志)』(元重擧), 『일본록(日本錄)』, 『명사록(溟槎錄)』(吳大齡), 『사록(槎錄)』(閔惠洙), 『계미수사록(癸未水槎錄)』(저자 미상) 등 총8종의 사행록 가운데 하나이다.

2. 작자 성대중

성대중의 본관은 창녕(昌寧)이며 자는 사집(士執)이고 호는 청성(靑城)이다. 아버지는 찰방 효기(孝基)이고 조선 후기의 실학자 성해응(成海應)이 그의 아들이다.

1753년(영조 29)에 생원이 되고 1756년 정시문과에 병과로 급제하였는데, 서얼이었으나 영조의 탕평책에 편승한 서얼들의 신분상승운동인 서얼통청운동(庶擘通淸運動)에 힘입어 1765년 청직(淸職)에 임명되었다. 1763

정사 서기 성대중(成大中, 1732~1809)

년에 통신사 조엄을 수행하여 서기의 자격으로 일본에 다녀왔고 1784년(정조 8)에 흥해군수(興海郡守)가 되어 목민관으로서 선정을 베풀었다. 학맥은 노론 성리학파 중 낙론계(洛論系)에 속하였으나 당대의 시대사상으로 부각된 북학사상(北學思想)에도 관심을 가졌다. 홍대용(洪大容)·박지원(朴趾源)·이덕무(李德懋)·유득공(柳得恭)·박제가(朴齊家) 등과 교유하면서 이들에게 가학(家學) 및 스승 김준(金焌)에게서 전수받은 상수학적(象數學的)인 학풍을 발전적으로 계승, 전달하여 북학사상 형성에 일익을 담당하였다. 그러나 한편으로는 이들 북학파와 달리 정조의 문체반정(文體反正)에 적극 호응하여 진한(秦漢)시대의 글이 아니면 배우지도 않았다고 하는 철저한 의고문주의자(擬古文主義者)로서 패사체·어록체·속어투와 해학조를 제거하고 고문을 부흥시켜야 한다는 지론을 전개하였다. 이는 박지원의 법고창신론(法古創新論)과는 정면으로 대립되는 것으로 이로 인하여 정조에게 포상을 받고 외삼품직(外三品職)을 제수받는 특전을 누리기까지 하였다. 그의 이런 행동에는 서얼이라는 신분적 약점도 일면 작용한 것으로 짐작되는데, 결과적으로 낙론계 성리학자와 북학파의 중간적 행보를 보였다. 저서로 『일본록』 외에 『청성집(青城集)』 10권 5책이 전한다.

3. 서지 사항 및 책의 구성

이 책은 고려대학교 육당문고에 소장되어 있는 필사본으로 책의 크기는 가로 13.1cm, 세로 19.0cm이며 1책 57장과 2책 79장을 합하여 모두 2책 136장으로 이루어져 있는데, 갑신년 정월 19일 중간 부분부터 25일 중간 부분에 해당하는 1책의 제17번째 장이 결락되어 있다.

1) 1책 「사상기^{槎上記}」

1책은 「사상기(槎上記)」라는 소제목하에 계미년(1763) 8월 3일에 입궐하여 영조에게 출발을 고하고 떠날 때부터 다음 해인 갑신년(1764) 7월 10일 조정에 돌아와 복명(復命)할 때까지의 과정을 일기 형식으로 하루도 빼놓지 않고 날마다 기록하고 있다. 책의 맨 뒤에는 「일본의 두 재자에 대해서 쓰다[書日本二才子事]」, 「「동사축」의 뒤에 쓰다[書東槎軸後]」라는 짧은 글 두 편을 실어 놓았는데, 앞의 글에서는 일본의 두 재사(才士)인 구정로(龜井魯)와 나파사증(那波師曾)에 대해서 자세히 서술하였으며 뒤의 글에서는 일본사행에 임하는 이들이 주의해야 할 점을 기록함으로써 후대에 사신으로 가는 이들에게 경계를 남기고 있다.

2) 2책 「일본록」·「신유한^{申維翰}의 해유록을 요약하다^{靑泉海遊錄鈔}」

1책이 일기 형식의 글이라면, 「일본록」과 신유한의 해유록을 요약한 「청천해유록초」로 이루어진 2책은 견문록의 성격을 띤다.

「일본록」은 일본의 지형과 역사, 제도와 풍속 등에 대해서 보고 들은 대로 자유롭게 서술한 글이다. 뒷부분에는 「축상이 쓴 영목전장의 일을 덧붙이다[附쓰常書鈴木傳藏事]」, 「안용복의 일을 덧붙이다[附安龍福事]」라는 글 두 편을 실어놓았는데, 앞의 글은 사행 도중에 일어난 최천종 살해 사건의 전말에 대해서 일본 승려 축상이 기록한 것을 그대로 옮겨놓은 것이고, 뒤의 글은 동래 땅의 평범한 백성 안용복이라는 일개 어민이 울릉도(독도) 국경 문제를 가지고 일본을 상대로 혈혈단신 담판을 지은 사건의 전말을 이맹휴(李孟休)가 『춘관지(春官志)』라는 책의 맨 뒤에 적어놓은 것을 옮기고 거기다 자신의 논평을 덧붙여 놓은 것이다.

「청천해유록초」는 신유한(1681~?)의 『해유록(海遊錄)』 가운데 「문견잡록(聞見雜錄)」을 발췌한 것으로 「일본록」의 내용을 보다 깊이 있게 보완하는 역할을 한다. 「문견잡록(聞見雜錄)」은 1719년 기해사행의 제술관 신유한이 대마주 서기 우삼동(雨森東)과 일본 사회의 제반 분야에 걸쳐 나눈 필담을 기록한 글로서, 성대중은 신유한이 받은 당시 일본 유명 문사들의 시 및 편지를 제외한 나머지 내용을 19항목으로 나누고, 여기에 '봉역(封域)'·'산수(山水)'·'천문(天文)'·'물산(物産)'·'음식(飮食)'·'의복(衣服)'·'궁실(宮室)'·'관제(官制)'·'전제(田制)'·'병제(兵制)'·'풍속(風俗)'·'방역(方譯)'·'문학(文學)'·'이학(理學)'·'선가(禪家)'·'의학(醫學)'·'여색(女色)'·'외속(外俗)'·'잡록(雜錄)' 등의 소제목을 붙여놓았다. 한편 「청천해유록초」의 말미에는 「문견잡록」에는 없는 내용이 실려 있다. 즉, 원정지(源正之)의 손자 원정용(源正容)이 조부의 신도비문과 조부가 엮은 성리학서를 보내면서 책의 서문을 부탁하기에 서문을 지어주고 굳이 넣어주는 책 한 질을 받아왔다는 것이다. 원정지는 신유한이 사행하였을 당시 집정(執政)이자 비후주(肥後州) 태수였으며 일본의 성리학자로 「문견잡록」에도 언급되어 있는 인물이다. 따라서 이 부분은 아마도 성대중이 사행하였을 때 직접 겪었던 일을 「문견잡록」과 관련한 후일담으로 덧붙여 놓은 것으로 보인다.

『일본록』은 길이는 길지 않지만 한 책 안에 사행일기와 견문록을 모두 포함한 일본 사행록의 압축판이라고 할 수 있다.

4. 작자의 의식세계와 서술상의 특징

성대중은 이 책에서 구정로와 나파사증 등 일본의 재주 있는 문사 2인에 대한 별도의 기록을 남기고 있는데, 구정로는 동해(東海)의 대학자로서 시문이 빼어나고 식견과 깨달음이 기이하며 나파사증은 재주는 구정로보다 조금 못하나 학식이 뛰어나다며 극찬하고 있다. 이들은 모두 당시 일본 문사들에게 배척당하던 인물들로서 일본 문화계의 숨겨진 재사를 발굴하여 기록을 남겼다는 의의를 갖는다. 성대중은 또 일본의 문학과 문화 수준이 과거에 비해서 점점 발전하고 있음을 파악하고 앞으로 일본에 사신으로 가는 이들은 시와 글씨에 있어서 더욱 많은 수련을 쌓아야 할 것이라며 후학들에게 경계를 남기고 있다. 이는 『일본록』이 단순히 사행을 충실히 기록하는데 목적이 있었던 것이 아니라, 앞으로 일본에 사신으로 가는 이들이 어떤 준비를 해야 할 것인지에 대한 비전을 제시하는 데 의의를 두고 있었기 때문인 것으로 보인다.

그러나 무엇보다도 성대중의 뛰어난 부분은 일본인들의 본질을 꿰뚫어보고 조(朝)·일(日) 관계의 문제점을 정확하게 짚어내고 있다는 데 있다. 원중거가 덕천가강(德川家康)을 덕장(德將)이라고 평가한 데 반해, 성대중은 풍신수길(豊臣秀吉)이 덕천가강의 사위인 북조씨(北條氏)를 칠 때 아무런 도움도 주지 않은 점에서 그의 야욕을 간파하고 '어떻게 그를 진정한 무인(武人)이라고 말할 수 있겠느냐'고 반문하고 있다. 또 자칫 민멸될 수 있었던 안용복이라는 인물에 관한 자료를 발굴하여 실어 놓았는데,

똑같은 사안에 대해 원중거가 왜인들이 교활한 것은 다만 대마도 왜인들이 그런 것이지 본토 왜인들은 충후하고 너그럽다며 용복이 이러한 사실을 알고 대마도 왜인들의 악행을 본토에 고발하여 울릉도 사건을 해결하였다고 생각한 데 반해, 성대중은 울릉도, 즉 독도가 후대에 양국 영토 분쟁의 단서가 될 수 있다는 인식하에 자료를 다루고 있다. 우리나라를 통째로 삼킨 것은 일본 본토인들이었음을 상기할 때 성대중은 조선에 대한 일본인들의 숨겨진 탐욕을 꿰뚫고 있었던 것으로 보인다. 또 성대중은 상방 도훈도 최천종이 일본인에 의해 살해당하는 전대미문의 사건이 일어났을 때 어찌해야 할 바를 모르고 의견을 구하는 정사 조엄에게 다른 사람들과는 달리 사건이 명료하게 처리되기 전에는 한발작도 움직이지 말아야 한다고 조언하여 의견을 관철시켰다. 성대중은 일본을 야만이라고 비하하지도 않았지만 동시에 상당히 냉철한 시각으로 거리를 갖고 대했던 것으로 보인다.

그러면서 동시에 이맹휴(李孟休)가 안용복의 일을 『춘관지(春官志)』의 맨 끝에 실어 놓은 것은 다 이유가 있는 것이니 용복의 기개와 업적이 참으로 장하고 위대하나 왜국과의 교린(交隣), 즉 외교에는 도움이 되지 않기 때문이라고 하였다. 성대중은 일본과의 영토 분쟁문제는 감정적인 차원이 아닌 대국적인 견지에서 실리를 따져 접근해야 할 것임을 피력하고 있는 듯하다. 독도 문제는 한일 관계에 있어 참으로 역사가 오랜 문제이며 어떻게 하는 것이 외교적으로 가장 온당하며 국익을 위해 실효성 있는 방법인지, 곱씹어보게 하는 대목이다.

『일본록』의 문장은 그리 논리정연하지는 않다. 특히 「사상기」 같은 글은 일기체이기 때문에 그때그때 보고들은 것을 생각나는 대로 툭툭 던지듯이 쓴 글에 가깝다. 이러한 글을 이른바 '작대기 글'이라고 하는데, 그러나 그렇기 때문에 결과적으로 더욱 생생한 기록을 담고 있다. 일본 땅 깊숙이 들어갔다 나온 여정을 자세히 기록하면서 일본인들뿐만 아니라 함께 사행을 다녀온 우리나라 사람들까지 포함해서 장장 11개월여에

　일본록(日本錄)–부사산 비파호를 날 듯이 건너

걸쳐 부대끼며 보고 느낀 다양한 인간 군상들을 생생하게 기록하고 있다. 사신과 일본인들과의 관계, 사신들끼리의 관계, 조선 관리들과의 관계, 역관과의 갈등, 기녀와의 관계 등 공식적인 기록이 놓치기 쉬운 부분을 보완하여 사행의 좀 더 깊은 속살까지도 들여다볼 수 있게 해준다. 이는 형식이나 문체에 구애받지 않는 일기만이 갖는 미덕으로, 철저한 의고문주의자였던 성대중의 문집에서는 보기 힘든 면모일 것이다. 필자는 사행록의 또 다른 의의를 이런데서 찾고 싶다. 사행록은 충실한 역사적 기록이자 당시 지식인들의 대외의식을 담고 있기도 하지만 동시에 기행문학이자, 훌륭한 일기문학의 보고인 것이다. 이는 전통적인 시각에서는 전혀 주목받지 못했던 점으로서 사행 주변의 인정과 세태를 아울러 그림으로써 당시 조선의 인물과 역사를 피와 살이 감도는 따뜻한 것으로 재현해내고 있다. 사행록이 연구자뿐만 아니라 일반인들에게도 흥미로운 읽을거리가 될 수 있는 것은 바로 이 때문이다.

목차

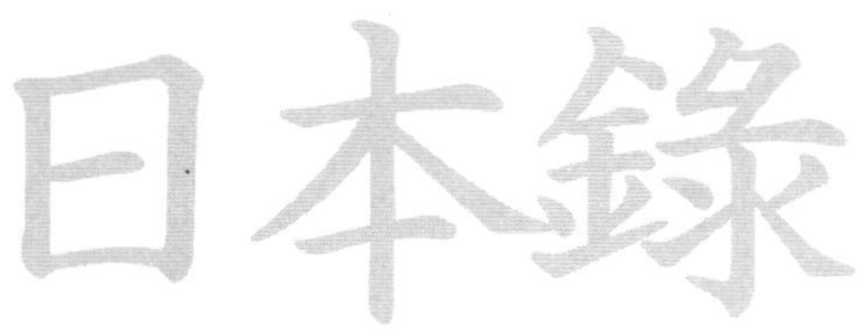

『일본록』 권2─일본견문록

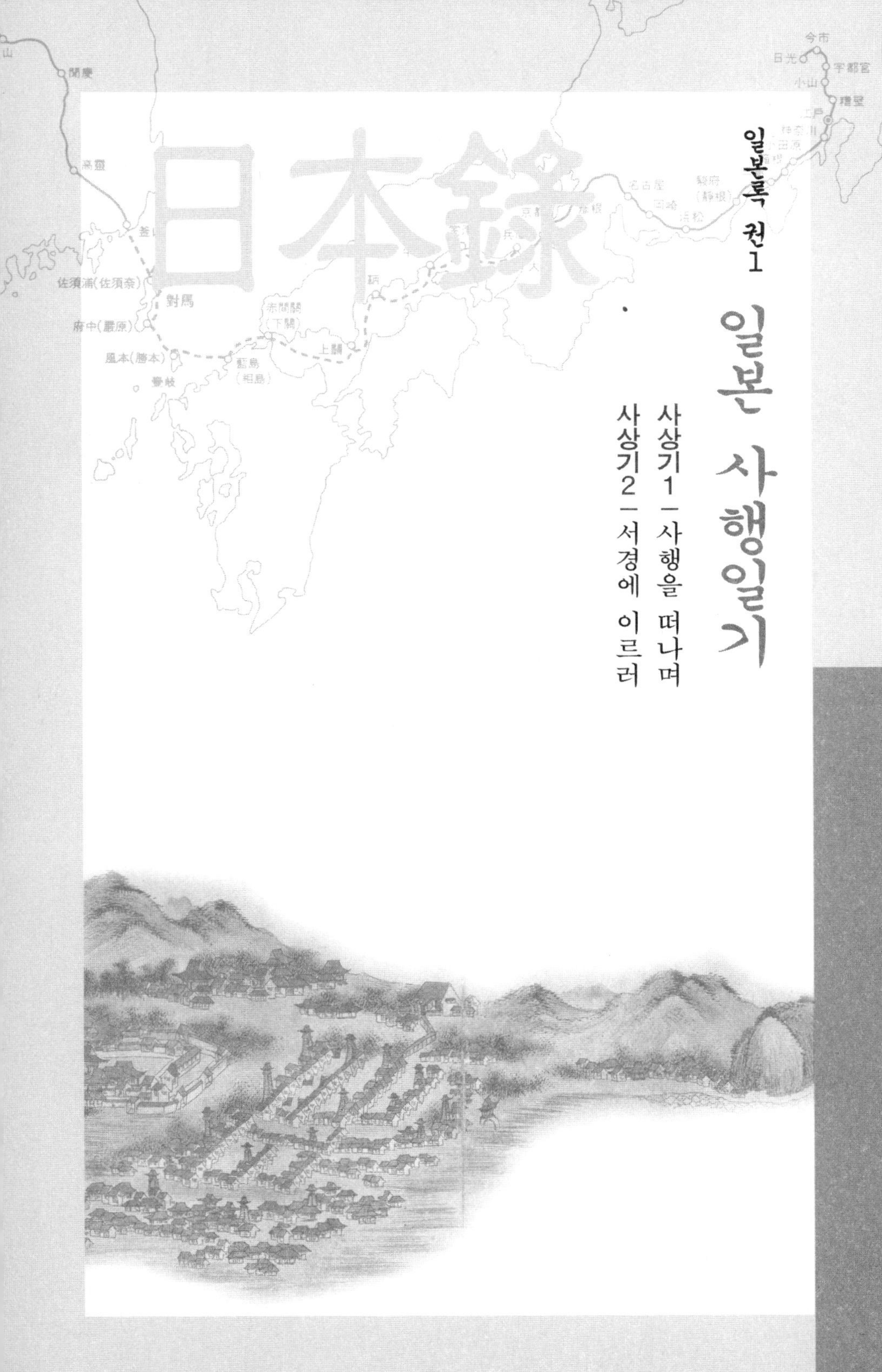

일본록 권1

일본 사행일기

사상기1 ― 사행을 떠나며

사상기2 ― 서경에 이르러

사행을 떠나며

사행(使行)을 출발한 이후로 매일 기록하였다.

[통신사 서기의 명을 받고]

계미癸未년 8월

초 3일 정해

구름이 끼고 비가 왔다.
삼사신(三使臣)[1]을 따라 입궐하여 하직하고 길을 떠났다. 숭례문(崇禮門)

제술관 남옥(南玉, 1722~1770) 정사 서기 성대중(成大中, 1732~1812) 종사 서기 김인겸(金仁謙, 1707~1772)

길을 경유하여 한강을 건넜다.

　일본에서 관백(關白)2)이 새로 섰음을 고하였으니 조정에서 관례대로 통신사를 보내어 축하하기로 하였다. 참의(參議) 서명응(徐命膺)3)이 상사(上使)가 되고 교리(校理) 엄린(嚴璘)이 부사(副使)가 되고 교리(校理) 이득배(李得培)가 종사관(從事官)이 되었다. 나는 서공(徐公)의 부름으로 제술관(製述官)이 되었는데 얼마 있다가 바뀌어 채희범(蔡希範)이 제술관이 되고 나는 서기(書記)가 되었다. 그런데 희범이 가려고 하지 않아서 또 남옥(南玉)4)으로 바뀌고, 원중거(元重擧)5)를 부사 서기로 삼고 김인겸(金仁謙)6)으로 종사관 서기를 삼았다. 해를 넘기고도 출발하지 못하다가 삼사신이 나란히 일에 연루되어 갈려서 서공은 북쪽 변방으로 귀양을 갔다. 참의 조엄(趙曮)7)이 상사가 되고 교리 이인배(李仁培)가 부사가 되고 교리 김상익(金相翊)8)이 종사관이 되었다. 일행의 문(文)과 무(武)가 모두 이전과 같았으되 다만 자제군관(子弟軍官)만은 삼사(三使)의 사객(私客)으로 바뀌었다. 나는 서공에게 부모가 연로하시다 하여 사양하였으나 허락받지 못하여

　일본록(日本錄) – 부사산 비파호를 날 듯이 건너

은계(銀溪 : 강원도에 있던 銀溪道의 중심 역) 찰방의 자리를 사임하고 서울에 들어왔더니 사신 일행이 모두 바뀌어 있었다. 내가 과거에 급제한 것은 사실 조(趙) 공의 축(軸)에서 나왔으나 한 번도 가서 안부를 여쭌 적은 없었는데 공을 뵙게 되니 또한 기뻤다.

떠나는 날짜가 조금씩 미루어지게 되어 집으로 돌아가 어버이 뵙기를 청하고 돌아간 지 5일 만에 다시 경성으로 들어왔다. 그 동안 주상 전하께서 문장(文章)의 일로 사행 가는 이들을 불러 대궐의 뜰에서 매미에 대한 시를 짓게 하셨는데, 나만 혼자 고향으로 내려가는 바람에 참여하지 못하였다. 일본으로 사신 가는 것은 우리 집안 대대로 내려오는 직책인데 부친께서 연로하셔서 내가 처음으로 가게 되었다. 또 나는 본래 시 짓는 것을 좋아하지 않고 비장(飛章 : 급히 전하는 편지)과 주독(走牘 : 급히 전하는 편지)은 더욱이나 능하지 못하다. 이에 허명(虛名)에 얽매인 바 되어 졸지에 이러한 일을 맡게 되니 평생을 돌아보아 부끄럽지 않을 수가 있겠는가. 다만 내가 벼슬길에 오른 이래 외람되게도 성상의 알아주심을 입었으니, 실로 미미한 집안의 천한 신하가 감당할 수 있는 바가 아니나 마땅히 근소한 힘이나마 보답하기를 도모해야 할 것이다. 그러나 다만 문장만은 감당할 수 없어서 극구 사양하였으나 연로하신 부친께서 또한 가기를 명하셨다.

성에 들어가서는 여행(汝行) 서간수(徐侃修)의 집에서 묵게 되었으니 예전에도 묵었던 집이다. 친지들이 나란히 와서 이별하고 백수(伯修) 심염조(沈念祖)9)와 원덕(元德) 서유린(徐有隣),10) 원례(元禮) 서유방(徐有防)11) 형제 등이 종일 와있었다. 참판 이의철(李宜哲)12)이 그때 안변(安邊) 수령이었는데 일일이 하직하고 나에게까지 방문하였다. 이야기가 길어지자 돌아가면서 수사(修辭)에 힘써 바깥 오랑캐(일본인 ─ 옮긴이)들에게 모욕당하지 말 것을 면려하였다. 운지(運之) 이규응(李奎應)이 와서 묵었다.

떠날 때가 되자 임금과 어버이가 모두 연로하시므로 고개를 돌려 그리워하매 실로 어린 아이와 같은 마음이 들었으나 마음을 강하게 다

잡고 장도에 올랐다. 영장(營將) 유달원(柳達源)13)이 눈물을 흘리며 부친
을 이별하는 것을 보니 더욱 섭섭한 마음이 들었다. 관왕묘(關王廟)14)
앞에서 조금 쉬었다. 행차를 배웅하는 사람이 지극히 적었으니, 예전
에는 서쪽 교외[西郊]에서 성대하게 전별하였다고 하는데 지금은 바다
를 건너가는 행차인데도 이러하다. 아마도 풍속이 옛날과는 달라진 것
이리라.

　20리를 가서 양재(良才)에서 묵고 교동(橋桐)에서 지공한 것을 먹었다.
부사(府使) 이달해(李達海)가 왔다. 부마차원(夫馬差員) 및 예단차원(禮單差員)
은 평구(平丘) 찰방 윤창규(尹昌奎)가 데리고 왔다.

초 4일 무자

맑음.
　30리를 가서 판교(板橋)에서 점심을 먹었는데 인천(仁川)에서 지공하였
다. 20리를 가서 용인(龍仁)에서 묵었는데 포천(抱川)에서 지공하였다. 집
으로 보내는 편지를 부쳤다.

초 5일 기축

맑게 개고 동풍이 불었다.
　40리를 가서 양지(陽智)에서 점심을 먹었는데 가평(加平)에서 지공하였
다. 조카 오언장(吳彦章)이 길옆에서 기다리고 있기에 조금 이야기를 나누
고 헤어졌다. 60리를 가서 죽산(竹山)에서 묵었는데 수원(水原)에서 지공하
였다. 숙경(叔敬) 김수보(金修甫)를 부(府)의 관아에서 만났다. 부사는 이언
희(李彦熙)였다.

초 6일 경인

맑게 개고 동풍이 불었다.

40리를 가서 무극(無極) 역참에서 점심을 먹었는데 여주(驪州)에서 지공하였다. 목사(牧使) 이시중(李時中) 공이 와서 잠깐 만나보았다. 40리를 가서 숭선(崇善)에서 묵었는데 목천(木川)에서 지공하였다. 역에서 일 보는 사나이가 교대를 고하기에 집에 보내는 편지를 부쳤다.

초 7일 신묘

비가 왔다.

60리를 가서 충주(忠州)에서 묵었다. 목사(牧使) 홍헌보(洪獻輔)가 왔다. 밤에 사관(使館)에 모여 시를 읊은 것이 한 축(軸)을 이루었다. 청안(淸安)에서 지공하였다.

초 8일 임진

큰 비가 왔다.

60리를 가서 안보(安保)에서 묵었는데 단양(丹陽)에서 지공하였다.

초 9일 계사

비가 왔다.

비를 무릅쓰고 조령(鳥嶺)을 넘어 문경(聞慶)에서 묵었다. 상주(尙州)에서 지공하였다. 이 날 40리를 갔다.

초 10일 갑오

맑음.

감여울[枏灘]을 건너는데 물이 불어 어깨까지 빠지는 바람에 겨우 건
넜다. 점심은 신원(新院)에서 먹고 유곡(幽谷)에서 묵었다. 이 날은 40리를
가는데도 밤이 되도록 갔다. 선산(善山)에서 와서 지공하였다.

11일 을미

맑음.

40리를 가서 점심은 용궁(龍宮)에서 먹고 또 40리를 가서 예천(醴泉)에
서 묵었다. 본군(本郡)에서 함께 지공하였다.

12일 병신

맑음.

40리를 가서 풍산(豊山)에서 점심을 먹었는데 영천(榮川)에서 지공하였
다. 또 40리를 가서 안동(安東)에서 묵었는데 본읍에서 지공하였다. 부사
(府使)는 김효대(金孝大)[15] 공이었다.

13일 정유

맑음.
안동에서 머물렀다.

14일 무술

맑음.

잠시 영호루(暎湖樓)에 올랐다. 30리를 가서 일직(一直)에서 점심을 먹었는데 청송(靑松)에서 지공하였고, 의성(義城)에서 묵었는데 본현에서 지공하였다.

15일 기해

맑음.

50리를 가서 의흥(義興)에서 점심을 먹었는데 성주(星州)에서 지공하였다. 또 40리를 가서 신녕(新寧)에서 묵었는데 본현에서 지공하였다. 잠시 장수(長水) 우관(郵舘 : 역참의 객사)에 다녀왔다.

16일 경자

맑음.

새벽에 출발하여 40리를 가서 영천(永川)에 도착하였다. 본군에서 지공하였다. 영남 관찰사 김상철(金尙喆)[16] 공이 조양각(朝陽閣)에 와서 전별연을 베풀어주었다. 개령(開寧), 안음(安陰), 칠곡(柒谷)에서 주연상을 나누어 준비하였고 안동(安東), 의성(義城), 경주(慶州) 및 본현에서 기생과 악공을 모두 불러모았다. 객사는 본래 넓고 탁 트인 곳으로 이름이 있었으나 주연상이 사방에 우뚝 솟아 있어서 앉아 있는 사람들이 겨우 얼굴만 볼 수 있었다. 네 명의 사객(詞客 : 三書記와 製述官 등 詩文에 종사하는 사람)만 연회에 참석하였으니 좌석이 좁기 때문이었다. 앞 길거리에서 마상재(馬上才)[17]를 공연하였는데 구경하는 사람들이 인산인해를 이루었으니 여러 도에서 다 몰려 왔다.

포은(圃隱)[18]의 「야흥(夜興)」 시에 차운하였다. 시온(時韞 : 南玉)[19]은 염체(艶體) 절구(絶句)를 지었다.

김유신(金庾信, 595~673)의 묘
원형의 봉분으로, 12방위의 둘레돌[護石]에 십이지상(十二支神像)을 새겼다. 조각의 우수함과 상의 거대함은 다른 묘를
압도한다. 경주 충효동에 있다.

17일 신축

맑음.

60리를 가서 모량(毛良)에서 점심을 먹었는데 대구(大丘)에서 지공하였다. 각간총(角干塚)을 방문하였으니 이곳은 김유신(金庾信)[20]이 묻힌 곳이다. 상을 세운 것이 왕릉에 비견할 만하니 신라인들이 공 있는 이에게 상을 주는 것이 이와 같았다. 남쪽으로는 교활한 왜구를 물리치고 북쪽으로는 고구려와 백제를 아우른 공에 마땅하다. 말에서 내려 오랫동안 주위를 서성였다.

20리를 가서 경주에서 묵었는데 본주에서 지공하였다. 노기(老妓) 비점(翡點)과 영매(英梅)가 와서 뵈었는데 비점의 노래와 영매의 거문고는 모두 이번 여정의 최고였다. 영매는 청천(青泉) 신유한(申維翰)[21]이 사랑한 바 있는 기생이니 신유한의 시를 아직도 상자 속에 가지고 있었다.

18일 임인

아침에 안개가 짙게 끼었다.

50리를 가서 구오역(仇於驛)에서 점심을 먹었는데 영덕(盈德)에서 지공하였다. 또 30리를 가서 울산(蔚山)에서 묵었는데 본읍(本邑)에서 지공하였다.

19일 계묘

맑음.

60리를 가서 용당(龍塘) 내창(內倉)에서 묵었는데 양산(梁山)에서 지공하였다.

20일 갑진

맑음.

40리를 가서 점심에 십휴정(十休亭)에서 쉬었다. 종사관이 일행의 짐을 수색하고 검사하여 금지된 물품을 갖고 있으면 죄를 주었다. 동래(東萊)에서 묵었는데 본부(本府)에서 지공하였다.

21일 을사

동래에서 머물렀다.

22일 병오

맑음.

송충렬공(宋忠烈公)22)의 사당을 배알하고 20리를 가서 부산에 도착하였다. 의령(宜寧)에서 지공하였으며 현감인 서명서(徐命瑞)가 왔다. 사상을 따라 나와 배를 구경했다. 서울로부터 부산까지는 1,110리에 이른다.

23일 정미

맑음.
영가대(永嘉臺)에 올랐다.

24일 무신

맑음.
진리(鎭吏) 김진양(金震陽)의 집으로 숙소를 옮겼다. 처음에 공사(公舍)에서 묵다가 원중거, 남옥 두 친구가 있는 곳으로 옮겨 간 것이다.

25일 기유

맑음.
의령(宜寧)이 물러가고 진주(晉州)에서 지공하였다.

26일 경술

맑음.

27일 신해

맑음.
초아흐레 날 보내신 부모님의 편지를 받아 보았다. 춘천(春川) 수령 이수득(李秀得) 공과 안협(安峽) 수령 정지순(鄭持淳)이 보낸 편지를 받아 보았는데 정지순의 편지에는 전별시도 있었다.

28일 임자

아침에 흐리고 비가 오다가 곧 갰다.

배파(陪把) 박평휘(朴平輝)가 와서 만나보았는데 그는 통영(統營) 사람이
었다.

29일 계축

맑음.

진주(晋州)가 물러가고 거창(居昌)에서 지공하였다. 밤에 영가대에 가서
음악을 듣고 검무를 구경하는데, 어둠 속에서 한 모퉁이에 조용히 앉아
있으되 풍류가 모두 그에게로 향하는 사람을 보았다. 매우 기이하게 생
각되어 옆에 앉은 사람에게 물어보니 합천(陜川)의 심용(沈鏞)이라고 하였
다. 그때 역참의 관리로 와있었다. 일찍부터 그의 이름을 익히 들어 알고
있었는데 지금 요행히도 그를 만나보게 되었다.

30일 갑인

맑음.

시온(時韞)이 아침에 「검무(劍舞)」 시를 보내 왔다. 시에 이르기를,

    적막한 변방의 성에 검협(劍俠) 많으니
    영가대의 가느다란 노래 소리 끊어지누나.
    엷은 서리 밤새 내려 버들가지를 기롱하고
    소나기 가을에 울며 어둠 속 연꽃과 다투는데
    부딪고 떨어짐에 신기(神氣)가 있어 무지개가 마주 꽂히고

가고 옴에 그림자가 없으니 달만 비껴가는구나.
천추에 황창(黃昌)23)의 비결을 배워 얻었으니
머나 먼 바다 밖 오랑캐 너희들은 어쩔거나.

寥落邊城劍俠多　永嘉臺上罷織歌
輕霜夜下先欺柳　急雨秋鳴暗戰荷
離合有神虹對揷　去來無影月橫過
千秋學得黃昌訣　蠻海迢迢奈甫何

라고 하였다. 즉시 화답하여 시를 보내니 시온이 말하기를,
　"평생 동안 다른 사람을 시새우지 않는 장점이 있었는데 이제 형에게
있어서는 면하지 못하겠구려."
라고 하였다.

부산에서 배 띄우기를 기다리며

계미癸未년 9월

초 1일 을묘

일식(日食)이 있었다.
새벽에 망궐례24)에 참예하였다.

초 2일 병진

바람이 크게 불고 비가 조금 뿌렸다.

거창(居昌)은 물러가고 합천(陜川)에서 지공하였다.

초 3일 정사

새벽에 비가 왔다.

세 분의 사상(使相)을 따라 비를 무릅쓰고 해운대(海雲臺)에 갔는데 도착하자 곧 비가 갰다. 밤이 이슥해서야 돌아왔다.

초 4일 무오

바람이 불었다.

합천 군수 심용이 밤에 찾아와서 시온의 처소에 모였다. 비점의 노래와 영매의 거문고도 아울러 모이고 합천에서 음식을 갖추어 내었다. 밤이 깊어서야 모임을 파했다.

초 5일 기미

맑음.

신익경(申翊卿)[25]과 신자수(申子壽)의 편지를 받아 보았다. 합천은 물러가고 거제(巨濟)에서 지공하였다.

초 6일 경신

맑음.

장차 해신(海神)에게 제사를 지내기 위해 수서(受誓 : 아직 제사를 행하기 전에 먼저 徹戒를 펴는 것)를 하고 영가대에서 법식을 익혔다.

영가대(永嘉臺)
조선통신사가 일본으로 떠나기 전에 항해의 안전을 기원하는 해신제를 올리던 곳이다.

초 7일 신유

맑음.

거제는 물러가고 함안(咸安)에서 지공하였다. 산음(山陰) 수령 서명규(徐命圭)가 왔으니 곧 의령(宜寧) 현감(徐命瑞-옮긴이)의 막내 동생이었다.

초 8일 임술

맑음.

새벽에 해신제를 지냈다. 나는 집례(執禮 : 예를 집도함)로서 참여하였다.

초 9일 계해

맑음.

부상(副相)과 종사공(從事公)이 몰운대(沒雲臺)에 놀러 갔다.

초 10일 갑자

맑음.

임금께서 내리신 연회에 참석했다. 수영(水營)[26]에서 연회를 준비했는
데 수사(水使 : 水軍節度使의 약칭)는 심인희(沈仁希)였다. 함안은 물러가고 밀
양(密陽)에서 지공하였다.

11일 을축

비가 왔다.

집으로 보내는 편지를 다듬어서 부방(副房 : 副使 일행) 편에 부탁하고 부
방을 통해 집에서 온 편지를 받았다. 일행들에게 음식을 베풀어 위로하
였다.

12일 병인

비가 왔다.

13일 정묘

맑음.

배를 타려고 택일하였다. 일행이 갓과 옷을 갖추어 입었다. 사신과 역
관, 사객(詞客)들은 모두 갓을 쓰고 비장(裨將)[27]은 군복을 입고 마치 출발

하는 것처럼 시험삼아 배를 타고 내양(內洋 : 뭍으로 둘러싸인 안쪽의 바다)에
나갔다가 돌아왔다.

밀양은 물러가고 동래(東萊)에서 지공하였다.

14일 무진

맑음.

집으로 보내는 편지를 다듬어서 주상 전하께 올리는 장계(狀啓) 편에
부쳐 보냈다. 원중거, 남옥 두 친구와 함께 정(鄭) 씨 시조 묘를 둘러보고
동래부사 정만순(鄭晩淳) 령의 동기 친척에게 가서 위문하였다. 시온도 또
한 같이 갔다.

15일 기사

맑음.

16일 경오

맑음.

17일 신미

맑음.
동래는 물러가고 흥해(興海)에서 지공하였다.

18일 임신

밤에 빗방울이 떨어졌다. 동경(東京)의 노기(老妓) 비점이 돌아간다고 고하니 슬픈 마음이 들었다.

19일 계유

맑음.
홍해는 물러가고 상주(尙州)에서 지공하였다.

20일 갑술

맑음.
원자재(元子才 : 元重擧)[28]에게 뜻하지 않은 일이 생겨서 말을 달려 북쪽으로 돌아갔다. 들판을 달려 뒤를 좇았는데 사상 또한 사람을 보내 뒤를 좇게 하였다.

21일 을해

맑음.
자재가 돌아왔다.

22일 병자

맑음.
상주는 물러가고 의성(義城)에서 지공하였다.

23일 정축

맑음.

24일 무인

맑음.
영산(靈山) 현감 강지환(姜趾煥)을 만났다 곧 헤어졌다.

25일 기묘

하루 종일 비가 조금씩 왔다.
집으로 보내는 편지를 다듬어 동래 파발에 부쳐 보냈다. 의성(義城)은
물러가고 청도(淸道)에서 지공하였다.

26일 경신

맑음.

27일 신사

맑음.
청도(淸道)는 물러가고 인동(仁同)에서 지공하였다. 새벽에 순풍이 분다
는 헛소문이 돌아 일행이 행장을 꾸려 배에 오르려다가 곧 그만두었다.

28일 임오

맑음.

29일 계미

맑음.

인동(仁同)은 물러가고 개령(開寧)에서 지공하였다. 이서표(李瑞彪) 어른, 시온(時韞), 유달원(柳達源) 령, 중화(中和) 서유대(徐有大)29)와 함께 배를 끌고 절영도(絶影島)로 들어갔다. 역참 아전이 따라와서 점심 지공으로 탕장(盪漿)을 끓여내고 음식을 보내니 그것 또한 흥을 돋우었다. 이씨 어르신은 배를 지키고 나와 다른 사람들은 태종대에 올랐는데 꼭대기에 오르기도 전에 날이 저물려고 해서 배를 타고 돌아왔다. 오다 보니 밤이 되어 별자리가 바다에 가득했다.

【일본을 향해 돛을 올리다】

계미癸未년 10월

초 1일 갑신

비 오고 밤에 바람이 크게 불었다.
망궐례에 참석하였다.

초 2일 을유

맑음.

개령은 물러가고 창녕(昌寧)에서 지공하였다. 성리(姓吏)인 흥적(興迪)과 인동(印童)인 수실(秀實)이 와서 사신 일행을 뵙고는 맥산(麥山) 물계(勿

溪)30)의 일을 자세히 말하였다. 밤에 또 괜히 놀라 배에 올라탔다.

초 3일 병술

맑음.

초 4일 정해

맑음.
창녕은 물러가고 영천(榮川)에서 지공하였다.

초 5일 무자

맑음. 동북풍이 불기 시작하였다.

초 6일 기축

맑음. 동북풍이 불었다.
새벽 닭이 울자 배를 출발하여 신시(申時)에 좌수포(佐須浦)에 정박하였다. 삼선(三船 : 從事官 일행이 탄 배)이 먼저 정박하고 상선(上船 : 正使 일행이 탄 배)과 부선(副船 : 副使 일행이 탄 배)이 그 뒤를 이었다. 이 날은 480리를 갔다.
우리는 배에서 묵고 삼사상(三使相)은 관소로 내려갔는데, 대마도에서 지공하였다.

초 7일 경인

맑음.
도해서(渡海書)를 엮어서 비선(飛船)31) 편에 부쳤다.

초 8일 신묘

맑음.

초 9일 임진

하루 종일 비바람이 크게 불었다.

초 10일 계사

비가 왔다.

11일 갑오

밤에 비가 왔다.
20리를 가서 대포(大浦)에 정박하였다.

12일 을미

동풍이 불었다.

13일 병신

동풍이 불었다. 밤에 바람이 크게 불고 우박이 쏟아졌다.

14일 정유

바람이 크게 불고 추웠다.

15일 무술

역풍(逆風)이 불었다.

16일 기해

흐리고 밤에 비가 조금 왔다.

17일 경자

밤에 바람이 크게 불고 큰 물결이 일었다.

18일 신축

바람이 불었다.
밤에 「구리 화로[銅爐]」 연구(聯句)를 지었는데 '염(鹽)' 자로 몰운(沒韻)
하였다.

19일 임인

서풍이 불었다.

배를 출발하여 악포(鰐浦), 풍기(豊碕)를 지나 서박포(西泊浦)에 정박하였
다. 이 날은 50여 리쯤 갔다. 서복사(西福寺)에 올랐는데 절이 산허리께
있어서 돌계단으로 해서 올라가자 현판에 '부악산(富岳山)'이라고 써 있었
으니 역관 안신휘(安信徽)의 필체였다. 온 산이 모두 동청수(冬靑樹)였는데
처음으로 감귤나무를 보았다.

20일 계묘

서풍이 불었다.
다시 서복사에 올랐다.

21일 갑진

저녁에 비가 뿌리고 밤에 바람이 크게 불었다.

22일 을사

바람이 크게 불고 눈이 조금 왔다.
밤에 모두 함께 두공부(杜工部)[32]의 「백제성에서 배를 띄우다[白帝城放
船]」 배율에 화운하였다.

23일 병오

서풍이 불어서 바다가 일렁였다.

24일 정미

저녁에 큰 비가 왔다.
서복사에 올랐다. 유령(柳令 : 柳達源)의 병문안을 하였다.

25일 무신

바람이 불었다.
출발할 만 하였으나 왜인들의 말을 듣고 그만 두었다.
저녁에 서복사에 올랐다.

26일 기유

남풍이 불고 저녁에 비가 왔다.
배를 출발하여 60리를 가서 금포(琴浦)에 정박하였다. 비선 편으로 초여 드렛날 보내신 부모님의 편지를 받았는데 평안하시다니 천만다행이었다.

27일 경술

서북풍이 불었다.
배를 출발하여 곧바로 대마부(對馬府)에 도착하였다. 대마도주(對馬島主)33)와 이정암(以酊菴)34)의 장로(長老)35)가 항구로 나와서 맞이하였는데 배의 휘장과 깃털 장식이 마치 신선의 수레와도 같이 현란하게 꾸며져 있었다. 우리들은 그런 것을 처음 보는지라 얼굴색이 변하지 않은 이가 없었다. 이 날 160리를 갔다. 서산사(西山寺)에서 묵었다.

28일 신해

맑음.
집으로 가는 편지를 써서 장계를 가지고 가는 비선 편에 부쳤다.

29일 임자

밤에 비바람이 쳤다.
배에 있는 숙소로 유령(柳令)의 병문안을 하였다.

30일 계축

새벽까지 비가 왔다.
부복선장(副卜船將)36) 유진복(兪進福)이 대포(大浦)의 배에서 낙상하여 이
렇게 죽음에 이르게 되니 참담하다.

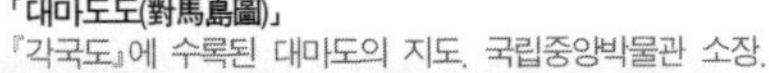

「대마도도(對馬島圖)」
『각국도』에 수록된 대마도의 지도. 국립중앙박물관 소장.

【대마도_{對馬島}에 도착하여】

계미^{癸未}년 11월

초 1일 갑인

맑음.
새벽에 망궐례에 참석하였다.

초 2일 을묘

맑음.
대마도주 평의창(平義暢), 이정암 장로 용방(龍芳), 서산사(西山寺) 장로가
사상을 찾아뵈니 사상이 마주 읍(揖)하였다.

초 3일 병진

아침에 안개가 끼었다.
이정암 장로가 시를 보내어 화답을 구하였다.

초 4일 정사

맑음.
집으로 보내는 편지를 다듬어 비선 편에 부쳤다.

초 5일 무오

맑음.

연막(蓮幕)37)의 여러 공과 함께 해운사(海雲寺)와 광청사(光淸寺) 두 곳의
절을 구경하였다.

초 6일 기미

맑음.

삼사상이 대마도주의 연회에 갔다. 일행이 모두 따라갔으나 오직 사객
(詞客)들만은 가지 않았다.

초 7일 경신

비바람이 크게 치고 어두컴컴했다.

초 8일 신유

비바람이 크게 쳤다.
상상(上相:正使)께서 음식을 차려 일행에게 두루 베풀었다.

초 9일 임술

맑음.

초 10일 계해

비가 조금 왔다.

11일 갑자

눈이 조금 왔다. 서북풍이 세게 불어 매우 추웠다.
이마(理馬)38)가 먼저 일기도에 갔다가 밤에 돌아왔다. 배에서 잤다.

12일 을축

순풍이 불었으나 대마도주가 나오지 않아 그대로 머물렀다.
사상(使相)이 밤에 선차(船次)에 올랐다.

13일 병인

바람이 순하다가 세게 불고, 눈비가 오락가락하고, 날이 흐리다가 갰
다. 무지개가 동북방에서 보였다.
진시에 출발하여 미시에 일기도에 정박하였다. 상선의 치목(鴟木 : 배의
키)이 부러져서 거의 위태로웠는데 부선(副船)이 치고 지나갔으나 구해줄
수가 없었다. 치목을 고치고서야 건널 수가 있었으니 서중화(徐中和)의 힘
이 컸다. 이 날 480리를 갔다.
배에서 내려 관소(館所)에서 묵었다. 비전주(備前州) 태수 원성신(源誠信)
이 지공하였다.

14일 정묘

바람이 크게 불고 천둥이 치고 우박이 내렸다.

15일 무진

바람이 크게 불고 우박이 내렸다.

망궐례를 지냈는데 마당이 좁아 참석하지 못하였다.

16일 기사

맑음.
대마도 뒷산기슭에 올랐다.

17일 경오

흐리고 밤에 바람이 불었다. 이 날은 동지(冬至)였다.

조선통신사의 악대
조선통신사 행렬의 앞과 뒤에는 악대가 따른다. 시대에 따라 다르지만 앞의 악대에는 오늘날 대취타(大吹打) 편성의 악기들이 중심이 되고, 뒤의 악대에는 피리, 대금, 해금 등 가락 악기들이 편성된다. 그림은 각각 나팔, 징, 용고를 연주하는 모습이다.

사시에 뒷산기슭에서 망하례(望賀禮)³⁹⁾를 지냈다. 음악을 연주하고 잔치를 베풀었다.

18일 신미

밤에 바람이 불었다.

아침에 사상(使相)의 방에 모여 식사를 했는데 식당(食堂)에서의 예⁴⁰⁾와 같이 하였다.

19일 임신

밤에 바람이 불었다.

20일 계유

서풍이 크게 불었다.

21일 갑술

흐림.

간사관(幹事官) 기국서(紀國瑞)가 와서 만나보았는데, 그는 우삼동(雨森東)⁴¹⁾의 제자로서 삼국(三國)의 언어에 능통하였다.

22일 을해

서풍이 크게 불었다.

저녁에 사상(使相)의 방에 모여 식사를 하였는데 이번에도 식당에서의

예와 같이 하였다. 밤에 배로 돌아와 「대풍(大風)」 연구를 지었는데 창려
(昌黎)⁴²⁾의 「남산(南山)」 시에 차운하였다.

24일 병자

바람이 크게 불었다.
밤에 퇴석(退石 : 金仁謙)⁴³⁾의 처소에 모여 「동정(東征)」 연구(聯句)를 지었
는데 「북정(北征 : 唐나라 시인 杜甫가 지은 시의 제목)」 시에 차운하였다.

25일 정축

바람이 크게 불고 매우 추웠다.

26일 무인

서북풍이 거세게 불었다.

27일 기묘

바람이 차고 저녁에 동북풍이 불었다.
저녁에 부사의 방에 모여 식사를 했는데 또한 식당에서의 예와 같이
하였다.

28일 경신

오후에 서북풍이 불었다.
문무(文武) 제공과 함께 앞 포구에 나가 배를 띄웠다. 왜인들이 고래

사냥 놀이를 베풀면서 즐거워하였는데, 붉은 배가 항구를 에워싸고 앞에서는 노래하고 뒤에서는 소리 지르며 사나운 기운으로 승리를 다투니 또한 하나의 장관이었다.

29일 신사

저녁에 흐리더니 밤에 비가 왔다.
밤에 「노란 감귤[黃柑]」 연구를 지었다.

30일 임오

흐림.
저녁에 종사관의 방에 모여 식사하였다.

축전주筑前州에서 기재奇才 구정로龜井魯를 만나다

계미癸未년 12월

초 1일 계미

흐리고 동풍이 불다가 밤에 비가 조금 내렸다.
망궐례에 참석하였다.

초 2일 갑신

밤새도록 큰 비가 내렸다.

초 3일 을유

서북풍이 불다가 밤에 비가 조금 내렸다.

진시 말에 배를 출발하여 밤이 깊어서야 남도(藍島)에 정박하였다. 축전주(筑前州)에서 연접(延接)할 것을 잊어버려 부선이 어둠을 무릅쓰고 항구로 들어가다가 모랫벌에 걸려 배의 이음새가 터져서 물이 새었다. 삼선의 치목은 포구를 나올 때 망가진 것이다.

이 날은 350리를 갔다. 축전주 태수 원계고(源繼高)가 지공하였는데 객관은 새로 지은 것이었다.

초 4일 병술

눈비가 조금 오고 동풍이 크게 불었다.

초 5일 정해

동풍이 불었다.

초 6일 무자

아침에 비가 조금 뿌리고 서풍이 불었다.
집으로 보내는 편지를 다듬어 장계 편에 부쳤다.

초 7일 기축

동북풍이 불었다.
대마도 태수와 이정암의 승려가 사상을 찾아뵈었다.

초 8일 경인

동풍이 불고 날씨가 봄처럼 따뜻하였다. 밤에는 비가 왔다.

축전주의 서기 정토주도(井土周道), 도촌호(嶋村晧), 즐전욱(櫛田彧)과 의관(醫官) 구정로(龜井魯)가 와서 만나보았다. 나는 감기 기운이 있었는데 병을 무릅쓰고 억지로 시를 수창하였다. 구정로는 기재(奇才)였다.

초 9일 신묘

동풍이 크게 불고 밤에 비가 왔다.

축전주의 사자관(寫字官)44) 횡전의민(橫田義民)과 구정로의 문도 성일(城逸)이 와서 만났다. 구정로가 자신의 시고(詩藁)를 보내와 밤에 함께 비평하였다.

초 10일 임진

서풍이 불고 저녁에 비가 뿌렸다.

저녁에 사상(使相)의 방에 모여 식사를 했는데 나는 병 때문에 참여하지 못했다.

11일 계사

바람이 차고 비가 뿌리다가 밤에 눈비가 내렸다.

12일 갑오

새벽에 비가 오고 동북풍이 불었다.

13일 을미

아침에 안개가 끼고 서풍이 불었다.

14일 병신

동북풍이 불었다.

15일 정유

동풍이 불고 흐리고 추웠다. 밤에 바람이 크게 불었다.
망궐례에 참석하였다. 배의 치목 3개가 동래(東萊)에서 왔는데 문보(文
報)는 아직 오지 않았다.

16일 무술

바람이 크게 불어 춥고 눈이 조금 뿌렸다.

17일 기해

바람이 크게 불고 밤에 눈이 뿌렸다.

18일 경자

바람이 크게 불어 춥고 새벽에 눈이 뿌렸다.

19일 신축

동북풍이 불고 눈이 뿌렸다.

20일 임인

동북풍이 불었다.
치목에 대한 장계가 비로소 왔다.

21일 계묘

동풍이 불고 밤에 눈비가 내렸다.
삼사상을 따라 섬의 뒷산에 올랐다. 대마도, 일기도(一岐島)와 적간(赤間), 복강(福岡)의 여러 산들을 바라보니 깊고 아득한 것이 끝이 없어 사람의 마음을 상쾌하고 툭 트이게 하였다. 돌아와 배에서 묵었다.

22일 갑진

눈비가 많이 내렸다.

23일 을사

비가 오다가 갰다가 하곤 했다. 동풍에 바다가 일렁이고 밤에 눈이 내렸다.
구정로가 건과(乾果) 한 그릇을 보냈다.

24일 병오

아침에 눈이 조금 오고 여전히 역풍이 불었다.
정토주도가 큰 감귤 11개를 보내왔다. 구정로가 배의 숙소로 찾아왔기에 그를 불러 배에 오르라고 하였는데 대마주의 금도(禁徒)[45]들이 저지하며 못 타게 하였다.

25일 정미

바람이 크게 불고 눈이 왔다.

26일 무신

서남풍이 불었다.

해가 뜨자 배를 출발하였다. 초경(初更) 무렵 남박(南泊)에 배를 댔다. 이 날 180리를 갔다.

27일 기유

북풍이 불었다.

해가 뜨자 배를 출발하여 노를 저어 60리를 갔다. 미시에 적간관(赤間關)에 배를 대었으니 이른바 하관(下關)이라고 하는 곳이다. 비로소 삼대해(三大海)[46]를 다 지나 내양(內洋)으로 들어갔다. 미타사(彌他寺)를 숙소로 하고 장문주(長門州) 태수 원중취(源重就)가 지공하였다. 붉은 배가 와서 맞이하였는데 휘장과 돛의 꾸밈에 눈이 현란하니 대마도의 것이 도리어 무색할 지경이었다.

부방(副房) 편에 집에서 온 편지를 받아 보았는데 9월 27일에 쓴 것이었다. 상방(上房 : 正使 일행)과 삼방(三房 : 從事官 일행)의 편지는 모두 오지 않아 일행이 모두 의아하고 창망해 하였으니 그 까닭을 알 수 없었다.

관소 주위는 모두 키 큰 대나무로 둘렀으며 동백이 하늘을 찌를 듯 솟아 있고 붉은 꽃잎이 어지럽게 떨어져 있었다. 산수와 누대 등 일본의 기이한 풍경을 비로소 볼 수 있었다. 관소 또한 새로 지은 것으로 남도(藍島)에 비해 조금 높았는데 둘 다 널빤지로 지붕을 덮었다.

28일 경술

비바람이 크게 불었다.

장문주의 강독(講讀) 초안세(草安世)와 문학(文學) 농장개(瀧長愷), 산근태덕(山根泰德), 농장개의 아들 농홍(瀧鴻)과 진겸호(秦兼虎)와 의관(醫官)인 향취문규(香取文圭)가 왔다.

29일 신해

흐리고 비가 왔다.

집으로 보내는 편지를 써서 비선 편에 부쳤다.

30일 임자

북풍이 불었다.

연막(蓮幕)의 제공과 함께 영원구산궁(迎院龜山宮)을 보고 왔으니 안덕천황(安德天皇)의 사당이 있는 곳이다. 예전에는 우리나라 사람들도 많이 보았고 송운대사(松雲大師)[47]가 남긴 시도 있으나, 지금은 왜인들이 자기 나라의 악행이 드러나는 것을 꺼려 볼 수 없게 해놓았다. 그러나 문 벽에 안덕이 바다에 빠지고 원의경(源義經)이 전투에 이기는 모습을 그려 놓았으니 마치 의경의 모습을 과시하는 것처럼 보인다.[48] 자기 나라의 악행을 꺼리는 뜻이 어디에 있는가.

송운대사(松雲大師, 1544~1610)
조선 중기의 승려 유정(惟政). 사명당(四溟堂)이란 호로 더 알려졌다. 임진왜란 때 의승도대장(義僧都大將)이 되어 혁혁한 전공을 세웠다. 일본과의 강화를 위한 사신으로 임명받아 임무를 완수했으며 전란 때 잡혀간 3,000여 명의 동포를 데리고 귀국했다.

【낭화강_{浪華江}을 거슬러 서경_{西京}으로】

갑신_{甲申}년 정월

초 1일 계축

동북풍이 불었다.

관소에서 망궐례에 참석하였다. 밤에 배로 돌아와서 잤다.

초 2일 갑인

날이 따뜻하고 서북풍이 불었다.

새벽에 썰물을 타고 배를 출발하여 돛을 다니 배가 평지를 가는 것보다 편안하였다. 300리를 가다가 이경(二更) 무렵에 실우(室隅)에 정박하였다. 닻을 내리고 배에서 묵었다.

초 3일 을묘

서북풍이 불었다.

아침 일찍 배를 출발해서 예인하여 상관(上關)에 이르렀는데 50리쯤 갔으나 아직 정오가 되지 않았다. 이층 누각이 있어서 사방을 조망해 볼 수 있었다. 주방주(周防州) 태수 원강복(源康福)이 장문주(長門州)와 함께 협력하여 지공하였다. 관소가 매우 누추하여 배에서 잤다.

초 4일 병진

바람이 어지럽게 불어 출발하지 못하였다.

초 5일 정사

서풍이 가볍게 불었다.

해가 뜨자 배를 출발하였다. 이 날 120리를 갔다. 초경(初更) 무렵 진화(津和)에 이르러 배에서 잤다.

초 6일 무오

흐리고 동풍이 불었다. 저녁에는 비가 뿌렸다.

해 뜰 무렵 배를 출발하였는데 역풍이 불어 노를 저으며 예인하여 하루도(河漏渡)로 들어갔다.

배에서 잤다. 세 사상은 촌사(村舍)에서 묵었다.

초 7일 기미

하루 종일 비가 많이 왔고 밤이 깊어서는 바람이 크게 불었다.

초 8일 경신

북풍이 불었다.

촌사에서 사상에게 문후를 올리고 뒷동산에 올랐다.

초 9일 신유

흐리고 서남풍이 불었다. 밤에는 눈이 조금 뿌렸다.

날이 밝자 배를 띄워 50리를 가서 미시 경 겸예(鎌刈)에 정박하고 관소에서 묵었다. 관소는 화려하고 깨끗하였으며 정문의 널빤지 계단에는 붉은 담요를 깔아 놓기까지 하였다. 하관(下官)[49]들이 묵는 숙소에는 모두 금보장(錦步障 : 비단으로 만든 휘장)을 쳐놓았다. 안예주(安藝州) 태수 원중성(源重晟)이 지공하였다.

초 10일 임술

서풍이 세게 불고 때때로 눈이 뿌렸다.

해가 뜨자 배를 출발하여 110리를 가서 미시 경 충해(忠海)에 정박하였다.

11일 계해

동북풍이 불었다.

진시에 배를 출발하였는데 미시 경 바람이 조금 바뀌어서 비로소 돛을 걸었다. 초경 무렵 도포(韜浦)에 배를 대고 복선사(福禪寺)에서 묵었으니, 이 날은 80리를 갔다. 밤에 눈이 왔다. 비후주(備後州) 태수 원이도(源利道)가 지공하였는데 관백이 찬조하고 강주(崗州)에서도 거들었다. 서기 시관맹(柴寬猛)이 왔다.

12일 갑자

아침에 흐리더니 비가 뿌렸다.

「일동제일형승(日東第一形勝)」
복선사(福禪寺) 대조루(對潮樓)에 걸린 편액. 대조루는 복선사 경내에 부설되어 조선통신사의 숙소로 사용되었던 건물이다. 이곳에 머무르는 통신사는 바다 풍경의 아름다움을 시로 읊곤 했다. 이 편액은 1711년(숙종 37) 신묘사행의 종사관 이방언(李邦彥)이 쓴 것으로 '대조루에서 바라보는 경치가 일본에서 제일이라는 뜻'이다.

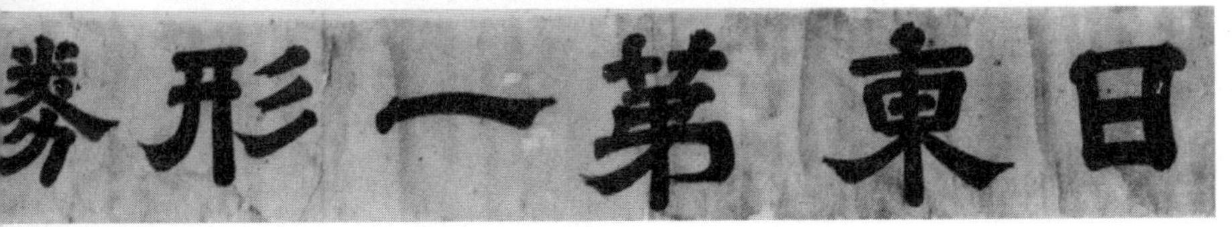

복선사의 승경은 일찍이 김동명(金東溟)50)의 일기를 통하여 알고 있었으나 밤에 도착하고 아침에 출발하느라 제대로 실컷 보지 못하였다. 잠시 남림원(南林院)에 올라가 보았는데 정원에 잎은 푸르고 열매는 노란 것이 눈을 맞고 우뚝 서 있어서 물어보니 등자(橙子)라고 하였다. 맛이 시어서 먹을 수가 없었는데 혹은 1년이 지나도 떨어지지 않는다고 한다.

사시 초에 돛을 올렸는데 서풍이 매우 세차게 불어서 신시 경 일비(日比)에 정박했다. 이 날은 140리를 갔다. 우리는 배에서 자고 사상은 촌가에 내려가서 묵었다. 비전주 태수 원종정(源宗政)이 지공하였다.

13일 을축

서풍이 불다가 저녁에 북풍으로 바뀌었다.

해가 뜨자 돛을 올리고 오시에 우창(牛窓)에 정박하여 관소에서 묵었다. 이 날은 60리를 갔는데 역시 비전주에서 지공하였다. 비전주의 시포 직춘(市浦直春), 정잠(井潛), 근등독(近藤篤), 구산덕기(龜山德基), 화전소(和田邵)가 와서 만나보았다.

14일 병인

맑음.

묘시 초에 돛을 폈는데 동풍이 빠르게 불지 않아 간혹 돛을 내리고 노를 재촉하여 100리를 갔다. 미시 경 실진(室津)에 배를 대고 숙소에서 묵었다. 밤에 정잠(井潛)의 오언 배율 100운에 화답하였다.

15일 정묘

흐리고 비가 왔다.

숙소의 뜰에서 망궐례에 참석하였다. 바람이 어지러워 출발하지 못하였다. 밤에 근등독의 오언 배율 72운에 화답하였다.

16일 무진

아침에 흐리고 서풍이 불었다.

17일 기사

맑음.

해가 뜨자 배를 출발하였는데 겨우 10여 리쯤 가서 역풍이 불어 배를 돌려 실진에 정박하였다. 배에서 묵었다.

18일 경오

맑음.

오시에 비로소 서풍이 불었다. 밤에는 흐리고 바람이 급하게 불었다. 배에서 잤다.

19일 신미

맑음.

진시 초에 배를 출발하였는데 서풍이 어지럽게 불다가 오후에야 비로소 바로잡혔다. 돛을 걸고……

*(···중간 결락(19일~25일)···)

　······ 이르렀다. 그를 시종하는 녹주안정속옥(錄疇安井屬玉) 또한 위장부
(偉丈夫)였다.

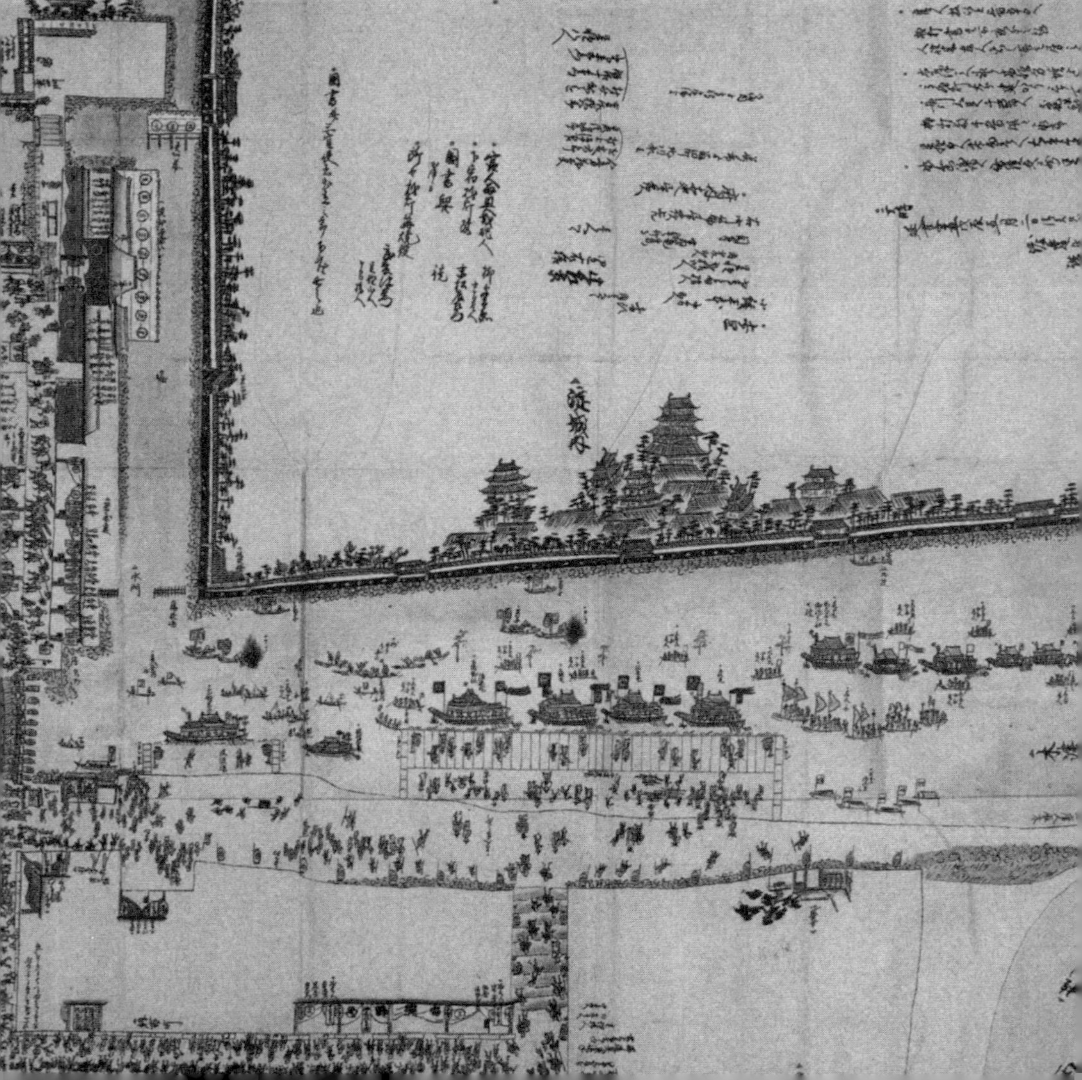

「통신사방정성도(通信使訪淀城圖)」
1748년(영조 24) 무진사행 때 통신사 일행이 누선(樓船)을 타고 해상 여행의 마지막 종착지인 경도(京都) 남쪽의 정성(淀城)
에 도착하는 그림. 국립중앙박물관 소장.

26일 무인

맑음.

미시에 금루선(金鏤船)을 타고 낭화강(浪華江)의 상류로 거슬러 올라갔다. 좌우 누각의 성대함이 하류에 비견할 만하였으니, 구경하는 남녀들이 붉은 담요를 펴고 금박 올린 병풍을 둘렀는데 비취빛 구슬이 뒤섞여 현란하였다. 밤이 되어 등불을 켜자 온 강 가득 노 젓는 이들이 모두 거북 무늬 옷을 입고 뱃노래를 염불처럼 부르면서 밤새도록 앞으로 나아갔다.

27일 기묘

맑음.

아침에 평방(平方)에 정박하여 조금 쉬고 다시 출발하였다. 언덕 위의 인가들은 띠 풀로 지붕을 잇고 울타리를 둘렀는데 사이사이에 소나무, 대나무와 감귤나무가 섞여 있어 강의 흐름이 더욱 맑고 상쾌하게 느껴졌다. 번화하고 화려함에 눈을 어지럽힌 뒤끝이라 또한 하나의 조용하고 소산(蕭散)한 지취가 있었다. 평방은 물을 임하고 있는데 성곽에 수차(水車)가 붙어 있어서 성의 백성들이 수고롭게 물을 길을 필요가 없었다.

저녁에는 정포(淀浦)에서 묵었는데 단후(丹後) 태수 월지정익(越智正益)이 지공하였다. 대판(大坂)에서 여기까지는 90리로, 수로는 여기에서 끝난다.

28일 경신

맑음.

아침 일찍 출발하여 육로로 가다가 실상사(實相寺)에 이르러 사상이 옷

풍신수길(豊臣秀吉, 1536~1598)
일본 안토도산(安土桃山) 시대의 무장. 직전신장
(織田信長)이 시작한 일본 통일의 대업을 완수하
고, 근세 봉건사회의 기초를 확립했다. 해외 침략
의 야심을 품고 조선을 침략해 임진왜란·정유재
란을 일으켰다.

을 갈아입고 대오를 정렬하여 서경(西京)[51]으로 들어갔다. 번성함은 대판에 미치지 못하였으나 아름다움은 그보다 빼어났는데, 높은 다리와 큰 절은 모두 풍신수길(豊臣秀吉)[52]이 지은 것으로 다리의 난간에는 구리를 씌워 '풍신공(豊臣公)이 만든 것'이라고 새겨 놓은 것이 많았다. '풍신'은 수길의 성이니, 참으로 일본 땅의 진시황(秦始皇)이라고 할 수 있다.

본국사(本國寺)에서 묵었다. 이 날은 30리를 갔다.

29일 신사

맑음.

아침 일찍 출발하여 40리를 가서 대진(大津)에서 점심을 먹었으니 이곳은 비파호(琵琶湖) 가이다. 초진교(草津橋)를 지나니 낭화강의 상류였다. 50리를 가서 삼산(森山)에서 묵었다.

30일 임오

맑음.

아침 일찍 출발하여 35리를 가서 팔번산(八幡山)에서 점심을 먹고 65리를 가서 좌화성(佐和城)에서 묵었다.

명호옥_{名護屋}에서 밤새도록 시를 수창하다

갑신^{甲申}년 2월

초 1일 계미

하루 종일 큰 비가 왔다.

아침 일찍 출발하여 40리를 가서 성천(星泉)에서 조금 쉬고 다시 20리를 가서 금수역(金須驛)에서 점심을 먹었다. 소매에 시를 넣고 비를 무릅쓰고 오는 이들이 있었으니 왜인들이 시를 구하는 열성은 심하다고 할 수 있다. 40리를 가서 대원(大垣)에서 묵었는데 북미춘륜(北尾春倫)[53]이 거처하는 곳이었다.

초 2일 갑신

맑음.

앞으로 갈 길에 교량이 많이 무너졌다며 대마도 태수가 머무를 것을 청하였다.

초 3일 을유

맑음.

새벽부터 출발하여 50리를 가서 점심은 주고(州股)에서 먹었다. 주고천(州股川)을 건널 때 작은 배 수백 척을 이어 다리를 만들었는데 가지런하기가 한결같았다. 널빤지를 위에 깔고 팔뚝만한 쇠줄로 좌우를 눌러주었다. 다시 대천(大川)을 건널 때도 또 배다리로 건넜는데 앞의 것보다 조금 좁았다. 시내 언덕의 무너진 둑은 대나무 잎으로 막고 작은 돌을 쌓았는데 혹 수십 겹에 이르기도 하였다. 20리를 더 가서 도엽촌(稻葉村)의 다옥에서 쉬고, 40리를 가서 명호옥(名護屋)에 이르렀는데 큰 도시였다. 시를 구하는 사람들이 떼를 지어 모여드는 바람에 새벽닭이 울 때까지 시를 수창하였다.

초 4일 병술

해가 뜨자 출발하여 30리를 가서 명해(鳴海)에서 점심을 먹고, 60리를 가서 강기(岡碕)에서 묵었다.

초 5일 정해

맑음.
아침 일찍 출발하여 40리를 가서 적판(赤坂)에서 점심을 먹고 30리를 가서 길전성(吉田城)에서 묵었다.

초 6일 무자

맑음.
아침 일찍 출발하여 50리를 가서 신정(新井)에서 점심을 지어먹었다. 금절하(金絶河)를 건넜으니 이곳은 동명(東溟) 김세렴(金世濂)이 금(金)을 던진 곳이다.[54] 40리를 가서 빈송(濱松)에서 묵었다.

초 7일 기축

맑음.
아침 일찍 출발하여 40리를 가서 견부(見付)에서 점심을 먹고 40리를 가서 현하(懸河)에서 묵었다.

초 8일 경인

맑음.

대정천(大井川)에 눈 녹은 물이 벌창하여서 그대로 머물렀다.

초 9일 신묘

맑음.

새벽부터 출발하여 30리를 가서 금곡령(金谷嶺)을 넘었다. 점심은 금곡에서 먹고 대정천에 이르자 사람들이 건네주었다. 30리를 가서 등지(藤枝)에서 묵었다.

초 10일 임진

맑다가 오후에 비가 왔다.

새벽부터 출발하여 30여 리를 가서 무판령(舞板嶺)에 올라 조금 쉬었다가 10리를 가서 아부천(阿部川)을 건넜다. 점심은 준하부(駿河府) 보태사(寶泰寺)에서 먹었는데, 이곳은 원가강(源家康)[55]의 옛 도읍으로 땅이 험하고 척박하여 띠로 이은 집이 많았다. 금절(金絶)의 서쪽에서 산성주(山城州)에 이르기까지는 땅이 매우 기름져서 인가가 즐비하나, 금절의 동쪽부터 조금씩 쇠잔해져서 준하주(駿河州)에 이르면 매우 척박하여지는 것을 감출 수가 없었

원가강(源家康, 1542~1616)
덕천가강(德川家康), 강호(江戶) 막부의 초대 장군. 풍신수길이 죽은 뒤 강호에 막부를 개설하고, 대판 전투에서 풍신수길 일가를 멸망시켜 천하통일을 완성했다. 직전신장, 풍신수길의 뒤를 이어 여러 가지 정책을 수행하여 일본 근세 봉건제사회를 확립했다.

다. 30리를 가서 강고(江尻)에서 묵었다.

11일 계사

하루 종일 큰 비가 왔다.

아침 일찍 출발하여 20리를 가서 잠시 청견사(淸見寺)를 구경하였다. 매화가 어지럽게 피어 절에 가득한 것이 마치 눈이 내린 것 같았다. 살 피(薩陂)를 지나 부사천(富士川)을 건너 길원(吉原)에서 묵으니, 부사산(富士

「준주행렬도(駿州行列圖)」
청수(淸水)의 청견사(淸見寺) 부근을 지나가는 조선통신사의 행렬. 왼쪽에 부사산(富士山), 왼쪽 아래에 준하주의 만(灣)이 보인다.

山)의 동쪽이었다. 이 날 70리를 갔다.

12일 갑오

바람이 크게 불었다.

아침 일찍 출발하여 20리를 가서 다옥에서 잠깐 쉬고 또 40리를 가서 삼도(三島)에서 묵었다.

13일 을미

맑음.

아침 일찍 출발하여 상근령(箱根嶺)을 지나 40리를 가서 점심을 먹고 다시 40리를 가서 소전원(小田原)에서 묵었다.

14일 병신

맑음.

아침 일찍 출발하여 40리를 가서 대의(大礒)에서 점심을 먹고 40리를 가서 등택(藤澤)에서 묵었다.

15일 정유

오후에 비가 오기 시작해서 밤까지 왔다.

아침 일찍 출발하여 50리를 가서 신내천(神奈川)에서 점심을 먹고 30리를 갔다. 빗속에 육향강(六鄕江)을 건너 또 20리를 가서 품천(品川)의 묘해원(妙解院)에서 묵었다.

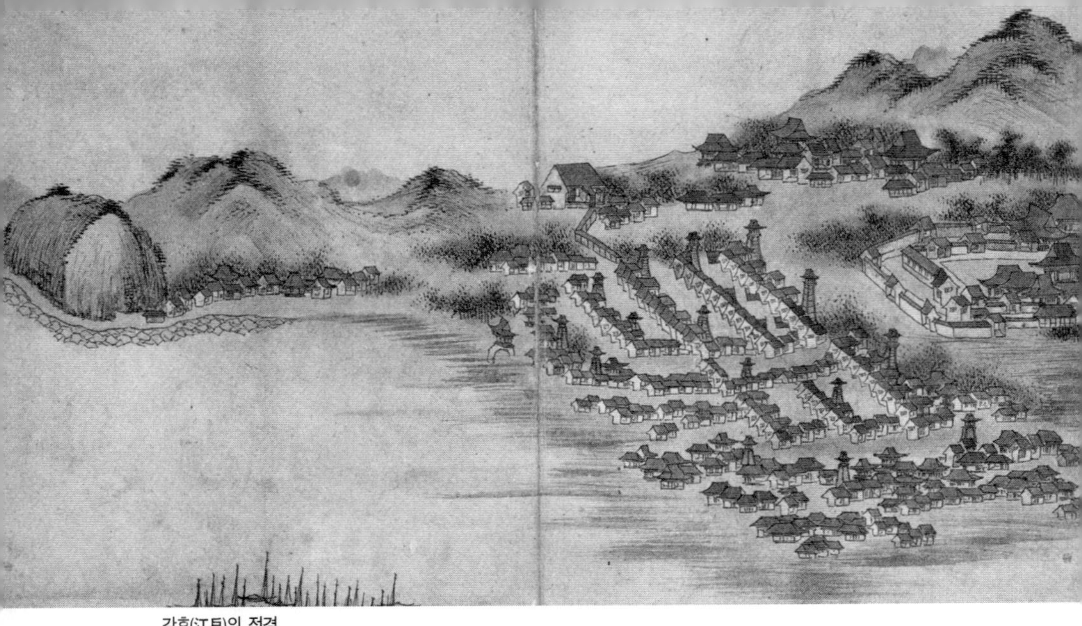

강호(江戶)의 전경
「사로승구도(槎路勝區圖)」 중 하나. 1748년(영조 24) 무진사행의 화원 이성린(李聖麟)이 그린 것으로 추정된다. 국립중앙박물관 소장.

16일 무술

하루 종일 비가 왔다.

저녁에 출발하여 35리를 가서 강호(江戶)에 입성했다. 본서사(本誓寺)에서 묵었다.

17일 기해

흐리다가 밤에 비가 왔다.

18일 경자

비가 많이 오다가 오후에 조금 갰다.

관반(館伴)과 두 집정(執政)[56]과 대마도주와 두 장로(長老)가 모두 와서 대청에서 만나보았다. 숙공(熟供)[57]이 있었다.

19일 신축

맑음.
삼방(三房) 통인(通引) 김한중(金漢中)이 병이 나서 대판(大坂)의 주차(舟次
: 배에 있는 숙소)에 머물고 있었는데 이 달 초 9일에 죽었다고 하니, 매우
참담하였다.

20일 임인

맑음.
태의(太醫) 판상선지(坂上善之)가 찾아와서 만나보았다.

21일 계묘

새벽에 지진이 있었다.
마상재(馬上才)를 보내어 대마도 태수의 집에서 재주를 시연해 보았다.

22일 갑신

맑음.
태학두(太學頭)[58] 임신언(林信言)과 그의 아들인 비서감(秘書監) 신애(信愛)
가 와서 하루 종일 시를 수창하였다.

23일 을사

흐리다가 저녁에 비가 왔다.
임 좨주(林祭酒)[59]의 문도 11명이 와서 만나보았다.

24일 병오

비가 많이 오다가 정오 무렵 갰다.
임 좨주의 문도 9명이 와서 만나보았다.

25일 정미

맑음.
임 좨주 부자가 와서 사상을 만나 뵈었다. 그의 문도 9명도 왔는데 밤
이 깊어서 시를 받기만 하고 미처 화답하지는 못하였다.

26일 무신

흐리다가 밤에 비가 왔다.

「조선인내조도(朝鮮人來朝圖)」
조선통신사 일행이 일본 관백(關白)과 국서를 교환하고 나서 숙소로 돌아가는 장면. 1748년(영조 24) 무진사행 당시의
모습이다. 일본, 개인 소장.

27일 기유

아침에 가는 비가 왔는데 저녁까지도 날이 흐렸다.

임금의 명을 전하러 일행이 모두 관백의 처소로 갔는데 퇴석(退石)만
홀로 가지 않았다.

28일 경술

흐림.

도주가 와서 사상을 만나 뵈었다.

29일 신해

흐림.

【강호江戸 문인들과의 만남】

갑신甲申년 3월

초 1일 임자

맑음.

관소의 뜰에서 망하례(望賀禮)에 참석하였다. 마상재가 관백의 처소에
서 재주를 시연하였다.

초 2일 계축

흐림.

임 태학두(林太學頭) 부자가 왔다.

초 3일

갑인.

흐리다가 밤에 비가 왔다.

각 방에 음식을 차려놓고 회식하였다.

임 태학이 저녁에 와서 삼당역(三堂譯 : 정사, 부사, 종사관의 역관)과 함께 통역으로 필담을 나누면서 회답서(回答書)의 아홉 글자를 고쳤다.[60]

초 4일 을묘

흐림.

초 5일 병진

흐림.

도주의 집에서 사연(私宴)을 베풀어 일행이 모두 갔는데, 네 명의 사객들만 가지 않았다.

초 6일 정사

맑음. 저녁에 바람이 불더니 밤새도록 계속됐다.

비장 8명이 관백의 처소에서 추인(芻人 : 짚으로 만든 허수아비)과 후포(帿布 : 과녁이 그려져 있는 베)를 쏘았는데, 조(曹 : 曹信)[61] · 임(林 : 林春興)[62] 두 장사는 모두 후포를 몰기(沒技 : 정해진 화살 수를 다 맞히는 것)하였고 김상옥(金相玉) 령과 박성적(朴聖迪)은 추인을 몰기하였다. 유달원(柳達源) 령과 임흘(任屹)은 혹 세 번 맞히기도 하고 혹 네 번 맞히기도 하였다.

초 7일 무오

비가 왔다.
집정이 와서 회답서를 전해 주었다.

초 8일 기미

맑음.

초 9일 경신

맑음.
숙공에 참석하였다. 임 태학 부자가 각기 농주지(濃州紙) 30권을 보내어 모두 장지(壯紙 : 두껍고 질긴 종이) 1권과 편지지 10폭으로 사례하였다. 송본흥장(松本興長)이 붓 3자루와 먹 하나, 부채 세 개를 전별품으로 보내고, 횡전준(橫田準)·횡현절(橫玄節) 형제는 부채 10개를, 하합광경(河合光卿)은 부채 5개를 전별품으로 보냈다. 모두 종이 과일(儀式 등에 사용하는 종이로 만든 과일─옮긴이) 등의 물건으로 답례하였다.

초 10일 신유

하루 종일 비가 왔다.

11일 임술

비가 왔다.

사시에 출발하였다. 돌아오는 길에 품천(品川)에서 묵었다. 강호의 유생(儒生) 목정관(木貞貫), 삽정평(澁井平), 금정겸규(今井兼規), 산안장(山岸藏), 원성범(源成範), 천엽입지(千葉立之), 산전방(山田方), 황언명(黃彦明), 관수령(關脩岭), 평린(平鱗), 평영(平英), 한천수(韓天壽)가 와서 전별하였다. 겸규는 먹 하나를, 수령은 부채 하나를, 평린은 인장 둘을, 천수는 붓 세 자루를 전별품으로 주기에 각기 종이와 붓으로 사례하였다.

12일 계해

비가 왔다.

아침 일찍 출발하여 50리를 가서 신내천(神奈川)에서 점심을 지어먹었다. 40리쯤 갔는데 길이 진흙탕이어서 무릎까지 빠졌다. 등택(藤澤)에서 묵었다. 한천수와 평영이 비를 무릅쓰고 따라와 눈물을 흘리며 이별했다.

13일 갑자

아침에는 갰다가 저녁에 비가 왔다. 날씨가 매우 더워 일행들이 땀을 흘렸다.

아침 일찍 출발하여 40리를 가서 대의(大礒)에서 점심을 먹고 40리를 가서 소전원(小田原)에서 묵었다.

14일 을축

비가 왔다.

아침 일찍 출발하여 40리를 가서 상근령(箱根嶺)에서 점심을 먹고 40리를 가서 삼도(三島)에서 묵었다.

15일 병인

흐림.

망궐례에 참석하였다. 부사천(富士川)의 배다리가 파괴되어 여정을 멈추었다.

16일 정묘

하루 종일 비가 왔다.

17일 무진

맑음.

진시에 출발하여 50리를 가서 길원(吉原)에서 묵었다.

18일 기사

맑음.

삼도에서 머물렀다. 유생 추산장(秋山章), 서원창(西原彰), 도진실(島津實)이 와서 작별하였다. 추산은 공책 하나를, 서원은 화전(花箋) 40여 장을, 도진은 붓 한 자루를 전별품으로 주었다.

19일 경오

맑음.

사관(使館)에 들어가 머물면서 종일토록 시축에 글을 쓰고 밤에는 음악을 들었다. 장로의 문도인 주준(周遵)이 와서 말하기를, 공 등이 다음 날 길을 떠나면 역참 관리가 조금 있다가 은 300냥을 대마주인들에게 뇌물로 줄 것이라고 하였다.

20일 신미

맑다가 밤에 비가 왔다.

아침 일찍 출발하여 50리를 가서 부사천(富士川)을 건너 청견사(清見寺)에 올랐다. 다시 20리를 가서 강고(江尻)에서 묵었다.

21일 임신

아침에 맑았다가 저녁에 흐려졌다.

아침 일찍 출발하여 30리를 가서 준하주(駿河州) 보태사(寶泰寺)에서 점심을 먹고, 50리를 가서 등지(藤枝)에서 묵었다.

22일 계유

맑음.

대정천(大井川)의 물이 깊어 건너기 어려우므로 머물렀다. 밤에 거문고 연주를 들었다.

23일 갑술

맑음.
머물렀다.

24일 을해

맑음.
머물렀다.

25일 병자

아침에 비가 조금 왔다.

30리를 가서 대정천을 건넜다. 역참에서 섭정(涉丁 : 물 건네주는 장정)들을 모아 대바자로 에워싸 놓았다가 사신의 행차가 도착하자 비로소 놓아주었다. 혹은 메고 혹은 지고 하였는데 질서정연하여 소란스러움이 없었다. 물이 허리에도 미치지 않는데 깊어서 건널 수 없다고 하였으니 대마도인들이 우리를 기만함이 심하였다. 자기네들 마음대로 조종하며 뇌물을 밝히는 것이 길원(吉原)보다 한 수 위임이 틀림없다.

대정천(大井川)을 건너는 그림
가마를 가판(架板) 위에 얹어서 떠메고 대정천을 건너는 장면이다. 『사로승구도(槎路勝區圖)』 중 하나. 그림의 '大定川'은 '大井川'의 잘못인 듯하다. 1748년(영조 24) 무진사행의 화원 이성린(李聖麟)이 그린 것으로 추정된다. 국립중앙박물관 소장.

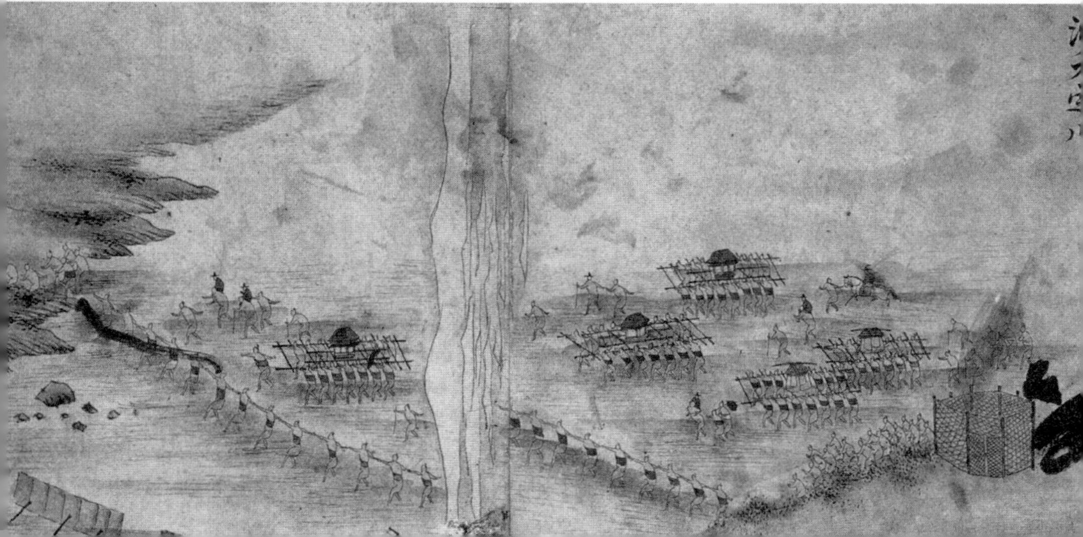

점심은 금곡(金谷)에서 먹고 금곡령(金谷嶺)을 넘어 40리를 가서 현하(懸河)에서 묵었다.

26일 정축

맑음.
40리를 가서 점심은 견부(見付)에서 먹고 또 50리를 가서 빈송(濱松)에서 묵었다.

27일 무인

맑음.
40리를 가서 금절하(金絶河)를 건너 황정(荒井)에서 점심을 먹고 50리를 가서 길전(吉田)에서 묵었다.

28일 기묘

맑다가 저녁에 바람이 불었다.
30리를 가서 적판(赤坂)에서 점심을 먹고 40리를 가서 강기(岡碕)에서 묵었다.

29일 경신

아침에 비가 조금 오다가 바람이 크게 불었다. 저녁에 또 비가 조금 왔다.
아침 일찍 출발하여 60리를 가서 명해(鳴海)에서 점심을 먹고 30리를 가서 명호옥(名護屋)에서 묵었다. 이후로는 역참에 도착하기만 하면 시를 수창하느라 피곤하였다.

30일 신사

하루 종일 큰 비가 왔다.

아침 일찍 출발하여 60리를 가서 주고(州股)에서 점심을 먹고 60리를 가서 대원(大垣)에서 묵었다.

갑신甲申년 4월

초 1일 임오

아침에는 가는 비가 내리고 점심에 갰다가 저녁에 흐려졌다.

아침 일찍 출발하여 60리를 가서 금수(今須)에서 점심을 지어먹었다. 전입성(田立成)을 만났는데 칼 두 자루를 주며 전별하기에 먹 두 개와 부채 하나로 사례하였다. 25리를 더 가서 마침령(磨針嶺)에 올라가 망호당(望湖堂)에 올랐다. 또 절통령(絕通嶺)을 지나 15리를 가서 언근성(彦根城)에서 묵었다.

「망호당(望湖堂)」
망호당의 편액. 1748년(영조 2) 무진사행의 별서사(別書寫) 김계승(金啓升)의 글씨이다. 왼쪽에 보이는 '진광(眞狂)'은 그의 자호.

초 2일 계미

아침에 가는 비가 오다가 곧 개고 바람이 크게 불었다.

아침 일찍 출발하여 60리를 가서 팔번산(八幡山)에서 점심을 먹고 40리를 가서 삼산(森山)에서 묵었다.

서경(西京)에 이르러

서경(西京)에 온 이후로 날마다 기록하였다.

【최천종 살해사건의 발생】

갑신(甲申)년 4월

초 3일 갑신

맑음.

50리를 가서 대진(大津)에서 점심을 먹고 30리를 가서 서경에 들어가

본국사(本國寺)에서 묵었다. 오층탑에 올라가 도시를 내려다보니 참으로 장관이었다. 밤에는 시를 수창하느라 피곤하였으니, 새벽닭이 울고서야 비로소 잘 수 있었다.

초 4일 을유

맑다가 밤에 비가 왔다.

사시에 서경을 출발하여 30리를 가서 정하(淀河)에 도착하였다. 정사상(正使相：正使)의 금루선을 타고 흐름을 따라 내려왔다.

초 5일 병술

해가 뜨자 대판(大坂)에 정박하여 관소로 들어갔다. 밤새도록 큰 비가 왔다.

초 6일 정해

맑음.

대청에 나가 수창했다.

편지가 대판성에 도착하여 장계 편에 집으로 보내는 편지도 부쳤다.

초 7일 무자

맑음. 식후에 으슬으슬하기가 마치 가을 같았다.

상방도훈도(上房都訓導) 최천종(崔天宗)이 새벽에 문을 열라 하고 숙소로 돌아와 잠깐 잠들었는데 갑자기 왜적이 나타나 가슴을 누르고 그의 목을 칼로 찔렀다. 천종이 놀라 일어나 손으로 그 칼을 뽑고 도적의 뒤를 쫓으니 도적이 달아나 공수방(公須房)의 밖으로 나가면서 삼방격군(三房格軍) 강우문(姜遇文)의 발을 밟았다. 우문이 놀라 "도둑이야"라고 소리를 질렀고 그밖에도 이 광경을 본 사람들이 매우 많았는데, 다만 도둑이 들었다고만 생각했지 미처 뒤쫓지는 못했고 천종은 괴로워하다가 쓰러졌다. 강녕(康翎) 현감 이해문(李海文)이 옆방에 누워 있다가 천종이 놀라 소리 지르는 것을 듣고 급히 일어나 가보았더니 천종의 정신이 아직 분명하여 스스로 말하기를 "왜인과 애초에 아무런 다툼도 없이 갑자기 이러한 화를 당하게 되었다"고 하니 어찌 원통한 일이 아닌가. 사상이 급히 양의(良醫) 이좌국(李佐國)[1]과 성호(成灝)[2]를 불러 약을 부치고 이어서 화혈제(和血劑)를 써보았는데 끝내 효험이 없었다.

칼은 세 개의 모가 나있고 두 개의 칼날이 있어 속칭 창포도(菖蒲刀)[3]라고 하는 것과 같았다. 길이는 네 치에 '어영(魚永)'[4] 두 자가 새기어 있으며 칠하지 않은 맨 나무로 자루를 만들었으니 이 일본 칼로 목을 찌른 것임이 분명하다. 진시(辰時) 경에 천종이 드디어 죽었으니 참담하고 참담하다. 상사의 행차에 도훈도는 본래 경상 좌수영에서 데려오게 되어 있는데 천종은 사상이 영남 감영에 있을 때 영교(營校)로서 사행에 임하게 되었다. 병서를 읽을 줄 알고 또 매우 영리한 까닭에 별정직(別定職)으로 따라왔다가 이러한 횡액을 만나게 된 것이니 어찌 운명이 아니겠는가.

삼사상이 모여 앉아 삼수역(三首譯)[5]을 잡아들여 그들이 왜인들을 제대로 단속하지 않아 일이 이러한 지경에 이르게 한 죄를 묻고, 또 부름을 받들어 오늘 내사한 내용을 고하라고 하였다. 수역이 물러나와 대마도인들을 불러 꾸짖고 대마도인들을 조사하라고 하였다 한다. 마땅히 검시하여야 하는데 즉시 오지 않아 여러 번 독촉하니 밤이 깊어서야 비로소 대판성의 대목부(大目府)와 여력(與力)이 와서 검시하였는데, 역시 의심할 것도 없이 칼에 찔린 것이라고 하였다. 그런데 그 칼은, 대마주의 재판(裁判)은 일본에서 주조한 것이라 하고 대판인들은 조선의 칼이 어떻게 생겼는지 알지 못한다고 하였다. 대마도인들은 판윤이 마땅히 다시 검시

해봐야 한다고 하며 아직 시체를 염하지 말라고 하였다.

사행원이 피해를 입은 것은 실로 사행이 있은 이래 처음 있는 변고였다. 김학봉(金鶴峰)[6]이 사행을 받들었을 때는 수길이 집권하고 있을 때인데 바야흐로 독기를 뿜어가며 쓴 오만한 편지가 중국의 조정에까지 이르렀어도[7] 그러나 사신 일행에게는 털끝만큼의 해도 미치지 않았었다. 황추포(黃秋浦)[8]가 중국의 사신을 수행하였을 때에는 피눈물이 하늘에까지 흘러넘치는 날을 당하여 공갈과 위협과 능멸이 이르지 않은 바가 없었으나[9] 그러나 또한 뜻밖의 화는 미치지 않았었다. 그런데 지금같이 사해가 평안하고 우호를 도모하며 신의를 닦는 날에 전에 없는 변고가 일어났으니, 다른 왜인들은 이러한 일을 하지 않았을 것이고 결단코 대마주인들이 한 짓이 틀림없는데 단서를 찾을 수 없으니, 진실로 열사(烈士)가 팔을 걷어붙이고 분개하며 장부가 낙담할 일이다. 어찌 하여야 할 것인가. 어찌 하여야 할 것인가.

초 8일 기축

구름이 끼고 으스스하였다.

사상이 여러 사람의 이름을 나열하며 대마도 태수에게 편지를 써서 죄인을 조사하여 보내라고 질책하였다. 태수는 처음에는 놀라 동요하는 듯하다가 답장을 써서 말하기를, 대마주 사람들은 마땅히 저희가 스스로 조사할 것이니 대판 사람들은 유윤(留尹)이 조사해야 할 것이라고 하였다. 그런데 이른 바 재검(再檢) 한다는 자가 끝내 오지 않아 밤이 깊도록 시체를 염하지 못하였으니, 슬프다. 조사는 물론이요, 시체를 염하는 것도 저들에게 달려 있으니 천종만 홀로 원통하게 죽은 것이다.

대마도인들이 이 일로 인하여 출입을 엄격하게 통제하여 장로의 종자(從者)들도 또한 들어올 수가 없었다. 하물며 다른 사람들은 어떠하겠는가.

초 9일 경인

맑음.

사상이 삼수역을 잡아들여 비명횡사한 시체를 이틀 낮밤 동안 꼼짝도
하지 않은 죄를 물어 곤장 세 대를 치도록 했다. 다만 현역(玄譯 : 譯官 玄
泰翼)[10]만은 그 동생(譯官 玄泰心 - 옮긴이)[11]이 광병(狂病)을 앓아 간호하는
데 전념하느라 공무에 참여하지 못하였으므로 용서하여 주었다. 오후에
대판성의 아관(阿官) 두 명과 대마주의 설관(舌官)이 재검에 들어갔다. 듣
자 하니 대판성 사람들이 바야흐로 대마도인들을 모아놓고 조사하였다
하니 우리 뜻에 조금 맞았다.

주굉(周宏)이 말굽 모양 거울 하나와 붓 열두 자루를, 서익(西翼)은 먹
열 홀(笏)을 보내왔고, 한천수(韓天壽)는 목세숙(木世肅)을 통하여 편지와 역
산(嶧山)[12]과 화산(華山)[13]의 비탑(碑榻) 두 개를 보내왔다.

밤이 되어서야 비로소 천종의 시체를 염습할 수 있었다. 일에 관여하
였던 사람들이 모두 곡을 하며 거듭 슬픔에 목이 메도록 울었다.

초 10일 신묘

맑다가 저녁에 큰 비가 왔다.

이정암의 장로가 도장을 전별품으로 보내고 또 염경(奩鏡 : 펴면 鏡臺가
되는 거울을 넣은 상자)을 주었는데, 변고가 생긴 이후로는 한 번도 붓과 벼
루를 꺼내놓고 수창을 하지 않았던 까닭에 잠시 그대로 두었다가 일이
진정될 때까지 기다리기로 하였다.

11일 임진

흐림.

천종의 시체를 비로소 입관하게 되었다. 삼사상이 글을 써서 곡을 하고, 일행은 모두 관을 보내고 선소(船所)로 갔다. 삼방(三房) 지인(知引) 김한중(金漢中)의 관도 아직 나가지 못했으므로 함께 안치하게 했다.

격군(格軍) 60여 명이 관을 메고 문을 나서는데 대마주의 금도(禁徒)들이 정문으로 잘못 나갔다며 길을 막고 못 가게 하였다. 다시 작은 문으로 들어와 관을 멈추었는데 대판성 사람들이 병풍을 가지고 와서 가려주려고 하자, 대마도인들이 중관(中官)14)의 관은 짚으로 덮는 것이 마땅한데 어찌 병풍을 쓰냐고 질책하며 물리게 하였다. 아무 것도 씌우지 않은 관을 길에 두고 지관(地官)에게 공문을 보냈는데 밤이 되도록 갈 수가 없었다. 사상이 통사(通詞)와 관을 메고 앞에서 인도한 자 2명에게 곤장을 치도록 하였으니 관을 잘못 내갔기 때문이었다. 대마도인들이 일을 어지럽히는 것이 일마다 이러하였으니 이것은 반드시 악을 쌓고 화를 채워 스스로 천벌을 기다리는 격이다.

12일 계사

맑음.

시온과 더불어 잠시 배의 숙소로 돌아와서 작은 항구를 통해 나갔다가 조금 있다가 돌아왔다. 날씨가 매우 따뜻하였는데 숙소 안은 도리어 매우 음산하고 추우니 괴이한 일이었다.

13일 갑오

저녁에 비가 왔다.

목홍공(木弘恭)과 승려 축상(쓰常)이 편지를 하였는데 홍공은 먹 하나를, 축상은 붉은 먹 두 개를 보내왔다. 천종의 관이 비로소 나갈 수 있었다.

14일 을미

비가 왔다가 저녁에 조금 갰다.

대마도주의 답서가 비로소 왔다. 대판(大坂)의 봉행(奉行)15) 2명과 동무(東武)16)의 백일목부(百日目付)가 와서 바깥 대청에서 살인자를 조사하였다.

가번(加番) 장로의 문도인 주준(周遵)이 비로소 올 수 있었다. 그가 말하기를, 변고가 있은 뒤로 대마도인들은 오로지 은폐하려고만 하였는데 사상이 편지를 보냄으로 해서 초 8일에야 비로소 동무에 보고하였고, 장로가 판성윤을 찾아가서 전말을 고하자 판성윤이 비로소 대마도인들을 꾸짖었다고 한다. 12일에 동무에 급보를 보냈으니 30시간이나 혹은 28시간이면 반드시 도착할 것이요, 장로가 또 집정에게도 보고하였으니 대마도인들이 그제서야 두려워하게 되었다고 한다. 조사를 해본즉 대마주 통사(通事) 영목전장(鈴木傳藏)이라는 자가 도망가 숨은 지 오래되어 그 집의 종을 붙잡아 신문을 해보니 종이 말하기를, 전장이 도망갈 때 천복사(千福寺)에서 여러 날 묵었다고 하였다. 절의 중과 객을 또한 잡아오니 이 일에 연루된 자가 5~6인이나 되었다. 대마도인들은 대통관(大通官 : 통역관의 우두머리) 이하는 모두 칼을 빼앗아 다 관소 안에 넣어놓고 나오지 못하게 하였다. 지난번에 방자하게 맞서던 자들이 모두 숨을 죽이고 발을 포개며 두려워하니 하늘의 도는 진실로 마땅히 이와 같아야 할 것이다.

15일 병신

흐림.

망궐례에 참석하였다.

듣자 하니 대마도 사나이 세 명이 하옥되었는데 모두 사형수라 하고, 또 통왜(通倭) 2명을 잡아갔다고 한다. 봉행장감(奉行將鑑)이라는 자가 비로소 와서 문안을 하고 죄인을 인계하였다. 혹은 범인을 이미 잡아서 천왕사(天王寺)에 가두어 놓았다고도 하고, 혹은 아직 잡지 못하였으나 수일 안에 잡을 수 있을 것이라고도 하였다. 판윤이 대단히 강직하고 옥사에 밝아서 반드시 끝까지 조사하고자 하니 대마도인들이 더욱 두려워 벌벌 떤다고 한다.

이정암의 승려가 그의 문도인 통절(通節)과 심연(心緣)을 보내어 문안하였다.

16일 정유

오후에 비가 뿌리고 종일토록 흐렸다.

대판 정봉행(町奉行)과 대목부(大目付)가 대청에 모여 범인의 종형(從兄)과 그 종을 문초하고 중형(重刑)을 가하니 울부짖는 소리가 바깥에까지 들렸다. 봉행이 수역에게 같이 문초하자고 하였으나 수역이 고사하고 가지 않았다. 대마주 통관(通官) 48명이 거의 다 구속되었는데, 죄가 무거운 자는 하옥하고 가벼운 자는 도주에게 맡겨 구금케 하여 다만 두 명만 남아서 공역(供役)하고, 봉행재판은 모두 감죄(勘罪 : 죄인을 취조하여 처분함)를 기다리고 있으니 도주 또한 두려워 벌벌 떨며 제 앞가림도 하지 못한다고 한다. 저녁에 정봉행이 국문을 거두고 들어가 판윤을 접견하였는데 대판성에서 공역(供役)하는 자들이 행동을 삼갈수록 더욱 대마도인들의 악함을 볼 수 있었다.

이정암 승려가 2명의 문도를 보내어 채색 보자기와 담뱃대를 보내고 또 명함을 보내었다.

17일 무술

저녁에 비가 왔다.

듣자 하니 옥사는 덕천가강(德川家康)의 기일(忌日)이라 하여 잠시 국문을 거두었다가 오후에 다시 죄인을 국문하였는데, 죄에 연루된 자들을 계단 아래에서 신문하였다고 한다. 저녁에 이정암 승려의 문도인 지본(知本)이 찾아와서 만나보았다.

18일 기해

맑다가 밤에 비가 왔다.

저녁에 들으니 죄인을 병고(兵庫) 유마촌(有馬村)에서 잡아왔다고 한다. 대개 판윤이 사방의 경계를 다 포위하여 섭진(攝津)과 단파(丹波)의 국경에 이르기까지 사람과 말 6,000여 마리와 배 200여 척을 그물처럼 촘촘히 풀었으니 죄인이 어떻게 도망갈 수 있었겠는가. 왜의 법에 길에는 반드시 금도(禁徒)를 두어 지나가는 자는 옷에 그려져 있는 표지(標識)를 조사하고 이름을 기록한 연후에야 지나갈 수 있으므로 죄인이 도망갈 수가 없다고 한다.

비국(備局)17)의 관문(關文)18)과 영남 감영의 통수관(統帥關)과 동래, 부산의 장계가 모두 들어왔다. 혹은 2월에 보낸 것이고 혹은 3월에 보낸 것인데 서찰은 끝내 오지 않았다.

이정암 승려의 문도 수계(守桂)가 와서 만나보았다.

19일 경자

아침에 큰 비가 왔다.

정봉행이 죄인을 국문하였는데 죄인이 국문에 나올 때 수레[扛輿]에 태워 왜인들이 전후좌우에서 칼을 빼들고 데리고 나왔다. 한 번 묻자 자복하여 말하기를, 천종이 죽기 전 날 저녁 그 사나이가 밥을 나누어 달라고 하였는데 천종이 밥을 나누어주면서 젓가락은 주지 않아 그가 젓가락도 달라고 하니 천종이 주지 않았을 뿐만 아니라 말채찍으로 그 자의 어깨를 두어 대 내려친 고로 분노를 이기지 못하여 드디어 이런 변고를 일으켰다고 한다. 전해들은 것이므로 와전된 것이 많아 참으로 믿을 수가 없으나, 천종은 애초에 밥을 나누어 준 일이 없으니 매우 의심스럽다. 저녁에 죄인을 하옥하고 그의 삼촌과 종 및 종자와 머물게 한 승려 9명도 모두 하옥시켰다고 한다.

20일 신축

새벽에 어지러운 바람이 집을 흔들어 마치 지진이 일어난 것 같았다. 해가 떴는데도 음산하고 춥기가 마치 9~10월의 날씨 같았다.

양 장로가 일찍 와서 사상을 뵙기를 청하니 대마도 태수와 함께 오라고 하였다. 대마도 태수가 와서 장로와 함께 품안에서 각기 작은 종이를 꺼냈는데, 모두 동무에서 임명한 대목부(大目付) 곡연승차랑(曲淵勝次郞)이 감찰사(監察使)로 머지않아 올 것이라는 내용이었다. 그런데 왕복하는 동안에 대마주의 봉행(奉行)인 다전감물(多田監物)이라는 자가 대마도 태수의 말을 전하기를,

"한 사람이 죄를 범했는데 여러 사람들이 연루되었으니 청컨대 정봉행에게 말씀하시어 풀어 주시오"

라고 하였다. 사상은 마땅히 전하지 말았어야 했다며 수역을 꾸짖었다. 대마도 태수와 양 장로가 간 후에 사상이 양 장로에게 답장을 썼다. 대개 양 장로가 마땅히 고유(告諭)하여야 할 일이 있으면 편지로 써서 보이라는 말이 있었기 때문이었다. 조금 있다가 승려 주준(周遵)이 와서 말하기를, 사상이 수역을 시켜 대마도 태수에게 말을 전하기를,

"한 사람의 목숨으로 갚으면 족할 것이니 어찌 반드시 많은 사람에게까지 파급할 필요가 있는가. 참으로 그 까닭을 모르겠다."

고 하였다 한다. 자리에 앉아 있던 사람들이 크게 놀라 문무(文武)를 막론하고 같은 말로 들어가 고하니 사상이 수역을 불러 들여 그 연고를 고하

도록 하였다. 말에 어긋남이 많은 까닭에 잡아들여서 엄하게 문책한 후
물러나도록 하였다.

21일 임인

날씨는 매우 좋은데 관소는 심히 어두우므로 우울함을 견디지 못하여
여러 공들과 더불어 정원을 산보하였다. 그러고 나서 숙소 밖을 한 바퀴
빙 둘러보았는데 석류꽃이 벌써 피어 나그네 발걸음을 머물게 하였다.

22일 계묘

맑음.
승려들이 혹 와서 대마도인 및 수역과 필담을 나누었는데 그 정황을
말하는 것이 절통(絶痛)하고 절통하였다.
종일토록 곤히 잤는데도 도리어 피곤하였다.

23일 갑진

맑음.
양 장로가 사상을 뵙기를 청하였는데 대마도 태수와는 자리를 함께
하지 않으려고 하면서 동무의 명이 있다고 칭탁하였다. 사상은 전례가
없는 일이라 하며 사양하였다. 장로가 여러 번 청하고 대마도 태수 역시
허락하기를 원하였으나 사상이 끝내 고사하였다.

24일 을사

맑음.

양 장로가 또 만나 뵙기를 청하여 마지않고 대마도 태수 또한 여러 번 청하여서, 사상이 대마도 태수와 함께 와서 대마도 태수는 먼저 일어나고 양 장로는 남아서 이야기하라고 하였는데 대마도 태수는 오려고 하였으나 두 승려가 오지 않으려고 하였다.

밤에 주준이 와서 필담을 나누려고 하다가 곧 떠났다.

처음으로 족 3리(足三裡)19) 혈(穴)에 17장(壯) 뜸을 떴다.

25일 병오

맑음.

대판으로 돌아왔다는 장계를 이제서야 비로소 보냈으니 강호의 전명장(傳命狀)과 함께 비선으로 보냈다. 김한중의 상구장(喪柩狀)은 아직 그대로 두었다.

가번(加番) 장로가 문도인 혜개(慧玠)를 통해서 고매원묵(古梅園墨) 열 홀(笏)과 붓 다섯 자루와 인주 한 합(盒)을 보내왔다.

족 3리 혈에 17장 뜸을 떴다.

장로가 사상에게 편지를 올렸다.

26일 정미

맑음.

양 장로가 사상에게 편지를 올렸는데 3개 조항의 질문이 있었다. 사상이 답장을 썼다. 저녁에 유달원(柳達源)·서유대(徐有大) 두 영(令)과 함께 정원을 산보하였다. 때마침 죄인 21명이 나가는 것을 보았는데 문을 나간 후에 10명은 편여(篼輿 : 대로 엮어 만든 가마)에 들이고 나머지는 걸어 나갔다. 왜인들의 법에 죄인을 다스릴 때 죄가 가벼운 자를 먼저 하고 무거운 자를 나중에 한다하니 그런 까닭에 전장은 나중에 하는 것이다.

세 번째로 3리 혈에 17장 뜸을 떴다.

27일 무신

맑음.
날씨가 점점 더워진다. 모기가 파리만큼 컸다.

28일 기유

맑음.
곡연승차랑이라는 자가 비로소 왔다. 온 사람은 대목부 1명, 어목부(御目付)[20] 3명, 소목부(小目付) 5명이다. 대청에 모여 앉아 밤이 되도록 죄인을 신문하였다.
3리 혈에 17장 뜸을 떴다. 햇보리와 햇오이를 먹었다.

29일 경술

조금 흐림.
아침에 죄인 전장을 죽이겠다는 이야기를 들었다. 정봉행이 수역에게 편지를 써서 우리들에게 형 집행하는 것을 보라고 청하였다. 그런데 얼마 뒤에 양 장로가 그 나라 법은 다른 나라 사람이 형의 집행을 참관하는 것을 허락하지 않는다고 하면서, 장차 강호에 보고하려면 반드시 오래 기다려야 할 것이라는 내용을 수역에게 편지를 써서 알렸다. 사상이 준엄한 말로 꾸짖자 저녁이 되어서야 비로소 형 집행을 참관하도록 허락하였는데 왕래하는 사이에 날이 이미 저물어버렸다. 다음 날은 이 나라의 기일(忌日)이라 그 다음 날에야 형을 집행할 수 있다고 한다.
족 3리 혈에 17장 뜸을 떴다.

30일 신해

맑다가 밤에 비가 왔다.

일기선(一騎船 : 정사 일행이 타는 배) 격군인 나주인(羅州人) 이광하(李光夏)가 전에 광질(狂疾)이 발병하여 포구의 촌가에 두고 그의 일가인 아무개로 하여금 병구완을 하게 하였었는데, 광하가 갑자기 갖고 있던 칼로 아무개의 등을 찌르고 또 자기의 목을 찌르고는 스스로 물 속에 몸을 던졌다. 왜인이 구하여 간신히 치료하고는 조금 낫자 자리를 옮겨 배에서 내리게 했는데 금창(金瘡 : 쇠붙이에 다친 상처)이 크게 발해서 오늘 죽었다. 바다를 건넌 이후에 죽은 사람이 네 명인데, 두 명은 칼에 맞아 죽고 한 명은 상처 때문에 죽고 병들어 죽은 사람은 한 명뿐이니 이 또한 예전에는 없었던 일이다.

서경에서 일본 최고의 인재 나파사증那波師曾을 만나다.

갑신甲申년 5월

초 1일 임자

새벽에 비가 오고 오후에 갰다.
망궐례에 참석하였다.

초 2일 계축

맑음.

이른 아침에 왜인들이 전장을 월생도(月生島)에서 참수하였으니, 곧 낭화강(浪華江)의 하류이다. 삼방(三房)과 병방(兵房)의 비장(裨將) 및 세 수역(首譯), 세 집사(執事: 사무를 보는 사람), 일곱 통인(通引), 중·하관(中·下官) 수십 명과 영기(令旗)[21]를 잡은 자 세 쌍이 가서 참수하는 것을 보았다. 대목부는 동무에서 명령을 받지 못한 채 형편에 따라 일을 처리했기 때문에[22] 사상의 서계(書契)를 얻어 좌권(左券)[23]을 삼고자 하여 사상이 결국 양 장로에게 편지를 보내어 완곡하게 그 뜻에 맞추어 주었다. 그러고 나서 말하기를, '몰래 살인을 하는 것[賊殺]과 다투거나 때리다가 살인을 하는 것은 차이가 있으며 음모를 꾸민 자는 하수인과 같은 법률을 적용하는데, 사행원을 죽인 자는 더욱이 보통 평범한 적살(賊殺)에 비교할 것이 아니다. 이는 전장 혼자서 처리한 일이 아닌데 다만 전장 혼자 죄를 뒤집어쓰고 그 나머지는 논하지 않고 있다. 옥체(獄體)의 사정이 어떻게 돌아가는지 알 수 없으니 청컨대 죄에 관여한 자들을 분명히 조사하고 성안(成案)[24] 1통은 마땅히 곧 글로 써서 보내달라'고 하였다. 이러한 내용으로 편지를 써서 양 장로와 정봉행, 대마도 태수에게 보내려고 하였는데 기번실(紀蕃實)이 '전장이 죄를 자복하였고 다른 사람은 죄에 관여된 자가 없는데, 이 편지가 만약 판성윤에게 전해진다면 정봉행과 대목부 등은 반드시 옥사를 잘못 다스렸다고 하여 동무에게서 중벌을 받을 것'이라며 애써 만류하였다. 수역이 들어가 사상에게 고하며 그 말에 따를 것을 권하였으므로 다만 수고를 치하하는 편지만 보냈다.

비로소 선래선(先來船)의 선장(船將)을 정하고 선래비장(先來裨將)과 장계를 먼저 보냈다. 선래선은 대마주에서 출발하는 것이 상례인데 일찍이 여우길(呂祐吉)[25]과 오추탄(吳楸灘)[26]이 사행하였을 때 대판에서 선래를 보냈고, 이번 변괴 또한 상례를 적용할 수 없는 까닭에 한 척의 비선을 청하여 얻은 것이다. 대마도 태수가 처음엔 자못 난처해하였다.

초 3일 갑인

맑음. 날씨가 매우 찼다.

서경의 승려 축상(竺常)과 정왕(淨王)이 와서 담소를 나누다가 돌아갔다.
듣자 하니 중달(仲達)도 밖에 왔었다고 한다.

초 4일 을묘

오후에 비가 조금 뿌렸는데 매우 음산하고 쌀쌀했다.

양 장로의 답서가 왔다. 말하기를, 전장이 천종을 적살(賊殺)한 것은 천
종이 거울을 잃어버리자 전장을 의심하여 일본인들은 도둑질을 잘한다
고 꾸짖어 말하자 전장이 도리어 조선인이 도둑질을 잘한다고 욕을 하
여 천종이 분노하여 말채찍으로 전장의 등을 때렸으므로 원한을 품고
몰래 찌른 것이라고 하였다. 그의 종형인 승려 우예(祐藝)가 성 밖의 절에
거주하고 있으므로 전장이 병이 나서 의원을 찾아간다는 핑계를 대고
절에 도착하여 3일을 묵었는데 마음이 끝내 가라앉지 않아 이에 서경으
로 가서 유마촌(有馬村)에 이르렀다가 나졸에게 붙잡히는 바 되었다고 하
였다. 전장의 종은 대판성에 머무르고 있어서 처음부터 그 정황을 알지
못하였고 나머지 붙잡힌 사람들도 모두 죄에 간여하지 않았다고 하면서,
혹자는 찬축(竄逐: 먼 곳으로 귀양 보냄)하고 혹자는 기한이 차기를 기다렸다
가 놓아주겠다고 하였다. 사상이 수역을 시켜 글을 써서 장로에게 고하
기를, 누구누구는 찬축(竄逐)하고 누구누구는 곧바로 석방한 연고를 상세
히 보고받은 연후에야 떠날 수 있겠다고 하니 장로가 허락하였다. 그리
하여 비로소 장계의 초안을 정하고 떠날 날짜를 결정하였다. 장계는 오
로지 장로가 말한 바를 취하여, 천종이 거울을 잃어버려 전장과 싸우다
가 전장이 원한을 품고 몰래 죽인 것이라고 결론지었다. 옥안(獄案: 형사
재판의 조서)이 끝내 침묵과 어둠 속으로 돌아갔으니 천종은 눈을 감지 못

했을 것이다. 장로가 처음에 대마도인들과 틈이 있어서 말만 하면 반드시 대마도인들을 허물하였는데, 최근에는 한 편이 되어 말과 행동에 언뜻언뜻 간교함이 엿보이니 반드시 뇌물을 먹은 것임에 틀림없다.

처음에 천종의 일이 일어났을 때에 이러한 전례가 없어 사상이 문무 일행을 불러 의견을 물어보니, 혹자는 부산으로 건너가서 서계를 왕복하며 조사하자고 하였고 혹자는 대마도로 돌아가 정박하여서 조사하자고도 하였다. 차례가 나에게 이르자 정상(正相)이 나를 지목하여 말하게 하였다. 이에 내가 말하기를,

"오자서(伍子胥)는 고집이 세고 사나워 비난을 견디고 능히 강국인 초나라에 원수를 갚을 수 있었습니다.27) 종계변무(宗系辨誣)28)의 일이 있을 때에 김황강(金黃岡)29)이 예부(禮部)에 상서(上書)하여 말하기를,

"비록 계절이 열 번을 바뀐다 해도 머무르지 못할 것이 없습니다."
라고 하여 예부에서 크게 칭찬하였습니다. 공이 다만 굳게 참고 견뎌 여기서 10년을 머무를 것을 기약한다면 적을 잡을 수 있을 것입니다. 대판은 바다와 육지가 만나는 대도시이고, 다행히 적이 이곳에서 발생하였습니다. 이곳을 버리고 한 걸음이라도 가게 되면 곧바로 바다로 나아가게 돼 강호와의 소식은 막히고 대마주의 조종에 휘둘리게 되어 나아가나 물러가나 의지할 데를 잃을 것이니 어떻게 적을 잡을 수 있겠습니까?"
라고 하였다. 정상께서 웃으면서 말하기를,

"그대의 말이 옳다. 만약에 적을 잡지 못하게 된다면 어찌 10년만 논하겠는가. 소자경(蘇子卿)은 19년 동안 충절을 바쳤는데30) 그만 유독 별난 사람이겠는가."
라고 하여 드디어 의견이 정해졌다. 그러나 일행의 의심과 두려움은 날로 심해져 하룻밤에도 여러 번을 놀라고 바람이 불어 장막이라도 움직이면 문득 자객이라도 왔는가하고 의심하였다. 정상 또한 근심스러워 몰래 나에게 물었다. 내가 말하기를,

"공은 근심하지 마십시오. 천종은 곧 일개 지방 무인일 따름입니다.

왜인들은 반드시 감히 우리를 범하지 못할 것이니 우리를 범하는 것은 곧 공을 범하고자 하는 것이요, 공을 범하는 것은 우리나라를 범하고자 하는 것이니 임진왜란과 같은 일이 반드시 다시 일어날 것입니다. 온 나라의 운명을 공이 또한 어떻게 하실 수 있겠습니까? 공께서는 다만 마음을 고요히 하여 사람들을 진정시키십시오. 그러면 사람들도 스스로 마음을 잡을 것입니다."

라고 하였다. 정상께서 웃으면서

　"그렇다."

고 하였다. 그러나 무리의 의견이 분분하고 도처에서 머리를 모으는데 참으로 그 말을 얻어 들을 수가 없었고 또 구설(口舌)에 잘못 걸려들까 두려웠다. 그래서 병풍을 자리에 둘러쳐서 칠실(漆室 : 아주 캄캄한 방)처럼 어둡게 하고는 날마다 그 안에서 자면서 사상께서 부르거나 손님이 온 것이 아니면 나오지 않았다. 26일이 되어 옥사가 끝나자 이에 그 방에서 나왔다.

　축상과 정왕이 하루 종일 와있었다.

초 5일 병진

　저녁에 비가 뿌렸다.

　마주 봉행(馬州奉行) 평여임(平如任)과 간사관(幹事官) 기번실(紀蕃實) 및 재판(裁判) 평여민(平如敏)이 대목부에게 억류되어 있었다. 왜인 통사 6명도 또한 구금되어 있었는데 모두 사납고 포악한 무리들이다. 지난 2일에 주준이 저녁에 와서 번실이 마땅히 구속될 것이라고 몰래 말해주었는데, 번실은 그 사실을 모르고 매우 득의양양해하며 출입하였으니 그 기미를 아는 사람은 속으로 웃었다. 그가 구속되자 비로소 그의 죄가 헤아릴 수 없을 정도라는 것을 알게 되었는데, 하도 울어서 눈이 다 짓무를 지경이었다. 사람들이 다 통쾌해하였다. 봉행재판의 무리들이 사상에게 하직하고 떠났다.

대청에 나가 중달을 만나보았다. 사증(師曾)이 밤을 타서 와서 이야기하였다. 축상과 정왕이 또 와서 하루 종일 있었다.

초 6일 정사

새벽에 비가 쏟아졌는데 아침 일찍 갰다.

돌아가는 배를 출발하려고 닭이 우는 소리를 헤아려 관소를 나왔는데 도주가 오후에 출발할 것을 청하였다. 양 장로가 석방된 자와 귀양 간 자를 기록하여 보내주었는데 석방된 자는 16명이요, 기한이 차서 석방되기를 기다리는 자 또한 십여 명이요, 귀양 간 자는 전장의 종형 승려 우예와 하인 문자옥(文字屋)과 우위문(右衛門)이라는 자로 모두 3명이었다. 이로써 3명의 대마도 왜인들이 구속되기에 이르렀으니 장계의 본문에 첨가하여 넣었다.

선승(禪僧) 주굉이 와서 작별하였다. 정오를 지나 관소를 나와 석병노인(石屛老人) 도국흥(陶國興)과 작별하고, 그의 조카 삼택빈(三宅斌) 및 안정속옥(安井屬玉)과는 문 밖에서 작별하였다. 목홍공(木弘恭), 합리(合離), 편유(片猷)와 축상과 정왕은 길 옆에서 기다리고 있어서 말에서 내려 악수하고는 헤어졌다. 나파사증(那波師曾)과 그의 아우 오전원계(奧田元繼)가 나루에서 기다리고 있어서 이야기를 조금 나누었는데 대판성의 관리가 갑자기 와서 몇 마디 말을 하니까 사증의 얼굴빛이 변하였다. 결국 그와도 작별하였다.

삼사상은 잠깐 도주의 집을 방문하는 것이 전례였는데 사상은 조정의 감죄(勘罪)를 기다려야 한다며[31] 사양하였다. 대마주에서 베푸는 공식 연회도 참석하지 않으려고 하는데 하물며 방문은 말해 무엇하겠는가? 그러나 도주 일행이 모두 말하기를, 사상이 이제 방문하지 않는다면 반드시 동무의 의심이 더해질 것이니 관계가 매우 중하다, 공식 연회에는 참석하지 않아도 괜찮다고 하였다. 재판이 수역에게 간절히 이야기하며 한나절을 가지 않고 있으니 사상이 할 수 없이 그렇게 하겠다고 하였다.

금루선을 타고 하구로 내려가는데 강항(江港)이 전에 지나간 곳이 아니었다. 강을 따라 층각(層閣 : 2층 이상으로 높게 지은 누각)과 누대(樓臺 : 다락집)와 난사(欄榭 : 정자)가 좌우에 현란하니 서경과 강호와 명호옥(名護屋)이 비록 아름답다고 하나 여기에 비할 수 없었다. 팔교(八橋)를 지나 전장이 처형당한 곳을 지나서 채선(彩船)으로 옮겨 타고 우리 배가 있는 곳에 이르렀다. 이 강녕(李康翎 : 李海文)과 유 장흥(柳長興 : 柳鎭恒),[32] 역관 최수인(崔壽仁)이 삼사상을 하직하고 선래선으로 갔다. 주준이 장로의 사자로서 금루선에 와서 문안을 올리고 중달도 따라와 뱃머리에서 작별하였다.

대개 일본의 산수는 서경이 최고이고 인물 또한 그 나라에서 으뜸인데, 사증의 박학함과 축상의 학문과 지식은 또 그 중에서도 최고이다. 사증의 일은 별도로 기록하였다.[33] 일찍이 나와 함께 수길 당시의 일을 말하면서,

석전삼성(石田三成, 1560~1600)

"풍신에게는 심복으로 생각하는 대신 세 명이 있는데, 하나는 석전삼성(石田三成)이요, 하나는 모리휘원(毛利輝元)인데 하나는 이름을 잊어버렸습니다."
라고 하였다. 내가
"소서행장(小西行長)[34]일 것입니다."
라고 하자 사증이 놀라 사례하며 말하기를,
"천하의 사람을 모두 속일 수 있어도 오직 글 읽는 사람만은 속일 수 없다고 하더니 그 말이 일리 있는 것이 이와 같습니다."
라고 하였다.

선승 축상은 호를 초중(蕉中)이라고 한다. 대판의 동쪽에서 시를 구하는 자들이 몰려들어 승려들은 기생처럼 재주를 자랑하고 절은 역참처럼

소란스러워 운치가 높은 중이라면 부끄러워하는 바였다. 내가 처음에 서경을 지날 때 축상만 오지 않았으니 자기 재주를 자랑하는 것을 부끄러워하였기 때문이었는데, 돌아갈 때가 되자 그의 제자 정왕과 함께 대판까지 따라왔다. 그가 쓴 필담은 모두 외워서 전할 만한 것이었다. 마침 천종의 일을 만나 관소의 출입을 매우 엄격히 금하였으므로 틈을 타서 들어와 이야기를 나누었다. 그러나 감히 거리낌 없이 말하지는 못하고 전장의 옥사의 시말을 글로 적어 보내왔는데 문법이 예스럽고 우아하여 한대(漢代)의 문장에 가까웠다. 대마도 승려의 직책으로 동래로 나와 나를 만나기를 기약하였으나 내가 사양하였다. 이에 우리나라에 왕생(往生)하고 싶다며 이별에 임하여 눈물을 흘리기까지 하였으니 성심으로 마음을 다해 좋아하기가 이와 같았다. 사람이 침착하고 묵직하며 그릇이 그 재주에 걸맞으니 아마도 일본 땅의 제일가는 인재라 할 것이다. 정왕 또한 기재(奇才)였다.

홍공(弘恭)의 자는 세숙(世肅)인데 부유하며 호협기가 있어 빈객들을 통틀어 서쪽으로 축주(筑州)에서부터 동쪽으로 강호에 이르기까지 세숙을 칭찬하지 않는 이가 없었다. 강가에 겸가당(蒹葭堂)을 짓고 책 5만여 권을 소장하고 있는데, 평소에 그의 문도 9명과 함께 고아한 모임을 갖고는 그림을 그려 나에게 부쳐 주었다. 세숙의 그림과 축상의 서(序), 합리(合離)의 시(詩)가 최고였다. 복상수(福尚脩) 또한 모임 중의 인재로서 세숙과 더불어 견줄 만한데 둘 다 장삿일로 집안을 일으켰다. 그래서 사람들이 혹 이러한 사실을 헐뜯기도 하였다.

정왕이 인장(印章) 1과(顆)를 새겨 전별품으로 보내왔고 합리는 부채 하나를 보냈다. 홍공은 붉은 동전[紫錠] 2홀(笏)을, 정왕 또한 2홀을 보냈다. 집에 보내는 편지를 써서 선래선 편에 부쳤다.

초 7일 무오

맑음.

오전에 동풍이 불다가 오후에 서풍이 불었다. 순풍이 불기 때문에 일찍 출발하면 병고(兵庫)에 어렵지 않게 도착할 수 있을 것이었다. 그런데 도주가 행장이 다 갖추어지지 않았고 하졸이 충원되지 않았다며 하루 더 머물 것을 청하니 사상이 허락하였다.

식후에 선래 제군에게 가서 작별하였다. 부선(副船)은 넉넉하고 한가하므로 현천(玄川 : 元重擧)35)의 처소에 가서 누웠다가 한나절 만에 돌아왔다. 승원작(勝元綽)이 와서 바닷가에서 편지를 써서 돌멩이에 싸서 던졌는데 금도들이 못하게 하니 갔다.

선래선이 포구를 나서는데 바람이 변하여 닻을 내렸다. 밤중에 민명천(閔明川), 이유지(李綏之)가 함께 가서 보고 잠시 후에 돌아왔다. 낭화강에서 송별하는 것 또한 하나의 기이한 일이었으니, 봉창(蓬窓)36)에서 달을 바라보며 거문고 소리를 들으니 더욱 헤어지기가 힘들었다.

초 8일 기미

맑음.

해가 뜨자 배를 출발하였다. 동풍이 매우 약하게 불고 하구의 물이 얕아서 정기선(正騎船 : 정사 일행이 타는 배)과 복선(卜船)이 바닥에 들러붙어 겨우 바다로 빠져나갈 수 있었다. 부기선(副騎船 : 부사 일행이 타는 배)이 먼저 가고 삼기선(三騎船 : 종사관 일행이 타는 배)이 그 다음으로 갔다. 올 때 비하여 예선이 매우 적었으니 기선(騎船)은 겨우 8척이 예인하고 복선은 겨우 7척이 예인하였는데, 배마다 각각 8명의 장정이 노를 저어 배가 마치 평지를 가는 것처럼 평온하였다.

병고(兵庫)에 도착하기 30리쯤 전에 서풍이 크게 일어 온 힘을 다하여

상판사선도(上判事船圖)
1711년 신묘사행 때 조선통신사의 상상관을 태운 일본 금루선(金樓船)의 모습이다.

노를 저었는데 한 치를 가면 한 자를 밀려났다. 기선에서 닻을 내리니 복선도 그 뒤를 따라서 닻을 내렸다. 날이 겨우 정오를 지났을 때 바람이 더욱 심해지고 배도 더욱 흔들려 사람들이 모두 어질어질하여 쓰러지니 처음 바다를 건널 때와 다르지 않았다. 급히 금도를 보내어 예선이 오기를 청하자 해가 진 후에 큰 배 두 척이 작은 배 십여 척을 끌고 왔다. 바람도 조금 수그러들고 예선이 앞에서 나아가 삼경 무렵 비로소 병고에 정박할 수 있었다. 부선은 일찍 정박하고 삼선은 일몰 전에 정박하여 각기 이곳에 남겨 두었었던 배의 부속품을 싣고 기다렸다.

동풍이 순하게 불기 시작하자 선래선이 출발하였다.

초 9일 경신

새벽에 동풍이 더욱 순하게 불었다.

우리들은 모두 출발하고자 하였으나 대마도인들은 가지 않고 정오가 되기 전에 반드시 바람이 변하고 큰 비가 오며 파도가 무섭게 칠 것이라고 꾀면서 배를 깊은 항구로 이동시키자고 하였다. 세 수역이 주장하니 사람들이 모두 분하고 원통하여 죽을 지경이었다. 밥 먹을 때 비가 조금 뿌리자 삼사상이 숙소에 가서 조금 이야기하고 배로 돌아왔는데, 이른 밤에 동풍이 더욱 세게 불고 파도가 성해져 마치 배를 키질하는 듯하자 삼사상이 다시 관소로 들어가서 묵었다. 만약 우리말을 들었으면 벌써 일찍 실진(室津)에 정박하였을 텐데, 실진은 항구가 깊어 바람과 물의 피해가 없는 곳이다. 한 번 순풍을 놓쳤으니 여기서 며칠이나 머물게 될지 모르겠다. 배에 실은 것이 너무 무거웠기 때문에 종과 격배(格輩)들로 하여금 쌀가마니를 다 내다 팔게 하니 모두 70여 포였다.

이정암 승려의 문도인 의산(義山)이 와서 수영(守瑛) 장로의 시를 전하고, 승려 심연(心緣)이 와서 목세숙·복상수·축상·주규·정왕의 시찰을 전하였다. 또 붉은 먹 1정(碇)을 전별품으로 주었다.

삼경이 지난 후에 풍랑에 배가 부딪쳐 저들과 우리가 서로 배를 구하려고 떠드는 바람에 시끄러워서 잠을 잘 수가 없었다. 판자 지붕이 새서 옷과 이부자리가 다 젖었다.

초 10일 신유

새벽에 비가 왔다.

동풍이 매우 순하여 종사공이 먼저 출발하고자 하였으나 비의 기세가 점점 성하여져서 정상이 못 가게 만류하였다. 비가 그치자 바람도 변하였다. 요사이 아침에는 반드시 동풍이 불고 저녁에는 반드시 서풍이 불되 동풍은 반드시 비를 동반하였다. 비가 조금 와도 출발을 막기에 충분한데, 비록 순풍이 분다 해도 반드시 대마도주가 먼저 출발하는 것을 기다려야 하므로 도주가 즉시 출발하지 않으면 왔다 갔다 하는 사이에 바람이 이미 변하곤 하였다. 출발하는 날짜가 자꾸 지연되는 것이 오로지 이 때문이었다. 그러나 비록 1년을 머무른다 한들 대마도인들의 욕심은 반드시 만족하지 않을 것이므로 사행원들은 앉아서 곤궁해질 수밖에 없을 것이다.

관소가 맑고 깨끗해서 옷을 벗고 한 잠 자고 돌아왔다.

11일 임술

이른 아침에 서풍이 약하게 불다가 오후에는 바람이 불지 않았다.

유 영장(柳營將 : 柳達源)이 선창(船艙 : 배의 화물을 쌓아두는 곳)에서 낙상하여 아파 누워 있으므로 문병하였다. 퇴석(退石)의 생일이라 삼방(三房)에서 음식을 차려 함께 모여 먹었는데 더워서 견딜 수가 없었다.

이른 밤에 배를 바다 가운데로 옮겼으니 대마도인들이 두려워하며 지난밤처럼 될까 경계하였기 때문이었다. 그런데 새벽이 되도록 한 점의 풍랑도 없었으니 대마도인들의 허풍을 더욱 알 만하였다.

12일 계해

아침 일찍 동풍이 불었다.

이미 배를 출발하여 흔들흔들 앞으로 나아가고 있었는데 바람이 조금 변하고 날이 흐려지면서 비가 오려고 하자 대마도 태수가 북을 울리면서 배를 돌리라고 하였으니 비바람을 피하려고 그러는 것 같았다. 그래서 6척의 배도 그 뒤를 따라 배를 돌려 병고에 정박하였는데, 빗방울이 조금 뿌리더니 저녁 내내 바람 한 점 불지 않았다. 종상이 최 수역을 불러들여 말을 제대로 전하지 않고 갈 길을 막은 것을 문책하였다.

13일 갑자

맑고 하루 종일 바람 한 점 없었다.

배 위는 청량하기가 가을 같았다. 사상께서 고기를 잡으시어 회를 쳐서 점심 식사에 갖추어 내니 일방(一房)에 모여서 먹었다. 밤이 되자 동풍이 비로소 불기 시작하여 봉창을 걷고 돛을 걸었다. 가랑비가 곧 내렸다. 잠이 깊이 들어 배가 가는 줄도 몰랐으니 바다를 건넌 이후에 이렇게 상쾌했던 적은 처음이었다.

14일 을축

비는 그치지 않고 바람은 더욱 상쾌했다.

잠에서 깨자 이미 명석(明石)을 지나 실진(室津)에 정박하였는데 바람이 더욱 순하여 앞으로 나아가면 우창(牛窓)까지 이를 수 있을 것 같았다. 그런데 대마도주가 가려 하지 않고 바람을 살펴 돛을 멈추니 모두들 탄식하며 애석해 하였다. 오늘 여기까지 올 수 있었던 것은 오로지 선장(船將) 박중삼(朴重三)의 공이었다. 선래선이 초 9일에 여기 도착하여 바람 때문에 머무르다가 11일에 떠났다.

사상에게 문후를 올렸다. 사상도 배에서 묵었다.

대마주의 통사들이 매 역참마다 반드시 재물을 바라더니 이 역참에서는 돈 36냥을 얻었다. 선두금도(船頭禁徒) 왜인이 문은(文銀 : 말굽 모양의 銀) 1냥 6전과 문금(文金) 2조각을 얻었으니, 재판봉행(裁判奉行) 무리의 뇌물은 얼마나 많을지 가히 미루어 짐작할 수 있다. 어찌 이르는 곳마다 오래 머무르고 싶지 않겠는가. 사행은 다만 기화(奇貨)를 얻기 위한 기회인 것이다. 이 역참에서는 공억(供億)[37]의 풍부함이 갈 때보다도 나으니 역관들이 그냥 지나치고 싶지 않았던 것도 또한 괴이할 것이 없었던 것이다.

15일 병인

맑음.

첫 닭이 울 무렵 배에서 망궐례에 참석하였다.

새벽에 순풍이 부는데도 대마도 태수가 출발하지 않아 사시가 되어서야 비로소 배를 출발하였는데, 그때는 바람이 이미 변하여 아직 우창까지 가기에는 수십 리가 남았는데도 더욱 역풍이 불어 노를 젓는 자들이 넘어지고 엎어져가며 닻을 내렸다. 저녁 조수를 타고 앞으로 나아가는데 순풍이 갑자기 불어 돛을 올리고 가서 곧바로 우창에 도착했다. 선래선이 12일에 여기에 도착하였다가 다음날 출발하였다.

정잠과 근등독이 물가 마을에서 기다리고 있어서 촛불을 밝히고 필담을 나누다가 새벽녘에야 헤어졌다. 정잠과 근등독은 아울러 전별서(餞別序)도 주었다. 삽정평(澀井平)이 강호에서 시찰을 보내왔으므로 답장을 써서 정잠에게 부탁하였다. 삽정평이 처음에 만나러 왔을 때 정잠의 말을 칭탁하여 말하기를,

"정잠은 저의 가장 친한 친구입니다. 편지로 저에게 말하기를 '용연(龍淵) 성공(成公 : 成大中)에게는 단번에 구름을 뚫고 하늘로 올라갈 듯한 빼어난 기운이 있다. 그대는 살펴보라'고 하였는데 이제 공을 보니 과연 그러합니다."

라고 하였다.

중촌삼실(中村三實)이 인장(印章) 6과(顆)를 새기어 보내었다. 시온(時韞)에게는 9과를, 퇴석, 현천에게는 각 2과씩을 보내고, 또 각각 사인보(私印譜)[38] 1권씩을 보내주었다. 일본인들은 본래 도장을 잘 파서 이른바 '일도만상(一刀萬像)' 즉 칼 하나로 온갖 형상을 만들어내는 것으로 천하에 유명하다. 그런데 이번 행차에서 본 즉 삼실(三實)이 최고이고 강호의 평린(平鱗)과 서경의 장공훈(長公勳)이 그 다음이며, 낭화(浪華)의 목홍공과 복상수 등이 또 그 다음이다. 공훈(公勳)의 호는 청풍(青楓)인데 내가 돌아올 때에 공훈이 관소에서 기다리고 있다가 '천하의 문장이요, 천하의 선비라[天下文章 天下士]'는 글귀를 도장에 새기어 나에게 전별품으로 주었다. 나는 나의 재주와 도량이 그에 걸맞지 못하다고 하며 극구 사양하였는

데, 공훈은

"공은 사양하지 마시오. 내가 어찌 공에게 아유하는 것이겠소"

라고 하며 끝내 두고 갔다. 내가 부득이하여 가지고 오긴 했지만 그러나 어디에 사용하겠는가. 동파(東坡)[39]로 하여금 이런 경우에 당하게 하더라도 그 또한 감히 냉큼 사용하지는 못했을 것이다.

부복선(副卜船) 격군(格軍) 10명이 옮겨 왔다.

16일 정묘

맑음. 동풍이 약하게 일었다.

해가 뜨자 배를 출발하여 노를 끌고 배를 앞으로 나아가게 했다. 오전에 일비촌(日比村)을 지나고 하진(下津)을 지나는데 바람이 잦아들어 돛을 내리고 있는 힘을 다하여 노를 저었다. 이경 무렵 비로소 순풍이 불어 도포(韜浦)에 이르렀다.

선래선은 14일에 이곳을 지났다.

17일 무진

맑음.

해가 뜨자 순풍이 불어 배를 출발하였다. 10리도 가기 전에 반대사(盤臺寺)가 경쇠처럼 외롭게 매달려 있는 것을 보았으니 바위 허리께 돌로 쌓은 것이다. 올 때에는 그 아래를 어근버근 지나치면서 해가 져서 캄캄하여 보지 못했는데 지금은 바깥 포구를 따라 가기 때문에 바라보이는 것이다. 안쪽 포구는 좁고 빠르며 바깥 포구는 멀리 빙 돌아 넓다. 갈 때에는 바람이 없었기 때문에 안쪽 포구로 갔고 돌아올 때에는 순풍이 불었기 때문에 바깥 포구로 해서 왔는데, 동남쪽으로 큰 바다와 통하고 산 기운이 밝고 빼어나 안쪽 포구보다 경치가 훨씬 빼어났다.

30여 리쯤 가자 물살이 급하게 소용돌이쳐서 예선 한 척이 상선(上船)과 부딪쳐 뒤집어졌다. 뱃사람 네 명이 배 등으로 솟구쳐 올라왔는데 편안하기가 평상시와 같았으며 한 사람은 우산을 가지고 올라왔다. 구해주러 간 사람들도 별로 놀라지 않았으니 왜인들이 물에 익숙하기가 이와 같았다. 앞으로 몇 리에 걸쳐서는 물살이 더욱 사나워질 것이라 대마도 태수가 배를 멈추고 가지 않았다. 우리도 또한 그를 따라 돛을 내렸다가 정오 무렵에야 비로소 출발하였는데 바람의 방향이 이미 반대로 바뀌어 있었다. 산을 따라 길을 굽이굽이 도니 삼원성(三原城)이 보였다. 지난번에 갔었던 길이었다. 충해(忠海)를 지나 30리를 가서 죽도(竹島)에 이르렀는데 조수가 역방향이어서 갈 수가 없었다.

대마주의 배가 이르러 와서 전임 태수가 사상에게 문안을 하였는데, 이 달 초 6일에 출발하였다고 한다. 밤이 되었으므로 여기서 묵기로 했다. 순풍이 불었다.

18일 기사

하루 종일 큰 비가 왔다.

새벽에 바람이 불어 돛을 올리고 눈 깜짝할 사이에 겸예(鎌刈)에 도착했다. 오후가 되자 바람이 더욱 거세지고 비도 더욱 거세게 쏟아져 배가 급하게 요동을 쳤다. 그래서 사상은 관소로 내려가 묵었다. 듣자 하니 선래선은 15일에 이곳을 지나갔다고 한다. 비선이 왔는데 동래부(東萊府)의 보장(報狀: 상관에게 보고하는 공문)과 갈 때의 대판 장계를 가지고 왔다. 회제(回題)도 함께 왔는데 장계는 4월 초 6일에 보낸 것이었다.

강호의 원성범(源成範)과 산안장(山岸藏)의 편지는 정잠을 통하여 왔다. 원성범은 가위 하나와 작은 칼 하나를 보내었다.

19일 경오

맑음.

해가 뜨자 배를 출발하여 10여 리쯤 나갔다. 동풍이 매우 빠르게 불어 돛을 걸고 하루도(河漏島)를 지났는데 바람이 느려져서 노를 젓고 예인하여 진화(津和)에 도착했다. 조수가 사나워 삼기선(三騎船)과 대마도주의 배가 닻을 내렸다. 조금 있다가 다시 출발했는데 노가 요동을 쳐서 저녁 무렵에는 사람들의 힘이 다 빠져버렸다. 그런데 갑자기 순풍이 불어 북을 쳐서 돛을 반쯤 올리고 혹은 돛의 힘으로, 혹은 노를 저으며 갔다. 삼경 무렵에 상관(上關)에 정박했다. 선래선이 15일 저녁에 이곳에 도착했다가 16일 새벽에 떠났다고 한다.

20일 신미

맑음.

진시 초에 순풍이 불어 배를 출발하였는데 오후에 바람이 느려졌다. 초경 무렵 향포(向浦)에 정박했다. 이 날 180리를 갔다.

21일 임신

맑음.

인시 말에 순풍이 불어 배를 출발하였다. 원산(猿山) 삼전고(三田尻)를 지나 적간관(赤間關)에 도착하였다. 비록 180리라고 하지만 200리는 넘는 것 같았다. 종일토록 순풍이 불었으니 참으로 바다를 건넌 후에 처음 있는 일이었는데 배의 치목을 적관(赤關)에 맡겨 두었으므로 잠시 노를 멈추고 배에다 싣기로 하였다. 대마도주 또한 길을 가지 않았으니 적간관에서는 국수를 생산하는데 대마도인들이 구매하기 좋으므로 반드시 머무르는 것이다. 삼사상은 관소로 내려가 미타사(彌陀寺)에 모였다가 조금 있다 누대에서 내려와 배로 다시 돌아왔다. 선래선이 17일에 이곳에 도착했다가 18일은 비바람 때문에 머무르고 19일에 떠났다고 한다.

농장개(瀧長愷)와 초안세(草安世)를 찾으니 안세는 오지 않았고 장개가 상관(上關)에서 기다리고 있었다. 한 달 동안 배를 따라온 것이다. 농장개와 초안세가 벼루 두 개를 전별품으로 주었으니 갈 때 준 것을 지금에야 비로소 받은 것이다.

22일 계유

맑음.

오전에 바람이 자못 순하였는데도 도주가 출발하지 않아 그대로 머물렀다.

농장개가 다시 와서 나루에서 필담을 나누었다. 잠시 옷을 헤치고 부채질을 하고 있는데 장개가 갑자기 앞에서 나의 배를 만지더니 기뻐하면서 구석자리에 승려의 머리를 한 자를 가리키면서 말하기를,

"저 사람은 국의(國醫 : 國手인 의원. 명의)입니다. 가히 공을 진찰할 수 있을 것입니다."

라고 하였다. 의원이 진맥을 마치고 나서 다시 배를 만지고는 말하기를,

"다섯 가지 기운40)이 조화롭고 여섯 가지 맥이 평온하니 매우 좋습니다. 아주 좋습니다. 다만 물을 적게 마시면 더욱 좋을 것입니다."

라고 하였다. 대개 내 몸에 습기가 많은 것을 이른 것이다. 보통 왜인들이 나를 처음 보고서는 순양(純陽)41)으로 지목하는 자들이 많았었다.

오후 들어 바람이 조금 어지러워졌다.

23일 갑술

맑음.

서남풍이 자못 거세어 출발할 수 없었다. 부선(副船)으로 가서 편안히 자고 저녁때가 돼서야 돌아왔다. 오늘은 시온의 생일이라 하인들이 대략 음식을 차려 이바지하였다.

밤이 되자 흐리고 비가 오려고 해서 지붕에 뜸을 얹었다.

24일 을해

흐림.

순풍이 불어 해가 뜨자 배를 출발하였는데 10리도 가지 않아 비가 쏟아지고 바람이 변하여 고공비(篙工碑)를 지나 소창현(小倉縣)에서 남박(南泊)으로 들어가 머물렀다. 오후에는 비는 갰으나 바람은 좋지 않았다.

25일 병자

맑음.

아침 일찍 대마도 태수가 북을 두드려 갈 길을 재촉하니 여섯 척의 배가 서로 뒤를 따라 포구를 빠져나갔다. 풍후주(豊後州)의 예선이 물러가고 축전주(筑前州)의 예선이 왔는데, 큰 배의 깃발에 각각 '정(正)'·'부(副)'·'종(從)' 자를 수놓았다. 축주의 선두왜(船頭倭)가 배에 올라왔기에 통사(通事)를 시켜 지난겨울에는 어째서 예선을 내지 않았냐고 물었더니, 위임하는 말을 듣지 못하였기 때문이지 예선을 대기하지 않은 것이 아니라고 대답하였다. 또 배를 주관하는 자에게 죄가 있는지 물으니 사행이 돌아간 후에 동무에게서 마땅히 명령이 있을 것이라고 대답하였다.

바람의 기세가 점점 느즈러지더니 겨우 20여 리쯤 갔는데 서풍이 거꾸로 불어 있는 힘껏 노를 저었다. 대마도 태수가 갑자기 북을 치며 배를 돌려 다시 남박(南泊)으로 돌아가 정박하였는데 바람이 또 다시 진정되었다. 밤에 날이 흐려져서 배에 뜸을 덮어놓았다.

26일 정축

맑고 바람이 없었다.

사시에 대마도의 배가 떠나기를 청하여 노를 재촉하여 항구를 나섰다. 남도(藍島)의 예선들이 나란히 힘을 다하였으며 부선(副船)에는 더욱 많았으니, 작년에 있었던 일42)을 징계하였기 때문이다. 돛을 걸고 순풍을 따라가니 더욱 빨랐다. 종기(鍾碕)와 지도(地島)를 차례로 지나가는데 배가 가는 것이 평온하기가 향포(向浦)에서 올 때와 같았다. 남도(藍島)에 도착하기 10여 리쯤 전에 바람이 잦아들었다. 밤에 나루에 정박하여 남북으로 등불을 걸고 서로 응(應)하였다. 대마주의 봉행 평여경(平如卿)이 여임(如任)을 대신하였다. 비선이 들어왔는데 22일에 선래선이 대마주에 도착했었다고 하니 금명간에 반드시 부산에 상륙할 것이다.

구정로(龜井魯)를 찾았는데 오지 않았고 정토주도(井土周道)와 도촌호(島村鎬)와 즐전욱(櫛田彧)을 만났다. 호(鎬)의 아들 신성(信成)도 와서 그들과 더불어 금도청(禁徒廳)에서 조금 이야기를 나누었다. 구정로가 오지 않은 것은 정토주도의 무리들이 그의 재주를 시기하여 못 오게 막은 것이니 오랑캐 나라에도 이러한 기습이 있는가. 구정로에게 편지를 써서 부쳤다. 주도의 무리들이 종이 한 묶음과 부채 두 개, 붓 네 자루를 전별품으로 주었다. 시온에게서 종이 9장(丈 : 1丈은 10자)을 빌려 사례하였다.

부상이 부서진 배의 자재를 축주에 주어서 그 노고에 보답하려고 했었는데 대마도인들이 벌써 축주인들을 재촉하여 2,000곡(斛 : 1斛은 열 말)의 배로 실어서 대마도에 갖다 놓았다. 부상이 비록 수역(首譯)을 크게 책망하였으나 이미 어쩔 수 없는 일이었다.

오늘의 바람은 축주의 뱃사공이 점친 것이다. 어제 바람을 점칠 때 축주인들은 반드시 좋지 않을 것이라고 하였는데 대마도인들이 굳이 배를 띄우는 바람에 결국 물러나 정박하게 되었던 것이다. 축주인들의 말에 징험이 있으니 그 말대로 하는 것이 이로울 것이다. 대개 축주의 수령이 바람과 물에 대해서 잘 아는 자 27명을 골라서 각 배에 나누어 보냈다고 한다.

27일 무인

하루 종일 비가 왔다. 동풍이 불었는데 지극히 순하였다.
삼사상은 관소로 나아갔다. 밤에 동풍이 크게 불었다.

28일 기묘

아침에 흐리고 순풍이 불었다. 돛을 걸고 포구를 나서 10여 리쯤 가는데 바람이 조금 느즈러졌으나 노를 저어야 할 정도에 이르지는 않았다. 오후에 동북풍이 거세게 불어 돛의 배가 불룩하게 솟아올랐는데 암기도(巖碕島)를 지날 때 돛을 너무 급하게 돌려 횡간(橫竿)의 가운데가 뚝 부러져서 수리한 후에 다시 걸었다. 해질 무렵 일기항(壹岐港)에 다다랐는데 수단(水端)이 사납고 급하여 예선이 순서대로 일을 할 수가 없었다.
선래선에서 사상에게 올린 편지를 보니 19일에 남박(南泊)에 정박하였으며 20일엔 남도(藍島)에, 21일엔 일기(壹岐)에 도착했다고 한다.
밤에는 날이 흐리고 동풍이 불었다.

29일 경신

아침에 비가 오다가 낮에 갰다. 동남풍이 불었는데 비 때문에 머물렀다.

오늘은 종사공의 생일이라 음식을 차려 회식하였다. 상상과 종사공이 관소에 모여 이야기를 나누고 계속해서 부선(副船)에서 모였다. 현천(玄川) 도 와서 이야기를 나누었다.

돛을 달고 서쪽으로, 서쪽으로

갑신(甲申)년 6월

초 1일 신사

맑음. 새벽부터 서풍이 불더니 저녁 내내 날씨가 서늘했다.
달리는 배 안에서 망궐례를 올렸다.

초 2일 임오

맑음.
서남풍이 불다가 오후에 동남풍이 불면서 비가 왔는데 저녁이 되자 더욱 많이 오고 밤이 되자 죽죽 퍼부었다. 풍랑이 크게 일었으나 배가 깊이 정박하여 있었기 때문에 무사할 수 있었다. 그러나 배를 구하려는 소리가 시끄러워서 잠을 잘 수가 없었다.

초 3일 계미

하루 종일 비가 왔다. 오후에는 동남풍이 빠르게 불었다.

정사상(正使相 : 正使)만 홀로 관소로 갔다.

초 4일 갑신

흐림. 오전에 서남풍이 불다가 오후에는 동남풍이 불었다.

부선에서 음식을 차려 함께 모여서 먹었다. 하루 종일 퇴석이 쌍륙 놀이[43]하는 것을 구경하였다. 밤이 되자 바람이 더욱 거세졌다.

초 5일 을유

아침에는 맑고 서남풍이 불었다.

퇴석과 현천 등 여러 공을 따라 뒷동산에 올랐으니 동지 때 망궐례를 지냈던 곳이다. 오후가 되자 흐려지더니 밤에는 비가 왔다.

초 6일

비가 그쳤다가 쏟아지다가 했다. 동풍이 불었다.

부상과 종사공은 모두 관소로 갔다. 밤에 큰 비가 왔다.

초 7일

비가 쏟아지다가 낮이 되자 서남풍이 불었다. 관소 뒤에 있는 언덕이 무너져서 사상 등이 모두 배로 돌아왔다. 저녁에는 날이 개고 날씨가 조금 서늘했는데 밤중에는 매우 더웠다.

설사병에 걸려 이향산(二香散) 1첩을 복용했다.

초 8일

맑고 서남풍이 불었다. 매우 더웠는데 저녁에 다시 비가 오더니 밤이 되자 주룩주룩 내리고 천둥 번개까지 쳤다. 바다를 건넌 이후 처음으로 천둥소리를 들었다.

곽향정기산(藿香正氣散) 1첩을 복용했다. 이언진(李彦瑱)[44]이 옹창(癰瘡: 악성 종기)을 앓고 있는 부복선(副卜船)으로 문병을 갔는데 그 배는 왜선으로 대판에서 빌린 것이다.

초 9일

흐림. 비가 가끔씩 쏟아지고 서남풍이 불었다. 저녁에 동쪽에서 무지개가 보였다.

정상과 종사공은 육지로 내려가 촌가에서 묵었다.

초 10일

맑음.

아침에 대마도 태수가 북을 치고 돛대를 세웠다. 우리 측 뱃사공들은 모두 바람이 출발할만하지 않다고 하였는데, 왜선은 다시 출발을 시도하였다가 모두 물러나 정박하고 한 척은 바람에 떠밀려 남도(藍島)쪽으로 갔다. 듣자 하니 대마도인들의 식량이 다 떨어졌기 때문에 반드시 배를 출발하려고 하였다가 낭패를 본 것이라고 한다. 밤에는 바람이 더욱 빨라지고 비가 뿌렸다.

11일

아침에 흐리고 비가 오려고 하였다. 서남풍이 급하게 불고 바다의 파도가 매우 높았다.

사관(使館)에 가서 문안을 드리고 부선에 이르렀다가 달빛을 타고 돌아왔다. 새벽닭이 울 때쯤 비가 많이 쏟아졌다.

12일

맑음. 역풍이 불었다.

사관(使館)에서 산허리까지 걸어갔다. 시온과 유 영장(柳營將: 柳達源), 오 선전(吳宣傳: 吳載熙),[45] 이 양의(李良醫: 李佐國)와 함께 능만사(能滿寺)로 들어갔는데, 나무 그늘이 청량하며 선방(禪房)이 정갈하고 조용하니 섬 가운데 가장 아름다운 곳이었다. 절 안에는 수영(秀瑛) 장로의 문도인 의산(義山)과 호계(虎溪), 단숙(丹叔)이 있었다. 수영 장로가 만나기를 청하였으나 공식 행차가 아니므로 고사하였는데 다시 청하므로 이에 허락하였다. 수영 장로는 자주색 옷을 입고 나와서 읍(揖: 두 손을 마주잡고 절함)을 하고 다과를 대접하였다. 대마주에서 다시 만날 것을 약속하였다.

부선으로 가서 바둑 두는 것을 구경하다가 밤이 되어 돌아왔다.

13일

맑음.

묘시에 대마도의 배가 북을 치며 떠날 것을 청하였으나 사상은 바람이 약하므로 곤란하다고 하였다. 도주가 강력히 청하여 출발하였는데 오랫동안 머무르던 뒤라 마음이 갑자기 상쾌하게 확 깨이는 것을 느꼈다. 포구를 빠져나와 돛을 올리고 계속해서 노를 젓고 예인하여 갔다. 왜의 통사가 말하기를, 선래선이 초 1일에 좌수포(左須浦)를 건넜으니 초 5일에는 마땅히 서울에 도착했을 것이라고 하였다. 초 10일에 바람에 표류한 왜선은 남도(藍島)를 향하여 표류한 것이 아니고 대마주에 가서 대마도 태수의 식량을 싣고 온 것이었다.

역풍은 불지 않았는데, 사시 경 비가 뿌리고 바람은 약하며 물결이 아래위로 출렁이는 것이 좌포(佐浦)를 건널 때와 비슷했다. 오후에는 장무(瘴霧)46)가 사방에 가득 끼어 지척을 분간할 수가 없었고 바람도 또한 변하여서 혹 남풍이 불다가 혹 서남풍이 불기도 하였다. 다행히 빠르거나 급하지는 않았으나 배 멀미를 하는 사람이 많아 노 젓는 것 또한 느려졌다. 달이 뜨자 해기(海氣 : 바다 위에 어린 기운)가 조금 갰다. 마산(馬山)이 점점 가까워지고 있었다. 대마도 태수의 배와 기선(騎船)은 모두 길을 잃어 밖으로 벗어났는데 복선은 다행히 곧은길을 따라갔다. 이경(二更)이 되자 바람 또한 조금 날려 삼경에는 대마주에 이르렀다. 대개 이 바다를 480리라고들 하는데 실제로는 400리도 안 된다. 다섯 척의 배가 모두 순조롭게 정박하였는데 삼기선(三騎船)만은 오지 않았으니 걱정이 되어 잠을 이룰 수가 없었다.

14일

새벽에 비가 왔고 아침에는 안개비가 내렸다. 서남풍이 불었다.

새벽에 삼기선이 들어왔다는 말을 들었다. 사람들이 물머리가에 빽빽하게 모여서서 바라보다가 배가 정박하자 종사공의 안부를 애타게 물었다. 정상도 또한 오셨다. 어제 각 기선이 모두 길을 잃었는데, 대마주는 일기에 대해 바로 건술(乾戌) 방향인데 곤신(坤申) 방향으로 우회하여 향하였고 저녁에 안개가 끼어 길을 잃었다. 이는 왜의 뱃사공들 또한 물에 익숙하지 않은 때문이었다. 부선이 제일 앞에 있었는데 잘못하여 석기(石碕)로 들어갔다가 예선에 끌려서 바른 길로 인도되었고, 정선은 대마도 태수의 배를 따라갔는데 대마도 태수 또한 길을 잃었다. 삼선은 곧바로 대마주의 주위를 돌았으나 왜의 뱃사공이 방포(芳浦)와 압뢰(鴨瀨)의 사이인 줄 잘못 알고 계속 가서 멈추지 않으니 종사공이 큰소리로 꾸짖으며 닻을 내리고 날이 밝기를 기다려 길을 찾으라고 명령하였다. 우회한 것이 불과 40여 리의 길인데 이렇게 낭패를 보았으니 속언에 "바다 안개가 악풍(惡風)보다 어렵다"는 말이 과연 그러하다. 관소에서 삼상에게 문후를 올리고 지난겨울에 관소로 하였던 곳을 돌아보았는데 황폐하고 습하여서 머물 수가 없었다.

탐라 백성 4명과 여자 3명, 어린 남녀 아이 4명이 3월에 전복과 미역을 캐기 위해 홍양(興陽)의 마도(麻島)에 갔다가 바람에 표류하여 16일 만에 대마주에 도착하였는데 지금도 머무르고 있었으니 대마도주와 이정암 승려가 아직 오지 않아 서계(書契 : 우리나라에서 일본 정부와 왕래하던 문서)를 받지 못했기 때문이었다. 왜인들의 대접이 매우 넉넉하였으며 옷이 없는 이에게는 옷을 주었다. 한 여인은 해산을 하려고 하여 사상이 불러다 먹을 것을 주었다.

부산에서 보장(報狀)이 오고 이에 대판환도장(大板還到狀)이 와서 보장(報狀)을 베껴 두었다. 영남 감영의 분로(分路 : 돌아갈 때에 삼사상이 각각 길을 나누어 가는 것)와 지공에 관한 공문과, 표범 가죽 7장과 집정에게 보낼 예단의 부족분 또한 같이 왔다.

망궐례에 참석하기 위하여 관소에 나아가서 잤다. 대마도인들이 모기장을 지공하였다.

15일

해뜰 무렵 비가 부슬부슬 오다가 곧 갰다.

새벽에 망궐례에 참석하고 곧 배에 있는 숙소로 돌아왔다. 오후에 대마도주와 이정암 승려가 왔다. 집으로 보내는 편지를 다듬어 장계 편에 부쳤다.

16일

맑다가 사시에 비가 부슬부슬 왔다.

사상이 조정의 감죄(勘罪)를 기다려야 하기 때문에 연향에 참석할 수 없다며 대마도주가 베푸는 공적, 사적인 연회를 고사하였는데, 도주가 처음에는 자못 그 말을 따르는 듯하다가 종내는 대판에서 그랬던 것처럼 그의 집에 들러서 차라도 마실 것을 청하니 사상이 허락하였다.

17일

맑음. 사시에 비가 부슬부슬 뿌렸다.

장계를 비선에 부쳤다. 처음으로 은전(銀錢)을 나누었다.

18일

맑음.

나파사증, 축상, 정왕, 주규, 주준, 주굉 등 5명의 상인(上人)과 목세숙(木世肅), 합리(合離), 복상수(福尙脩), 부야의윤(富野義胤)에게 보내는 편지를 써서 단숙(丹叔)에게 부탁하여 전해주도록 하고, 이정암의 신임 및 전임 장로에게는 종이붙이를 보내었다.

삼사상은 대마도주의 집에 가서 차를 마시고 곧 돌아왔다. 밤에 단숙이 축상과 정왕의 편지를 보내왔는데 5월 20일에 보낸 것이었다. 답장을 하였다.

사행이 배를 출발한 뒤에 대마도에 서계를 보내어 호행(護行)의 노고에 감사하면 대마도주가 강호에 다시 보고하는 것이 이제까지의 전례였다. 이제 대마도주가 대판에서 살인자를 잡아죽인 공을 자기에게 돌려주어야 지위를 보전할 수 있다고 청하였다. 그래서 대략 이러한 뜻을 서계에 끼워 미리 만들어두었다.

19일

맑음. 묘시부터 오시까지 동남풍이 불었다.

해가 뜰 무렵 배에 올랐으나 대마도주와 이정암의 승려가 항구에 나와 읍을 하고 송별하는 것이 전례이므로 기다렸다. 대마도주가 정오에야 비로소 와서 읍을 하며 작별하니 사상이 흑단령(黑團領)[47]을 입고 마주 읍하였다. 돛을 달고 서쪽을 가리키자 사람들이 모두 기뻐서 펄쩍펄쩍 뛰었다.

압뢰(鴨瀨)는 바위가 어지럽게 흩어져 있고 물결이 사나워 배들이 모두 돛을 내리고 노를 재촉하여 험한 곳을 지나갔다. 선두항(船頭港)에 이르니 물의 깊이가 얕아 배가 바닥에 들러붙어서 닻을 내리고 밀물이 들어오기를 기다렸다. 항구의 남쪽 신사(神祠)는 이른바 '고공묘(篙工廟)'[48]이다. 조금 있다가 노를 저어 항구로 들어갔는데 뱃전이 양쪽 절벽에 부딪쳤다. 언덕 위의 나뭇가지가 닿을 것 같았으니 동쪽으로 온 이후로 이렇게 험한 곳은 처음 보았다. 초경 무렵 방포(芳浦) 입구에 이르러 닻을 내리고 묵었다.

20일

맑음.

인시에 출발하여 노를 저으며 앞으로 나아갔다. 대마주의 예선이 기선에는 겨우 8척이요, 복선에는 6척이어서 힘이 부쳐 대열을 이룰 수가 없었다. 호행관(護行官) 또한 북을 울리며 따라왔는데, 배를 나아가고 멈추는 것을 이제 비로소 우리 마음대로 할 수 있게 되었다. 동남풍이 혹 불다가 혹 그치다가 하였다. 날이 덥기가 불과 같았으니 곧 초복이었다. 서박포(西泊浦) 입구에 이르렀는데 부선은 곧바로 악포(鰐浦)로 향해 가서 정상이 다시 사람을 보낸 뒤에야 비로소 돛대를 돌려 나란히 서박포로 들어왔다. 그때가 이미 신시였다. 대마주인들이 말하기를, 오늘 저녁에 배를 출발하면 내일 아침에는 부산에 다다를 수 있다고 하였다. 수역이 들어가 고하니 사상은 어렵다고 하였는데 밤바람이 과연 좋았다.

처음으로 잡물(雜物)을 나누느라 오밤중까지 소란스러웠다.

21일

맑음.

날이 밝기도 전에 대마주의 배가 고등을 불며 갈 것을 청하였다. 우리도 또한 노를 재촉하여 항구를 나서니 사기가 충천하여 한눈에 날듯이 바다를 뛰어 건널 기세였다. 그러나 조수가 빠지고 물결이 격렬하여 배가 심하게 요동치니 사람들이 어지러워 쓰러지는 자가 많았다. 부선이 먼저 나아가고 정선이 제일 뒤에 있었는데 대마주의 배가 풍기(豊碕)로 인도하여 데리고 들어가고 6척의 배가 그 뒤를 따랐다. 닻을 내리고 바람이 불기를 기다리는데 사시 경 동남풍이 솔솔 불어 깃발을 흔드니 무리들이 모두 떠나고 싶어 했지만 정선(正船)에서는 신중하였다. 날이 저물자 바람이 더욱 빨라졌다. 바다를 건넌 이후로 바람이 가장 적당했던 것은 적간(赤間)으로 돌아와 정박했을 때와 오늘이었다. 저녁에 깊숙한 항구로 이동했다.

22일

맑음.

날이 밝기 전에 배를 출발하여 풍기(豊碕)를 돌아서 나갔다. 울퉁불퉁 흩어져 있는 바위가 가로로 끝도 없이 뻗쳐 있다고 하는데 장기(長鬐)에서부터 맥을 달려와 이것이 악포(鰐浦)가 되었다. 배가 이미 험한 곳을 지나자 재판선(裁判船)은 좌수포로 들어가려고 하였으나 정선(正船 : 정사가 타고 있는 배)은 깃발을 휘날리며 곧바로 우리나라를 향하였다. 노를 젓고 예인하여 수십 리를 가는데 서남풍이 세차게 불어 배가 평온히 가는 것이 마치 내양(內洋)을 가는 것 같았다. 부복선이 제일 앞에서 가고 정선이 그 다음이고 부선과 삼복선이 또 그 다음이고 삼선이 제일 뒤에서 갔다. 우리 배 한 척만 예인해 가는데 바람의 기세가 갑자기 약해져서 오륙도가 바로 눈앞에 있는데도 앞으로 나아갈 수가 없었다. 날이 저물자 역풍이 불어 돛을 내리고 노를 저었으나 조수가 또 거꾸로 밀려와 노 젓는 이들이 기진하였다. 삼선은 더욱 앞으로 나아갈 수가 없었다. 예선 10여 척이 비로소 도착하였으나 어지러이 질서가 없었고, 어둠 속에서 또 밧줄을 풀고 도망가는 자들이 많았으니 왜인들 보기가 매우 부끄러웠다. 도착하여 정박하자 닭이 어지럽게 울었다. 부산첨사(釜山僉使) 이응혁(李應㷬) 령이 맞이하였다. 종사선은 노를 빨리 저으며 지나가 버려서 어둠 속에서 서로 큰 소리로 불렀다.

그제서야 비로소 집과 나라가 평안하다는 것을 알게 되어 기쁨을 이길 수가 없었는데 다만 비장(裨將) 조감(趙瞰)[49]의 대인께서 작년 동짓달에 돌아가셔서 이미 장사를 지냈다고 하니 참담하였다. 서찰이 오지 않았던 것이 그 때문인지 비로소 알게 되었다.

23일

맑음.

배에서 내려 바로 사관(使館)으로 나아가니 사상께서는 주무시고 계셨다. 삼선이 그때서야 비로소 항구에 정박하였으니 포성(砲聲)이 들렸다. 예전에 묵었던 관소로 가니 현천이 먼저 와있었다. 익경(翊卿) 신후(申㷤)가 마침 동래부에 와 있다가 찾아와서 만나고, 조감(趙瞰)에게 가서 조문하였다. 사상은 잠깐 동래 관찰사 송문재(宋文載) 공을 만났다.

그때서야 집에서 온 편지 7통을 보게 되었는데, 2월 초 4일에 나의 둘째 아들이 태어났고, 초 8일에는 종형의 딸이 태어났고, 4월 초 5일에는 아우의 딸이 태어났고 정월 초 8일에는 이씨 집으로 시집간 누이동생이 딸을 낳았고, 동향인 권저(權著) 공은 감제(柑製)50)에 급제하였고 백사은(白師殷) 어른께서는 인일제(人日製)51)에 급제하였다 하니 신기하다. 큰 가뭄으로 보리가 심하게 흉년이 들었다고 한다. 비로소 고향 소식을 들으니 기뻐서 미칠 것 같았다.

사상이 남원(南原)의 상품(上品) 종이 세 묶음을 꺼내어 나에게 상으로 주면서 말하기를,

"대판에서의 일은 그대의 말이 나의 뜻에 가장 잘 맞았다. 이 종이는 그리하여 기념하는 것이다."
라고 하였다. 내가 웃으면서 말하기를,

"여러 사람들이 모두 그러한 뜻이 있었으나 제가 다만 망령되이 말했을 뿐입니다. 어찌 감히 공께서 주시는 상을 저 혼자 차지하겠습니까?"
하며 물러나와 일행들에게 나누어주었다.

사상께서 명을 기다리고 있었는데 주상전하께서 명을 기다리지 말고 천종의 아들은 상을 마치기를 기다려 조용(調用 : 벼슬의 임지가 바뀌는 것)하고, 조감의 집에는 부의금을 보내고 상을 마친 뒤에 군문(軍門 : 장군의 존칭)에 조용(調用)하라고 명하셨다.

24일 갑진52)

맑음.

부상이 먼저 출발하여 동래로 향하였는데 깊은 곳에 거처하고 있어서 미처 알지 못하였다. 시온과 말고삐를 나란히 하여 뒤쫓아 가서 종사공과 작별하고 삼방 일행과도 작별하였다. 생사를 함께 하던 끝에 헤어지

게 되니 그 섭섭한 마음을 어떻게 표현할 수 있겠는가. 동래부에 도착하여 관아에서 부상과 동래부 관찰사에게 문안을 드리고, 원중거, 남옥 두 벗 및 신익경과 함께 묵었다. 송라(松羅) 찰방 남범수(南凡秀)가 차원으로 왔다.

25일 을사[53]

맑음.

아침에 언양(彦陽) 현감 홍성(洪晟)을 사관(使館)에서 만났다. 부상은 출발하였고 정상은 성복제(成服祭)[54]를 지내고 동래부에 도착하였는데, 부사(府使)가 친히 맞이하지 않았으므로 예조의 아전에게 죄를 물었다. 이전에 배의 치목이 꺾였을 때 비국의 관문을 통영(統營)에 보내어 배를 만든 자를 잡아들여 명령을 기다리게 하였는데, 그것도 이제 비로소 곤장을 쳤다.

인삼을 나누는 일에 중관과 하관도 함께 참여하였다. 인삼을 공목전(公木錢)과 바꾸어 각자에게 나누어주었으니 하관은 5냥, 중관은 7냥 5전(錢)씩이었다.

정오에 먼저 출발하여 20리쯤 가서 범어사(梵魚寺)에 들어갔는데 나무 그늘과 산 빛이 마음을 기쁘게 하였다. 조금 자고 산을 내려가자 사절(使節)이 가까이 와있었다. 빨리 20리를 달려 양산(梁山)에 도착하니, 고을 원 이세택(李世澤) 령이 찾아와서 만나보고 언양(彦陽)의 홍 현감 또한 와서 만나보았다. 밤에 가서 사례하였다. 의령(宜寧) 현감이 편지를 보냈기에 부채 4개를 보내 답례하였다.

날씨가 찌는 듯이 더웠는데 밤이 되어도 식지 않았다.

26일

맑음. 오전에 조금 흐렸는데 찌는 듯한 더위가 사람을 취하게 하였다.

먼저 출발하여 10리쯤 가서 왼쪽으로 낙동강을 끼고 북쪽으로 황산(黃山)의 우사(郵舍)를 지나 60리쯤 갔다. 강을 끼고 가는 길이 험하였다. 점심은 무흘역(無屹驛)에서 먹었다. 군위(軍威)에서 나와서 접대하였는데 현감 임용(任瑢)은 병 때문에 오지 않았다. 또 30리쯤 가서 밀양(密陽)에 이르렀는데, 밤나무 숲을 지나 강을 건너 영남루(嶺南樓)에 오르니 남쪽 지방 제일의 누각이었다. 고을 원인 김인대(金仁大)와 경산(慶山) 현감 강지환(姜趾煥)도 왔다.

시온과 함께 향청(鄕廳)에서 잤다.

27일 정미

맑음. 낮에 비가 부슬부슬 왔다.

해가 높이 뜬 후에 길을 떠나면서 고개를 돌려 누각과 강산을 자꾸 돌아보았다. 30리쯤 가서 유천(楡川)의 역참에서 점심을 먹었다. 자인(慈仁) 현감 정충언(鄭忠彦)이 왔다. 강 길을 따라 40리쯤 가서 청도(淸道)에서 묵으니 군수인 이수(李琇)가 심부름꾼을 보내어 문안하였다. 가뭄이 든 지가 오래 되었으나 밀양과 청도 양 고을은 물대놓은 것이 많아 흉년에 대한 걱정은 없었다.

밤에 사관(使館)으로 들어갔다가 깊은 밤에 나왔는데 향청(鄕廳)이 찌는 듯이 더워서 밤새도록 잠을 잘 수가 없었다.

28일 무신

아침에 안개가 끼었다. 안개가 걷히자 날이 불타는 것처럼 뜨거웠다.

아침 일찍 출발하여 20리쯤 가서 성현역(省峴驛)을 지났다. 30리쯤 가서 점심은 경산(慶山)에서 먹었는데 현감인 서유경(徐有慶)은 마침 자리에 있지 않았다. 정오경에 비가 조금 뿌렸다. 30리쯤 가서 대구(大邱)에 도착했다. 사상은 곧바로 감영(監營)의 징청각(澄淸閣)으로 들어가 중영(中營 : 中軍의 營門이나 진영)의 제승당(制勝堂)에 숙소를 잡았으니 징청각과 가깝기 때문이었다. 안찰사(按察使)는 정존겸(鄭存謙) 공이고 이곳의 원은 이성진(李宬鎭)이다. 저녁에 폭우가 쏟아졌는데 밤까지 내렸다. 도훈도(都訓導)의 방에서 묵게 되니 천종 생각에 더욱 마음이 아팠다.

29일 기유

맑음.

아침에 영남 관찰사가 음식을 차려 두루 대접하였다. 유 영장 및 시온과 함께 잠깐 남문루(南門樓)에 갔었다.

30일

흐림.

해가 높이 뜬 후에 먼저 가서 금호(琴湖)를 건넜다. 40리를 가서 점심은 송림사(松林寺)에서 먹었는데 칠곡(漆谷) 부사 김상훈(金相勳)이 와서 지공하였다. 앞으로 50리쯤 가서 인동(仁同)에서 묵게 되어 사창(司倉)에 숙소를 잡았다. 사상은 숙소를 향청으로 옮겼다. 부사인 강오성(姜五成)은 별군(別軍 : 本隊 이외의 별도의 군대)직 출신이다.

복명을 마치고 귀가하다

갑신甲申년 7월

초 1일 신해

찔 듯이 무덥고 비가 부슬부슬 왔다.

어제 저녁에 사상이 삭탈관직의 소식을 듣고 그 때문에 객관에 거처하지 않았다고 하는데 나는 구석진 곳에 거처하였으므로 듣지 못하였다. 날이 밝은 뒤에 망궐례를 행하지 않는다는 말을 듣고 무슨 사고가 있나 하여 사관으로 달려가서야 비로소 26일에 주상전하께서 천종의 일은 사신이 능히 검칙(檢飭)하지 못하여 생긴 일이라며 삼사의 관직을 삭탈하되 일행의 원역(員役)과 기역(騎驛)과 공대(供待)는 전과 같이 하고 각 읍에서는 사신에게 양식과 반찬을 제공하라고 명하셨다는 것을 알게 되었다. 사상은 개인적으로 말과 독교(獨轎)를 빌려 길을 떠났다. 일행이 모두 행장을 간소히 하고 다담(茶啖 : 사신을 대접하기 위하여 차려내는 교자상)을 생략하였으니 주상전하께서 비록 전과 같이 하라고 교지를 내리셨지만 사상이 견책을 당하였으니 종행하는 자들도 아울러 두려워 위축된 때문이었다.

30리를 가서 낙동강을 건넜다. 월파루(月波樓)가 언덕 위에 있었는데 매학정(梅鶴亭)과 노자정(鸕鶿亭)55)은 이에 비교하면 더욱 기이한 경치라고 한다. 또 10리를 가서 선산(善山)에 도착했는데 부사는 김치공(金致恭)이었다. 청산(靑山) 박천의(朴天儀)·천행(天行) 형제를 두루 방문하였는데 예천(醴泉) 군수 신경조(申景祖)가 때마침 자리에 있었다. 30리를 가서 대치현(大峙峴)을 넘어 오리원(梧里院)에서 점심을 먹었는데 예천에서 와서 지공하였다. 또 40리를 가서 상주(尙州)에 도착하였다. 목사 김성휴(金聖休)가 접대하였는데 사람의 마음을 아주 잘 맞추어 주었다. 안동(安東) 부사

김효대(金孝大) 공과 함창(咸昌) 군수 신택녕(辛宅寧)이 모두 왔다. 이향정(二香亭)에서 묵었는데 연꽃 향기와 홰나무에 바람 부는 소리가 사람의 마음을 맑고 상쾌하게 하였다.

초 2일 임자

흐리고 비가 부슬부슬 왔다.

해가 높이 뜬 후에 먼저 출발하였다. 단성(丹城) 채희범(蔡希範)의 새 거처를 지나 역복청(易服廳)에 이르러 사상을 기다렸다. 20리를 가서 공검지(公檢池)를 지나고, 또 20리를 가서 함창(咸昌)에서 점심을 먹었다. 20리를 가서 유곡역(幽谷驛)을 지나고, 또 20리를 가서 감여울[柿灘]을 다리로 건너고, 성황 고개[城隍峴]을 넘었다. 또 20리를 가서 문경(聞慶) 고을에서 묵었는데 사상은 향청(鄕廳)을 관소로 하였다. 고을 원인 송준명(宋準明)이 폄적 당하여 갔기 때문에 겸관(兼官)56)인 용궁(龍宮) 현감 정지량(鄭至良)이 왔다.

초 3일 계축

흐리고 음산하였다.

일찌감치 출발하여 고개를 넘어 수옥(漱玉) 폭포를 보고 연풍현(延豊縣)에서 점심을 먹었다. 현감인 조용명(趙龍命)과 연원(連原) 찰방 이익섭(李益燮)이 부마차원(夫馬差員)으로 왔는데, 감영(監營)이 관문(關文)을 늦게 배포했기 때문에 각 읍의 지공이 도착하지 않았고 각 역의 보충 파발 또한 오지 않아 연풍과 연원은 낭패였다. 다만 점심만 먹고 나서 출발하였다. 짐 싣는 말이 부족하여 사상이 빌려서 일행에게 지급하였다. 60리를 가서 괴산(槐山)에서 묵었다. 군수인 정치검(鄭致儉)과 음성(陰城) 현감 장학룡(張學龍) 어른이 찾아와 사상을 만나 뵙고 밤새 담소를 나누었다. 고을 원도 와서 뵈었다.

초 4일 갑인

맑음. 불볕이 치열했다.

40리를 가서 음성에서 점심을 먹었는데 정산(定山)·아산(牙山) 및 본관
(本官)에서 함께 지공하였다. 또 30리를 가서 무극(無極)에서 묵었다. 양재
(良才)의 부마(夫馬)가 와서 기다리고 있었고, 수원(水原)과 진위(振威)에서
와서 지공하였다. 영문(營門)에서 일을 늦게 위임하였기 때문에 지공을
급하게 갖추느라 제대로 모양새를 갖추지 못하여 혹은 한데서 자거나
식사를 하지 못하는 이도 있었다.

진사(進士) 조진관(趙鎭寬)57)이 서울에서 왔다.

초 5일 을묘

맑음. 어제와 마찬가지로 날이 뜨거웠다.

처음에는 일찌감치 출발하려고 하였었는데 쇄마(刷馬)58)가 아직 오지
않아 기다렸다가 출발하였다. 40리를 가서 음죽(陰竹)에서 점심을 먹었는
데, 장단(長湍)·적성(積城) 및 본관(本官)에서 함께 지공하였다. 오후 들어
50리쯤 가다가 그늘을 만나서 쉬었다. 해가 져서야 비로소 이천(利川)에
도착하였으니 본관과 지평(砥平)에서 나누어 지공하였다.

포천(抱川)의 탐리(探吏)가 와서 만나보았다. 집에서 온 편지에는 모두들
평안하다고 하였는데, 우리 집안에 와서 수학하던 서유진(徐有晋)이 요절
하였다고 하는 소식을 갑자기 들으니 슬픔에 목이 메어 차마 말을 할 수
가 없었다.

비국(備局)의 관문(關文)이 급하게 왔는데, 주상전하께서 날씨가 매우 더
우므로 말을 빨리 달리지 말고 천천히 복명(復命)하라고 하셨다. 그래서

사상이 처음에는 7일에 복명하려고 하였었는데 일정을 조금 늦추기로
하였다.

초 6일 병진

맑음. 매우 더웠다.

이천 부사 심유(沈猷) 공을 잠깐 만나 보았다. 40리를 가서 곤지암(崑地
岩)을 지나 쌍고개[雙峴]를 넘어 경안역(慶安驛)에서 묵었다. 도중에 태산
(太山)의 종을 만나 집에서 온 편지를 받아보았다. 교동(喬桐)과 통진(通津),
포천(抱川)에서 나누어 지공하였다.

영(營)에서 각 읍에 관문을 내려 사신에게 내린 명이 이미 내려왔으니
한결같이 전례대로 지공하고 또 부마차원(夫馬差員)을 보내 주라고 하였
다. 시온과 유 영장은 친족을 만나는 것이 급하여 먼저 포천 향소(鄕所)로
돌아갔는데 정광복(鄭光福)이 지공을 하기 위하여 왔으므로 똘똘한 하인
한 명을 곧바로 포천으로 보내었다.

초 7일 정사

맑음.

새벽부터 출발하였다. 사현(沙峴)을 넘어 30리를 가서 남한산성으로
들어갔는데 부윤(府尹)은 윤득우(尹得雨)였다. 본부 및 영평(永平)에서 지
공하였고 개원사(開元寺)에서 묵었다. 이관(李灌)[59] 어른과 좌랑(佐郎) 조
정(趙梃),[60] 대사(大士) 한용정(韓用靜)을 사관에서 만났다. 첨지(僉知) 유화
지(柳和之)도 와서 만나보았다.

초 8일 무오

맑음. 새벽에 안개가 많이 끼었다.

닭이 울자 출발하여 20리를 가서 송파(松阪)를 건넜다. 30리를 가서 동문 밖에 이르렀는데 유령(柳令)과 시온이 모두 와 있었다. 도중에 관왕묘에 들렀다. 종사공이 오고 부상도 와서 성으로 들어가 곧바로 대궐로 나아가 복명하려고 하였는데, 삼사는 머물러 기다리고 서기와 군관은 명령을 기다리라고 전하였다. 조금 있다가 사현합(思賢閤)으로 입시하라고 하여, 삼사신이 제일 앞에 엎드리고 천신(賤臣) 등은 그 뒤에 엎드리고 군관은 계단 아래에 나란히 섰다. 상께서 사신들에게 저 나라에서 있었던 일들을 자세히 물으셨는데 추향일(秋享日)인 까닭에 최천종의 일은 언급하지 않았다.

그 다음에는 천신(賤臣)들에게 명하시어 앞에 나아가 엎드렸다. 시온이 진대(進對 : 나아가 대답함)하러 먼저 나아갔고 내가 그 다음이었다. 상께서,

"좋구나, 성 아무개여. 문신(文臣)의 전시(殿試 : 조선시대에 임금이 참석하여 행하던 과거의 마지막 시험)에서 시 짓는 것을 보았기 때문에 이미 그 어려움을 알고 있다."

고 하시고는 다음에 몇 수나 수응(酬應)하였냐고 물어 보셨다.

"천 수 가까이 됩니다."

라고 대답하자 어느 곳에서 가장 많이 수응하였냐고 물어 보셨다. 대답하기를,

"대판(大阪)과 저들이 소위 서경이라고 하는 곳, 미장주(尾張州), 강호 등 네 곳인데 모두 대도시입니다. 대판에서는 50~60명이 한꺼번에 화답을 해달라고 하기도 하였습니다."

라고 하였다. 상께서,

"어려움이 많았겠구나."

하시고는 삼사에게,

"저들이 시를 수창한 것이 어떠했는가?"

하고 물으시니 삼사가 입을 모아 칭찬하였다. 물러가라고 명하시고는 상께서

"사람됨이 순일한 것이 좋구나."

라고 말씀하셨다. 그리고는 이름을 달아 두었다가 빈자리가 생기거든 조용(調用)하라고 명하셨다.

초 9일 기미

맑음.

서울에 머물렀다.

초 10일 경신

맑음. 오후에 비가 뿌렸다.

집으로 돌아왔다. 서명응(徐命膺) 참판과 남도혁(南道爀) 진사와 취설(醉雪) 유후(柳逅)[61]께 두루 인사드렸다.

【일본의 두 재자(才子)에 대해서 쓰다 《을유》】

내가 일본에 이르러 기이한 인재 두 명을 만나 보았는데 축주(筑州)의 구정로(龜井魯)와 서경의 나파사증(那波師曾)이 그들이다.

노(魯)의 나이 20여 세에 개연히 사방을 유력하며 학문을 닦고자 하는 뜻이 있어 서쪽으로 장기(長碕)로 가서 관고(官庫)에 비장되어 있는 책을

보고 대조선사(大潮禪師)를 스승으로 삼았으며, 동쪽으로 대판으로 가서는 목홍공(木弘恭)과 복상수(福尙修)와 합리(合離)를 사귀었으니 홍공은 곧 겸가당(兼葭堂)의 주인이다. 그리고 영부봉(永富鳳)을 스승으로 섬겼다. 구정로는 이른바 동해의 대학자로 내가 일인자로 지목하는 자이니 시문이 모두 빼어나고 식견과 깨달음은 더욱 기이하다. 그러나 신분이 천하여 스스로를 드러낼 수 없었다. 처음에 우리를 만나고는 마음을 기울여 친밀히 따르며 원컨대 함께 돌아가서 예의의 나라를 한 번 본다면 죽어도 한이 없겠다고 하였다. 내가 그 뜻을 기특하게 여기고 그 재주를 사랑하여 항상 머물며 함께 이야기를 나누었는데 내가 그를 시험하면 노가 응답하며 여유 있게 시를 짓곤 하였다. 축주의 삼서기가 접대하는 이의 자격으로 와서 상좌에 자리를 잡고 구정로가 그 옆에 앉으면 감히 그들과 더불어 나란히 앉지는 못하였으나 사실 마음속으로는 경멸하였다. 삼서기가 모두 불만스럽게 여겨 후에 그가 오는 것을 막고 만나지 못하게 하면서 말하기를,

"노는 재주는 있으나 덕이 부족합니다. 대국의 군자들께 실례할까 두렵습니다."

라고 하였다.

사증은 책에 있어서는 읽지 않은 것이 없었는데 집이 가난하고 외모가 보잘것없어 세상으로부터 경멸을 받았다. 그러나 재주를 믿고 세상을 능멸하여 물무경(物茂卿)[62] 이하로는 탐탁하게 여기지 않았다. 다만 우리를 흠모하여 호행장로(護行長老)에게 몸을 의탁하여 동무에서부터 우리를 호종하였으니 오고가는 길 수천 리에 날마다 항상 한두 번은 만나서 고금 인물의 장단점과 문장의 잘잘못을 논하였다. 감개가 질탕하고 의기가 매우 장대하였으며 남시온(南玉－옮긴이)의 재주를 가장 중히 여겨 지기(知己)로서 허여하였다.

사증은 서경 사람이라 항상 왜황이 권세를 잃은 것에 분개하여 간혹 그것에 말이 미치게 되면 문득 소매를 걷어붙이고 분개하여 말하는데

조금도 거리끼는 것이 없었다. 원자재(元重擧-옮긴이)가 은밀하게 범저(范雎)63)의 일로서 경계하니 사증이 두려워하며 고맙게 여겼다. 그러나 그 버릇을 고치지는 못하였다. 매번 시를 구하는 이들이 구름같이 모여 들었는데 사증이 나란히 앉아 곁눈질로 보면서 마음에 차지 않으면 반드시 눈으로 비웃곤 하였다. 또 장로의 문도들과 마음이 맞지 않아 문득 서로 헐뜯곤 하였다. 그 문도 가운데 부야중달(富野仲達)이라는 자가 있었는데 어떤 일을 물으면 반드시 모른다고 대답하였다. 그래도 계속해서 자꾸만 물으면 꼭 웃으면서 일어나 가버렸다. 어떤 이가 일찍이 나에게 몰래 말하기를,

"사증은 재주가 많기 때문에 사람들이 미워하고 중달은 재주가 적기 때문에 사람들이 좋아합니다."

라고 하였다. 사증의 재주는 구정로보다 조금 아래이나 학식은 그보다 낫다.

내가 혼자서 가만히 그 두 사람을 생각해보니, 뜻밖의 화를 당하지 않으면 반드시 뜻밖의 일 때문에 곤액을 겪게 될 것이다. 매번 그들의 재주를 아끼라고 장로의 문도 및 축주의 서기들에게 직접 깨우쳐주기도 하였으나 힘을 얻을 수 있을지는 잘 모르겠다. 이에 천하에 재주 있는 이를 시기하지 않는 나라가 없으며, 또 그것은 재주 있는 자가 스스로 취한 것이라는 걸 알게 되었다. 저 줄(벼과에 속하는 다년생 수초-옮긴이)이나 갈대, 어류나 패류와 같이 재주와 학문을 일삼지 않는 이들(일본인을 가리킨다-옮긴이)도 도리어 이와 같은데, 하물며 명예와 이익을 쟁탈하는 지역에서는 어떻겠는가. 여러분들은 잘 알고 경계해야 할 것이다.

「동사축東槎軸」의 뒤에 쓰다.

내가 어렸을 때 글씨에 재주가 있어 간혹 부드러운 붓을 잡고서 만력체(萬曆體)를 본받았으나 이루지 못하였고, 또 대미(大米)[64]를 본받았으나 입신한 뒤에는 결국 다시 쓰지 않았다. 겨를이 없다고 스스로 꾸며댔지만 사실은 게으르기 때문이었는데, 매번 임지(臨池)[65]의 모임이 있으면 문득 머뭇거리며 감히 참여하지 못하였고 비록 억지로 익히려고 하여도 속된 필체가 이미 고질이 되어서 할 수가 없었다. 문사(文事 : 학문과 예술에 관한 일)의 일로 일본에 가게 되었으니 글씨는 나의 일이 아니었다. 그러나 왜인들이 나의 글씨를 매우 좋아하여 움직이기만 하면 곧 구하여, 처음에 구정로를 위하여 몇 장 써주었고 또 목세숙(木世肅)을 위하여 겸가당의 편액을 써주었다. 장로의 문도인 주굉(周宏)이 자못 서법에 이해가 깊었는데 항상 와서 글씨를 구하며 말하기를,

"일행의 필체 중에 공이 제일이고 남공(南公 : 남옥)이 그 다음입니다."
라고 말했다. 내 글씨는 대개 꾸밈이 승한 편이다.

낭화강에서 밤에 온 강 가득 등불을 켜고 마치 평지를 달리듯 배가 가고 있을 때 내가 응접(應接 : 일본인들과 詩文을 창수하는 일)하는 것에 진력이 나서 장차 들어가 자려고 하는데, 갑자기 여러 명의 무리가 줄지어 와서 머리를 조아리며 무수히 청하니 내가 어쩔 수 없어 억지로 허락하였다. 적간관의 청흑색 벼루와 평안(平安)의 사슴 털로 만든 붓, 고매원(古梅園)의 묵, 미농주(美濃州)의 종이가 모두 앞에 갖추어 있었고, 또 차 주발에 먹물이 가득하고 붉은 담요 위에 종이를 받들어 놓았다. 좌우에 있는 사람들이 혹시 자기에게 순서가 미치지 못할까봐 재촉하다가 내가 붓을 들자 모두 기뻐하며 서로 돌아보았다. 매번 한 장씩 쓸 때마다 반드시 절하며 사례하고, 내가 진력이 나서 그만두고 싶어 하면 곧 다시 머리를 조아리며 청하였다. 드디어 수십, 수백 장에 이르렀는데 마음에 들지 않

는 것이 열에 일곱 여덟은 되어 내가 그 중에 가장 못한 것 몇 장을 골라서 없애버리려고 하면 구하는 자가 머리를 조아리며 간청하여 반드시 글씨를 얻은 후에야 그만두었다.

선소성(膳所城)의 성주 등강환(藤康桓)이 그의 요속(僚屬 : 낮은 벼슬아치. 屬官) 우야성헌(宇野成憲)을 시켜 관소(館所)의 현판으로 쓸 시를 구해오게 하였다. 내가 사양하자 성헌이 말하기를,

"공께서는 사양하지 마십시오. 과군(寡君 : 자기네 군주를 겸손하게 낮추어 말하는 것)께서 공의 글씨를 매우 사랑하십니다. 얻어가지 못하면 감히 돌아가서 복명을 할 수가 없습니다."

라고 하여 어쩔 수 없이 써주었다. 성헌이 기뻐하며 뛰어갔다가 다시 강환의 명을 받고 나와서 사례하였다. 선성은 비파호 가에 있는데 아름답기가 전당(錢塘)[66]보다 더한 곳이라 이때부터 글씨를 구하는 자가 더욱 많아져서 거의 감당할 수가 없었다. 길에서 쓴 것이 아마도 만여 장보다 적지 않을 것이다. 우리나라로 돌아와서는 다시는 감히 글씨에 대해서는 말하지 않았는데, 일본에 있는 것은 이미 새겨서 전하여 완상되면서 사백(思白)[67]의 반열에 비교되고 있으니, 간혹 그 이야기를 사람들에게 하면 나도 모르게 웃음이 난다. 그러나 나의 글씨는 편벽하고 졸렬하여서 지금은 비록 중하게 여길 것이나 후에는 반드시 숨길 수 없을 것이니, 다만 나의 흠이 될 것이다. 또 내가 사행에 임하여서 봉조하(奉朝賀)[68] 유공(兪公)을 뵙고 가르침을 청하였더니 유공께서 '인(訒 : '말이 적다'는 의미)' 자를 꺼내 보이며 경계하셨고 이에 내가 삼가 받았었다. 도착한 즉 도리어 습기(習氣)의 부리는 바 되어 그 수없이 밀려드는 시찰마다 천박하고 조잡하게 억지로 꾸며대었으니 모두 낭화강에서 마구 써댄 것들이다. 시를 얻은 자들 또한 일찍이 한 번도 보지 못하여 머리에 이고 품에 품고는 어린아이가 부처님 상에 절하듯이 하니 어찌 다시 잘하고 못함을 분별하였겠는가. 그러나 저들의 문학이 예전과 같지 않으니 어찌 옆에서 혼자 몰래 비웃는 자가 없었는지 알겠는가. 무릇 알지 못하는 자에게 허

풍을 쳤으니 부끄러운 일이요, 지엽적인 데에 몰두하여 그 스스로 지켜야 할 바를 잃었으니 경박한 일이요, 허물을 꺼내어서 사람들에게 두루 돌렸으니 졸렬한 것이다. 세 가지를 모두 범하였으니 이렇게 하고서도 나라를 빛냈다고[華國] 말하는 것이 가당하겠는가. 생각할수록 회한이 매우 크다. 글을 써서 후배의 경계로 삼는다.

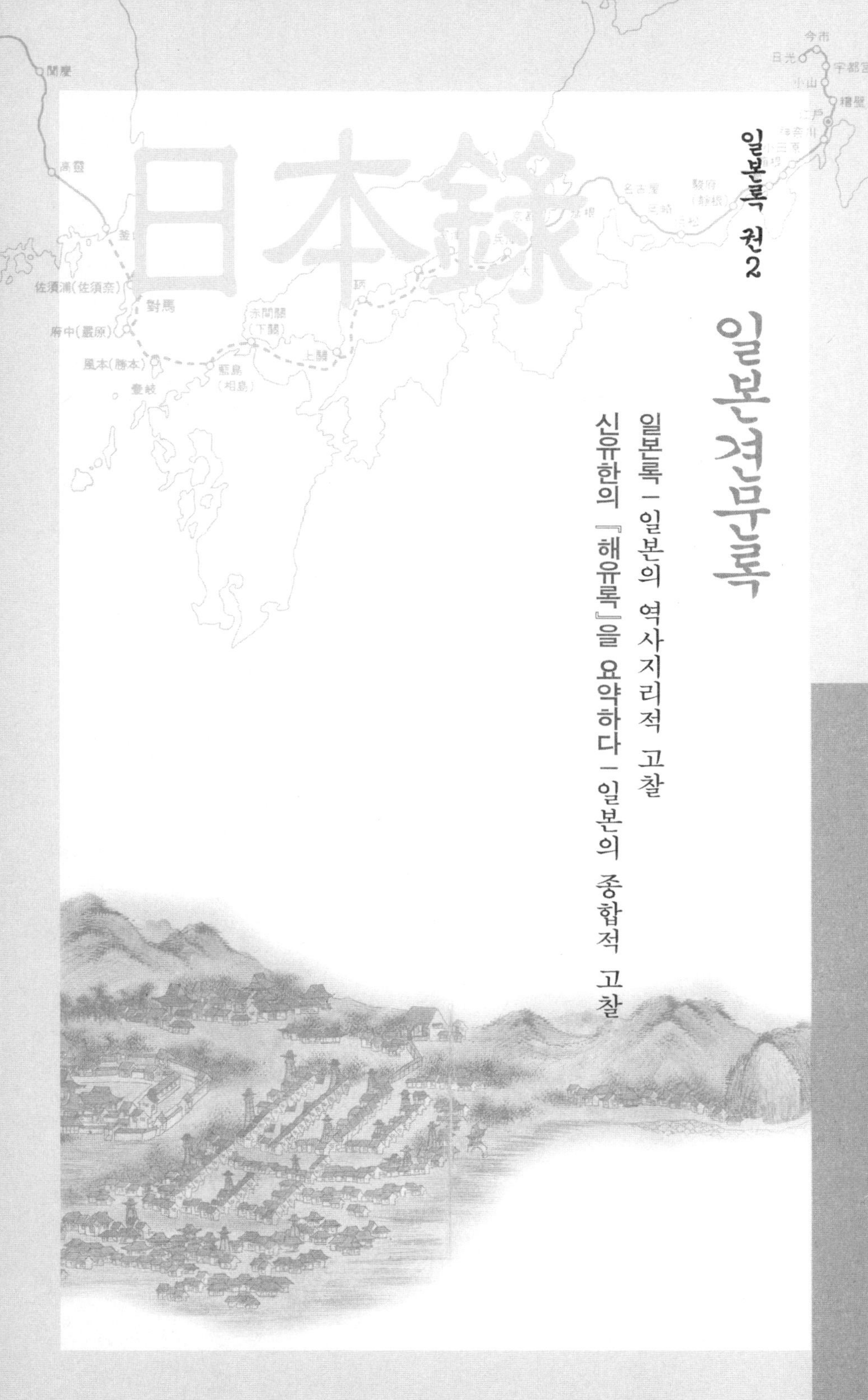

일본록 권2

일본견문록

일본록 ― 일본의 역사지리적 고찰

신유한의 『해유록』을 요약하다 ― 일본의 종합적 고찰

일본의 역사지리적 고찰

왜국의 『삼재도회(三才圖會)』[1]는 그들의 풍속을 스스로 서술한 책으로 신숙주(申叔舟)[2]의 『해동제국기(海東諸國記)』[3]를 취하면서 가장 자세하다고 하였다. 또 명(明)나라 사람이 지은 『오잡조(五雜組)』[4]의 설을 취하여 말하기를,

"천하의 바깥 오랑캐 나라 가운데 조선(朝鮮)보다 예의 바른 곳이 없고, 달단(韃靼)[5]보다 사나운 나라가 없으며, 유구(琉球)[6]보다 순후한 곳이 없고, 진랍(眞臘)[7]보다 부유한

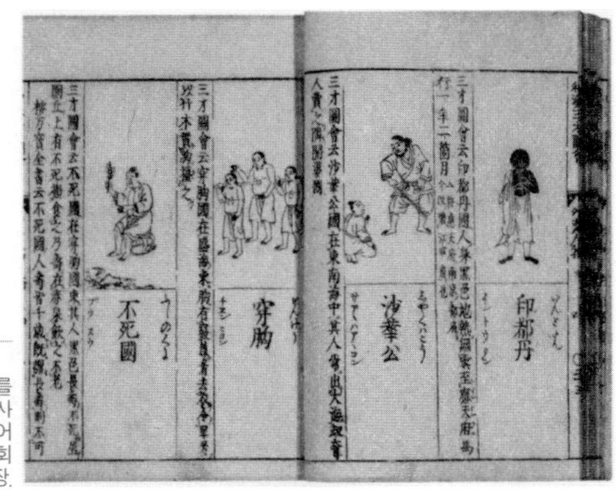

『왜한삼재도회(倭漢三才圖會)』
일본의 사도양안(寺島良安)이 엮은 책. 중국의 『삼재도회』를 본떠 천·지·인 삼재로 부를 나누고 그림을 모아 실은 후 사물을 설명해 놓았다. 이 책은 통신사를 통해 조선에 유입되어 여러 학자들에게 읽혔다. 18세기 일본은 물론 근대 동양사회의 전반을 이해하는 데 큰 도움이 된다. 국립중앙박물관 소장.

自蓝浦由永川竹嶺忠州楊根至京城一
五日程由水路慶州丹陽忠州廣州至京
城十五日程自蔚山至蓝浦三十里恒居
倭戶三十六男女老少并一百三十一
社一
成化十年甲午三月禮曹佐郎南悌因
饋餉三浦付火倭人去圖來

海東諸國紀
日本國紀
天皇代序
天神七代
地神五代
人皇始祖神武天皇名狹野地神末
主彦瀲尊第四子母玉依姬
以庚午歲生
午入大倭州盡除中洲賊眾五十二
年辛酉正月庚申始馭天皇百十年

『해동제국기(海東諸國記)』
1443년(세종 25)에 서장관(書狀官)으로 일본에 갔다 온 신숙주(申叔舟, 1417~1475)가 1471년(성종 2)에 왕명을 받아 편찬한 책이다. 일본의 지세와 국정, 교빙왕래의 연혁, 사신 접대의 절목(節目) 등 당시 일본에 대한 정보를 종합·정리하고 있어 한일 관계 연구에 중요한 사료로 이용된다. 국립중앙박물관 소장.

곳이 없고, 왜노(倭奴)보다 교활한 이들이 없다.”
고 하였으니 왜의 풍속이 교활한 것은 왜인들도 스스로 잘 알고 있다.

왜국의 지형

　왜국의 지형은 마치 사람의 모양과 같으니 왼쪽으로 머리를 기울이고 양 다리를 벌리고 서 있는 형국이다. 비전주(肥前州)는 오른쪽 발등이요, 장문주(長門州)는 왼쪽 발등이며, 육오주(陸奧州)와 출우주(出羽州)는 머리이고 동무(東武)는 목이고 대판(大坂)은 꽁무니와 신장의 사이라고 할 수 있

다. 남북으로 700리이고 동서로 4,000리인데 10리는 우리나라의 8리에 해
당한다. 일찍이 들을 때는 그 폭이 우리나라보다 둥글고 넓다고 하였는
데 직접 다니면서 겪어보니 그렇지 않음을 알겠다. 다만 그 나라에는 큰
산과 깊은 물이 적고 섭진주(攝津州)로부터 삼하주(三河州)에 이르기까지
평평하고 비옥한 들이 이어져서 사람 살기가 좋고 한 치의 땅도 황폐한
곳이 없어 사람들이 남는 힘이 없으니, 그러므로 백성이 많고 살림이 넉
넉한 것이 천하에 제일이었다.

66개의 주에다가 일기(壹岐)와 대마(對馬) 두 섬을 합쳐 68주가 된다. 그
러나 대마는 각 주의 반열에 끼지 못하니 왜인들 또한 비루하게 여겨 비
주(肥州)에서부터 서쪽을 '서쪽의 비루한 섬'이라는 뜻에서 서비도(西鄙島)
라고 부르기까지 한다. 다만 대마도는 우리나라를 접대하는 것이 중요한
임무이므로 사품(四品)인 습유(拾遺) 벼슬의 호칭을 빌려 쓰며 조회할 때
에는 일각모(一角帽)8)를 쓰고 현의(玄衣)를 입는다. 일기(壹岐)는 비전주에
서 거느리고 있는데 인구가 별로 없고, 관장(官長)을 두고 있는 것 같지는
않다.

신라가 왜를 정벌할 때 한 번은 명석(明石)까지 이르렀고 한 번은 적간
관(赤間關)까지 이르렀는데, 명석은 대판과 겨우 200여 리의 거리이니 얼
마나 깊숙이 들어갔는지 알 수 있다. 왜인과 역전(力戰)을 벌여 모두 크게
물리쳤으며, 적간관에는 물가에 형마총(刑馬塚)이 있다. 고려가 원(元)나라
장수를 따라 왜를 정벌할 때 범문호(范文虎)9)의 오랑캐 군대 10만이 축전
주에 이르러 오룡산(五龍山)에서 패망하였는데, 홀로 상락(上洛) 김방경(金
方慶)10)만이 대마주를 소탕하여 태수 종성홍(宗盛弘)의 목을 베고 일기도
까지 갔다가 군대를 보존하여 돌아왔다. 조선 세종 조에 대마도를 정벌
할 때는 이종무(李從茂)11)가 명을 받들어 공을 세웠는데 갔다가 돌아오는
데 28일이 걸렸으니 그 무예와 지략이 가히 먼 데 있는 오랑캐를 위협할

수 있을 정도였으나, 이 이후로 폐백을 서로 교환하였을 뿐이다.

【대마주】

　대마주(對馬州)는 나라의 서쪽 가에 있는데 둘레가 400여 리이고 온 섬이 모두 자갈 산과 척박한 돌로 이루어져 있으며 우리나라와는 서로 등지고 있다. 항구는 모두 병사와 배를 숨길 수 있으니 하늘이 낸 하나의 커다란 도적 소굴이다. 처음에는 우리나라의 소유였는데 언제 왜에 속하게 되었는지는 모르겠으나 설령 지금 우리 소유라고 해도 다만 병사와 식량만을 축낼 것이니 마치 한(漢)나라의 경애(瓊厓)나 당(唐)의 고창(高昌)과 같았을 따름일 것이다. 그런데 불행히도 도적의 물건이 되어 도적질하는 데 쓰이게 되고 온갖 물자를 풍부하게 가지고 있다. 아! 이 섬이 없었다면 임진왜란이 어떻게 일어났을 것이며, 금과 비단 등 폐백을 주는 일이 왜 생겨났겠는가. 종벽산(鐘碧山 : 대마도에 있는 산 이름)을 깎아버리지 않으면 우리나라의 근심이 참으로 없어지지 않을 것이다. 저들(일본 본토인-옮긴이)도 또한 비루하게 여기지만 길러서 주(州)를 설치하고 태수를 둠으로써 우리나라를 막고 또 접대하게 한다. 도주가 이미 도서(圖書)[12]를 받고 신하로서 방물(方物 : 지방의 특산물)을 공납했은즉 우리에게는 또한 외번(外藩 : 지방에 있는 제후 또는 그 나라)의 신하인데, 이에 피차가 서로 어지럽고 동서가 모두 근심하니 참으로 양국(우리나라와 일본 본토-옮긴이)의 적이다. 그 백성과 관리가 우리나라에 와서 묵는 자가 해마다 수백 명으로 특송(特送)으로 큰 이익을 삼고 조금이라도 연고가 있으면 반드시 사신을 보내어 우리에게 요구하는데, 우리는 무사한 것만도 다행스럽게 여겨 후사하여 사례한다.

공목(公木 : 대마도와의 공무역에 사용하는 무명)은 영남 지방의 물건을 다하고 인삼과 비단은 서쪽 지방의 힘을 다하는데, 저들은 처음에는 열을 동무에 바치고 다섯을 먹었으나 이제는 다만 삼(蔘) 다섯 근만 바칠 따름이다. 처음에 공목이 동쪽으로 오지 않았을 때에 대마도인들은 자식을 다만 하나만 길렀는데 조선의 쌀을 얻을 수 있게 되면서 자식을 낳으면 모두 기르고, 또 음식을 먹을 때면 반드시 서쪽을 바라보고 축원하여 말하기를,

　　"조선 국왕 만만세."

라고 하였다. 그런데 이제는 교만하여 은혜를 알지 못하고 우리가 혹 공목에 대해서 말하기라도 하면 곧바로 꺼리니 그 정상이 절통하다. 백성의 풍속이 게을러 거간꾼으로 구차히 사는 것이 습속을 이루어 북으로는 초량(草梁)으로 나가고 서쪽으로는 장기(長碕)와 통하며 동으로는 대판으로 들어가 집에 있는 자가 매우 적다. 매년 공목선이 이르는데 쌀값이 처음 올랐었다. 그때까지 우리나라를 우러러 명줄로 삼았었는데 평조흥(平調興)[13]이 부도주(副島主)가 되면서 그때 축전주(筑前州)의 쌀 구천 석을 먹게 되었다. 조흥은 자기 땅을 바치고 관직에 들어갔는데 신묘년에 사신을 청한 공로로 다시 도주(島主)의 자리를 하사 받았다. 이때부터 섬의 식량이 조금씩 넉넉해지고 백성이 모두 녹을 받게 되어 섬의 백성들이 관백의 덕만 생각하고 우리의 은혜는 잊어버렸다.

민가는 대개 4,000여 호쯤 되고 8향(鄕) 24촌(村)이 있다. 오곡은 심지 않으며, 대포(大浦)와 방포(芳浦) 사이에 혹 잡초를 불살라 밭을 일구고 절벽에 나무를 가로질러 보리를 심기도 한다. 고구매[甘藷]는 최근에 민광(閩廣) 지방[14]에서 들어왔는데 돌밭에 심기 좋다. 그러므로 섬사람들이 이에 힘입어 먹고 살 수가 있어서 일명 '효자우(孝子芋)'라고도 한다. 나무 열매와 풀 열매와 채소는 모두 축전주에서 사온다. 그러나 대마부 백성들의 의복과 음식과 집은 화려함과 사치를 숭상하여 대판이나 강호의 습속과 다를 바가 없다. 다른 왜인들과 비교하여 보면 가장 간교하여 내

지의 왜인들은 혹 "대마도는 동래(東萊)와 이웃하고 있어 그들에게 오염된 것이다"라고 말하기도 하는데, 이는 모두 역관과 서리의 죄이다.

도주는 처음에는 종씨(宗氏)였는데 종성홍이 전사한 후 섬의 백성들이 사당을 세워 신으로 섬겼다. 평수길(平秀吉 : 豊臣秀吉)이 종씨를 폐하고 평의지(平義智)를 세웠는데 소서행장(小西行長)이 의지의 사위였다. 임진란 때 의지가 적진에서 길을 안내하는 일을 도맡아 하였으므로 평씨가 패하여 원가강(源家康 : 德川家康)이 평씨(平氏)를 다 제거하고 각 주의 태수를 원씨(源氏)로 바꾸었을 때에도 의지(義智)만은 폐하지 않고 우리나라에 관한 일을 전적으로 담당하게 하였다. 그러나 오히려 변괴가 있을까 두려워 수길 때부터 현소(玄蘇)를 이정암(以酊菴)의 장로로 삼아 서계(書契)를 담당하도록 하였다. 이정암을 처음 만들었을 때 우리에게 이름을 지어달라고 청하였는데 현소가 정유(丁酉)년에 태어났기 때문에 그렇게 이름지었다고 한다. 그 후 매번 서경의 승려로 장로를 삼아 도주의 행동을 감찰케 하고, 도주는 해마다 장로에게 쌀 2,000석을 지급하였다. 또 서산장로(西山長老)와 만송원주(萬松院主)가 있는데 만송원은 의지(義智)의 원당(願堂 : 절)이다. 통신사가 오면 도주는 총호사(摠護使)가 되고 이정암 장로는 접반사(接伴使)가 되는 것이 관례이며, 대판에 이르면 또 만년산(萬年山)장로가 서경에서 와서 이정암 승려와 더불어 접반사를 한다. 장로는 실제 세력은 미약하나 권한은 막중하여 도주 일행과는 행동할 때마다 문득 서로 시기하였다. 최천종이 피살되었을 때도 도주는 처음에 그 일을 숨기고자 하였는데 양 장로가 사실을 발설하였다.

평씨가 도주가 된 지 수백 년이 지났으나 백성들은 아직도 종씨를 생각하고 있다. 그러므로 도주는 '종(宗)'을 성으로 삼고 강호에서도 또한 '종 대마수'라고 부른다. 왜의 법에 계통을 잇는 자는 아비의 이름을 물려받는다. 그러므로 관백은 대대로 '가(家)' 자를 이름에 넣고, 대마도주는 대대로 '의(義)' 자를 이름에 넣는다. 지금의 도주 의창(義暢)은 의여(義與)의 아들인데 의여가 죽을 때 의창이 어려 의여의 동생 의번(義蕃)이 섭정을 하였다. 의번이 노장(老將)에게 의창을 버리고 자기의 아들을 왕위에 세우겠다고 하였는데, 봉행장감(奉行將鑑)이 버티고 있어 의번은 부득이하게 의창을 세우게 되었다. 그러나 의창은 어리석어서 자기 집안도 다스릴 수가 없고, 의번의 아들 셋은 모두 준수하였는데 첫째는 강호에 있고 둘째는 부(府: 대마부) 안에서 항상 틈을 엿보려는 뜻을 갖고 있었다. 천종의 일이 있은 후에 의번이 중앙(中洋)으로 사신을 보내어 조선 사신 일행의 안부를 묻고 제대로 가르치지 못했다며 사죄하였다. 그리고 의창이 대마도로 돌아오자 의번이 크게 책망하였고, 이에 의창이 부끄럽고 두려워 봉행재판 여러 명을 내쫓고 모두 문을 막고 폐출(廢黜: 벼슬을 떼어 파면시킴)시켰다. 장감(將鑑) 또한 중벌을 받았으니 대개 전에 있었던 일을 입막음하기 위해서였다. 이정암의 장로 수영실(守瑛實)이 다시 왔는데 약 삭빠르고 패려하며 의창의 무리와는 틈이 있었다. 의번이 만약에 그와 더불어 세력을 합하였다면 의창은 위험하였을 것이다. 또 강호에서는 의창이 봉행재판과 간사관(幹事官) 각 1명과 전어관(傳語官) 6명을 대판에 구금하고 혹 전사(傳使)가 돌아간 뒤에 3명을 법으로 죽인 것에 매우 화가 나있었다. 그러한 즉 강호에서도 또한 반드시 무능한 이를 내치고 적임자를 등용하겠다는 뜻을 가지고 있었다.

대마도에는 본디 문학(文學)이 부족하다. 한 주의 서계를 오로지 서기에게 맡기는데 능숙한 자가 전혀 없다. 임술사행 때에는 소산조박(小山朝樸)이 있었고 신묘·기해사행 때에는 송포의(松浦儀)[15]와 우삼동(雨森東)[16]이 있었다. 송포의의 호는 소하(沼霞)이고 우삼동의 호는 방주(芳洲)로 모두 이세주(伊勢州) 사람이다. 서경의 순암(順菴) 목정간(目貞幹)[17]에게서 함께 수학

우삼동(雨森東, 1668~1755)
자는 백양(伯陽). 호는 방주(芳洲)·동오랑(東五郞). 박식하고 글을 잘하여 대마주의 서기가 되어 문학을 담당했다. 신묘사행(1711) 및 기해사행(1719) 때 우리 사신을 맞아 교유하고 강호까지 배행했으며, 조선에 관련된 일에 다양하게 종사하고 조선 관련 서적을 많이 남겼다.

하였으며 원여(源璵)[18]와 함께 유학(遊學)하여 정운십재자(停雲十才子)[19] 가운데 둘이지만 우삼동이 가장 유명하다. 삼국의 언어에 능통하고 문사(文辭)를 잘하니 물무경(物茂卿)[20]이 이른바 '해서에는 우백양(雨伯陽)이 있다'고 한 자이다. 그러나 대대로 집안이 천하여 스스로를 드러낼 길이 없었는데 때마침 대마주 태수가 목정간에게 기실(記室)[21]을 구하자 정간이 이 두 사람으로서 대답하였고 드디어 이주(伊州)에서 대마주로 옮겨가 한 주의 권세를 장악한 것이 50여 년이다. 그러나 동은 성품이 음험하고 사나우며 일을 벌이기를 좋아하였다. 그의 아들 현윤(顯允)과 권윤(權允)이 모두 재주가 있었는데 권윤이 일찍이 일 때문에 동래로 가서는 부득부득 돌아가야겠다며 큰소리를 쳤다. 이에 동래부 관찰사인 이이장(李彛章)이 쫓아냈고 대마도로 돌아오자 폐출 당했다. 이 때문에 동이 한스러워서 죽었고 우씨 가문은 결국 쇠퇴하였다.

그의 제자인 대포(大浦)의 익지진(益之進)과 조강(朝岡)의 기국서(紀國瑞)가 그의 임무를 이었는데 국서 또한 삼국의 언어에 능통하였다. 무진사행 때는 익지진이 간사관이 되고 기국서가 서기가 되었는데, 이번 사행에는 기국서가 간사관이 되고 익지진의 아들 평공겸(平公謙)이 서기가 되었다. 기국서는 이름을 고쳐 '번실(蕃實)'이라 하고 스스로 호를 '난암(蘭庵)'이라고 하였는데 늙어가면서 점점 이익을 좋아하여 날마다 역관의 무리들과 몰려 다녔다. 대판에서 구속됨에 미쳐서야 비로소 화가 닥친 것을 알고는 눈이 짓무르도록 눈물을 흘리며 울었으나 사람들이 모두 통쾌하게 여겼다. 국서의 뒤에 이 일을 하게 된 자는 공겸인데 아주 잔인하고 어리석어서 도리어 국서만도 못하였다.

섬의 앞은 곧바로 대양으로 통하여 배를 대기에는 불리하다. 그러므로 돌로 쌓은 나루를 여러 겹 설치하였는데 전임 봉행대장(奉行大藏)이 쌓은 것이다. 대장은 옛날 도주(島主)의 삼촌으로 매우 탐학무도하였다. 무진사행 때 봉행의 자격으로 수행하였는데, 일기도를 건널 때 비전주에서 호행하는 작은 배가 바람을 만나 사신의 배를 치고 지나갔다. 대장이 우리에게 비주 사람들이 조심스럽지 못하다며 꾸짖어 줄 것을 부탁하자 우리 측에서는 그의 계략을 알지 못하고 대장의 말대로 하였다. 대장은 이것을 빙자하여 비주를 위협하며 장차 동무에게 죄를 청할 것이라고 말하였다. 비주 봉행이 은 1만 냥을 상납하고서야 비로소 자기만 죽고 자손은 살아남을 수 있었으니, 그가 음험하게 남을 해치는 것이 이와 같았다. 후에 도주의 첩과 간음하여 죄가 죽을 지경에 이르자 이에 이 나루를 쌓고 죄를 면하였다. 또 그의 집은 헐어서 못을 만들고, 그의 아들은 등용하였다.

섬의 뒤에 있는 좌수포(佐須浦), 악포(鰐浦), 방포(芳浦)는 모두 배를 정박하기에 유리하다. 그런데 좌포는 깊고 좁으며 악포는 가장 험하여 돌의 맥이 풍기(豊碕)로부터 북쪽으로 올라가면서 대해를 가로 절단한다고 한다. 장기(長鬐)에서 올 때 조금이라도 지름길을 잃으면 배가 반드시 부딪쳐 부서진다. 계미년에 역관 한천석(韓天錫)이 바다를 건너다 물에 빠져 죽었고, 무진사행 때 부사선에 불이 난 것도 모두 이곳에서였다. 혹자는 천석이 많은 재물을 갖고 있다가 왜인에게 빼앗기고 살해당해서 물에 던져진 것이라고도 하며, 불이 난 것 또한 의안(疑案 : 진상이 확실히 밝혀지지 않은 재판 사건)이라고 한다. 방포는 가장 깊어서 만 척의 배를 숨길 수 있으니 적 수길이 우리나라를 침범할 때 여기에 병사를 숨겼었다. 포구의 앞에는 현두항(懸頭港)이 있는데 절벽이 양쪽으로 높이 솟고 좁은 길이 가운데로 뚫려 있어 뱃머리가 조금만 동쪽을 향하면 꼬리가 반드시 서쪽으로 부딪친다. 옛말에 이르기를, 적 수길이 이곳을 지나가려고 하자 뱃사공이 불가능하다고 고하였다. 수길이 노하여 그의 목을 베어서 머리를 항구의 남쪽에 걸어 놓았는데, 그곳을 지날 때 과연 배가 부서져 장사 지내고 사당을 세우니 지나가는 사람들이 제사를 지냈다고 한다.

이번 사행에 좌수포를 건넌 것이 10월 초 6일이었으니 나뭇잎이 바야흐로 누렇게 시들어 떨어질 때이다. 기후는 우리나라와 별로 다른 것이 없는데 나무는 동청(冬靑)나무,22) 종려나무,23) 귤나무, 유자나무, 소철,24) 비파나무25) 따위가 많아 잎이 누렇게 시들어 떨어지는 것은 거의 없었다. 부(府) 안에는 대나무가 울창하고 잡초가 겨울을 지나면서도 오히려 푸르니 전에 동무에 이르렀을 때도 모두 그러하였다. 꽃을 키우는 집에서는 반대로 잎이 누렇게 시들어 떨어지는 나무를 심어 특이함을 삼았다.

　평의성(平義成)이 도주가 되었다. 조흥(調興)은 곧 조신(調信)의 아들로서 부관(副官)이 되었는데 권력을 제멋대로 휘둘러 의성이 미워하였다. 그와 함께 강호에 조회하러 가서는 궁전의 문 밖에 이르자 칼을 벗어 조흥으로 하여금 받들게 하였다. 무리들이 말하기를,
　"처음에는 조흥이 귀하다고 하더니 이제 보니 종 대수(宗對守)26)의 칼을 받드는 종인가 보다."
라고 하였다. 조흥이 수치스럽게 여겨 강호에 8년 동안 머물면서 돌아가지 않고 관백인 가광(家光)27)에게 의성을 참소하여 말하기를,
　"의성은 이름은 일본인이지만 실제로는 조선의 신하입니다. 조선의 서계는 모두 의성이 위조한 것이고 예물은 모두 의성이 대신 공납한 것입니다."
라고 하였다. 가광이 의성을 불러 입장을 대변케 했는데 의성의 말이 자못 비굴하였다. 가광이 크게 노하여 급히 군대를 검열하고 동무에서는 장차 의성을 주살하고 우리나라를 침범하려고 하였다. 한 노장(老將)이 큰소리로 말하기를,
　"권현(權現 : 원가강)28)께서는 까닭 없이 이웃나라를 정벌한 것이 수길의 죄라고 여겼습니다. 이제 의성과 조흥이 권력을 다투어 서로 비방하는데 장군께서는 자세히 살피지도 않고 갑자기 군사를 움직이려고 하시니 어찌 권현의 사당에 드실 수 있겠습니까?"
라고 하였다. 가광의 뜻이 조금 풀어져서 이에 의성으로 하여금 우리나라에 사신을 청하게 하면서

“사신이 오지 않는다면 이것은 조선이 우리를 업신여기는 것이다.”
라고 하였다. 이에 의성이 문서를 갖추어 예조에 보고하여서 병자사행이
있게 되었다. 그런데 아직 사신이 행차하지도 않았는데 가광이 마상재를
관람할 때 상황을 설명해줄 역관을 데려 올 것을 청하였으니 의성을 염
탐하려고 한 것이었다. 우리 조정에서는 홍희남(洪喜男)29)을 가게 하였는
데 악포에 이르자 의성과 조흥이 서로 뇌물을 주어 희남이 양쪽에서 받
았다. 부에 이르자 이번에는 의성의 어미가 다리 앞에서 맞이하며 그 아
들의 목숨을 빌었다. 희남이 강호에 들어가자 가광이 친히 묻기를,

“의성이나 조흥을 세우려는데 조선에서는 누가 편한가? 대개 의성은
말하기를 ‘조흥은 그 아비 때부터 조선과 더불어 맺음이 있다’고 한다.”
라고 하자 희남이 대답하여 말하기를,

“길이 조흥을 세우는 것이 편합니다.”
라고 하였다. 이에 가광이 조흥을 육오(陸奧)로 유배 보내려 당일로 압송
하였고 의성은 온전할 수 있었다. 이때에 강호의 집정 가운데 조흥의 무
리가 많았는데 의성의 누이가 관백의 첩이 되어 밤낮으로 옆에 있으니
조흥이 그의 꾀를 팔 수가 없었고, 희남의 대답 또한 의성이 그렇게 시
킨 것이라고 한다. 사신이 이르자 의성의 대접이 매우 공손하여 감히 대
등한 예로 대하지 않았고 김세렴(金世濂)의 청절로 거듭 그의 마음을 복
종시켰다.30) 돌아올 때 관백의 예로서 의성을 통하여 은을 주었는데 의
성이 공목(公木)과 바꿀 것을 청하니 당시에는 막 호란을 겪어서 나라의
비용이 넉넉지 않았던지라 허락하였다. 공목과 바꾸는 전례는 이로부터
시작되었다. 그러나 의성은 조신(調信)의 정사를 한 번 뒤집고 나자 또 우
리와 이간하여 재앙을 만들었다. 서계의 예절도 점차 줄여 나가는 데 힘
썼으나 우리 조정에서는 뜻을 굽혀 따랐다. 그러나 사신을 맞이할 때는
여전히 조심하여 남호곡(南壺谷)31)이 사신으로 갔을 때에는 몸소 다리 앞
에서 맞이하였으니 사신들은 손을 늘어뜨리고 답했을 따름이었다. 임술
사행에 이르러 비로소 대등한 예로 대하기 시작하여 연회할 때 사신들

과 마주보고 서서 일행의 원역들로 하여금 허공을 향하여 절하게 하였다. 무릇 재상 윤지완(尹趾完)32)의 청엄(淸嚴)함으로도 오히려 받아들일 수밖에 없었으니 그 능이(陵夷: 사물이 점차 쇠퇴함)의 지극함을 견줄 데가 없었다. 하물며 그 뒤에는 어떠했겠는가. 이러한 까닭에 사행이 움직일 때마다 그들의 조종을 당하여 가라고 한 즉 가고 머물라고 한 즉 머물렀다. 또 우리 역관과 서리가 그들과 더불어 장사를 하여 흡사 귀신이나 물 여우 같으니 책망하여 물을 수도 없었다. 그러므로 사행이 무사히, 또 빨리 돌아가고자 한다면 마주인에게 복종할 수밖에 없고, 마주인에게 복종하고자 한다면 역관의 무리들을 단속하는 것 만한 것이 없었다. 그렇게 하지 않으면 온갖 폐해가 층층이 생겨나고 온갖 무리가 교대로 극성을 떨 것이니 본말이 뒤집어지는 것에 대한 염려가 어찌 기존의 정도에 그치겠는가.

  왜의 풍속에 성(姓)이 있고 씨(氏)가 있는데 '평(平)'·'원(原)'·'등(藤)'·'귤(橘)' 4대 성으로 통일하였다. 임진왜란 때의 여러 적들이 모두 '평' 성이라고 호칭하였으나 실제로는 '가등청정(加藤淸正)'·'모리휘원(毛利輝元)'·'소서행장(小西行長)'·'석전삼성(石田三成)'이었다. 나머지도 모두 이와 같다.

장기도

  일기도 풍본포(風本浦)에 옛날에 녹운선(綠雲仙)이라는 이름난 창기(娼妓)가 있었는데 한 중국 상인이 그 미모와 재주를 사모하여 구슬 열 말로 맞아들여서는 3년 동안 돌아가지 않았다. 상인에게는 노모가 있었는데 상선(商船)을 통하여 편지를 부쳐 헤어질 것을 요구하였다. 이에 상인이 돌아가다가 바다 중간쯤에 이르러서 문득 다시 돌아왔으니 이렇게 한 것이 세 번이었다. 운선이 말하기를,

"그대가 돌아가지 않는 것은 첩 때문입니다. 내일 첩이 마땅히 그대를 보낼 것입니다."

라고 하였다. 그러고 나서 술과 음식을 갖추고 생황과 거문고를 가지고 배를 타고 바다로 나가 노래하고 춤추며 한껏 즐기다가

"낭군께서는 떠나십시오. 첩도 이제 헤어지겠습니다."

하고는 드디어 물에 몸을 던져 죽었다. 상인이 그 시신을 거두어 장사 지내고 옥으로 된 부도(浮屠 : 고승의 사리나 유골을 넣고 쌓은 불탑)를 세워주고는 떠났다. 내가 옛날에 들은 것이 이와 같다. 이에 지금 보니 일기도는 상선이 이를 만한 곳이 아니요, 아마도 장기일 것이니 또한 비주에서 거느리는 곳이다. 말을 전하는 자들이 잘못 전한 것인 듯 하다.

장기도(長碕島)는 비주(肥州)의 서쪽에 있다. 중국 상인과 아란타(阿蘭陀 : 네덜란드)의 배 등 해마다 수백 명이 모여들어 왜인들은 관소를 세우고 통역하는 이를 두어서 접대하였다. 중국 상인들이 혹 처를 두고 아들을 낳으면 그곳에 살면서 돌아가지 않기도 하였다. 중국의 서책과 비단, 아란타의 보화와 기물(器物) 등이 갖추어 모이지 않은 것이 없다. 옛날에 건너온 물건과 최근에 건너온 물건이 있는데, 옛날 물건은 모두 견고하고 치밀하며 지금의 물건은 모두 무르고 약하다.

옹정제(雍正帝)33)가 만고의 서적을 집성하여 유서(類書 : 여러 책 중의 사항을 종류에 따라 분류한 총서)로 엮고는 『도서집성(圖書集成)』34)이라고 이름하였는데 모두 만 권이었다. 내부(內府 : 국내의 곳집)의 비용만으로 활자를 탑인(楊印 : 금석에 새긴 그림이나 문자를 종이를 대고 박아내는 것)하여 만든 것이라 널리 배포하지 못했는데, 부유한 상인이 3질을 구입함으로써 동쪽으로 건너오게 되었으니 한 질은 장기(長碕)의 관청 창고에 있고 두 질은 강호로 들어갔다. 호초(胡椒 : 후추나무 및 그 열매) 역시 왜에서 나는 물건이 아

니고 중국 배를 통하여 들어온 것이다. 여지(荔枝)[35]와 용안(龍眼)[36]은 매년 수십 섬 씩 들어오는데, 여지 한 뿌리를 미장주에 심었다고 한다.

예수와 마테오 리치[37]의 학문이 천하에 두루 행하고 있는데 유독 왜에서만 실패하였다. 옛날에 서양사람 한 명이 장기에 와서 그 도를 전하고자 하였는데 일본인들이 받아들이지 않자 화가 나서 떠나갔다. 그런데 혹 전수하여 익히는 자가 있어서 서로 모임을 결성하고 사즉(四卽)이라는 자가 주관하니 왜인들이 사악한 무리라 하여 배척하였다. 마침내 무리를 이끌고 난을 일으켰는데 여러 주(州)의 힘을 소진하고서야 겨우 이겼다. 소서행장이 가강에게 잡혀 죽게 되었을 때 말하기를,

"내가 예수교를 받들었기 때문에 이러한 지경에 이르렀다."

고 하였다. 이 가르침을 믿는 자는 반드시 죽이고, 밀고하는 자에게는 은 200매를 상으로 주었으며 각 마을마다 방(榜)을 설치하여 깨우쳤다.

축전주

축전주(筑前州)는 일명 축자(筑紫)라고도 한다. 태수는 복강(福岡)에 거하는데 옛날의 서도(西都)이다. 궁을 쌓고 관문(關門)을 설치한 것이 태화주에 비견될 만한데 이제는 장기도로 옮겼다. 주의 뒤쪽에는 오룡산(五龍山)이 있는데 범문호(范文虎)의 군대가 패한 곳이고, 앞에는 박다진(博多津)이 있는데 일명 패가대(覇家臺)라고도 부른다. 박제상(朴堤上)[38]이 순절하고 정포은(鄭圃隱)이 배를 멈추었던 곳이다.[39] 신숙주(申叔舟)가 사신으로 왔을 때에도 여기에 이르렀다가 돌아갔다.

남도(藍島) 또한 축주에서 거느리고 있다. 대해(大海) 가운데로 나아가면 사방이 확 트여서 동쪽으로는 적간에 이르고 동남쪽으로는 복강에 이르

며 서쪽으로는 장기에 이르고 서북쪽으로는 대마주에 이른다. 조선의 산
도 볼 수 있으니 시력이 미치는 곳이 거의 4~5천 리쯤 된다. 복강의 산
수는 매우 빼어나서 다섯 개의 섬이 나란히 솟아 있고, 큰 강이 동쪽에
서 오는데 모래로 된 둑이 가로로 수십 리를 띠고 있다.

적간관

　적간관(赤間關)은 장문주에서 거느리는데 일명 하관(下關)이라고도 한다.
옛날에 문자성(文字城)[40]이 있었는데 원수충(源秀忠)[41]이 없앴다. 관(關)의
뒤에는 탁필봉(卓筆峯)이 있는데 산세가 점차로 골짜기 같은 모양을 벗어
나고, 수로(水路)도 여기에서 처음으로 내양(內洋)으로 들어간다. 인가가
번성하고 상선이 빽빽이 모여들어 '작은 대판'이라고도 부른다.

　사행이 미타사에서 묵었는데 절에는
안덕 천황(安德天皇)의 사당이 있다. 사당
에는 평(平) 씨 가문의 옛날 물건이 있고
벽에는 안덕 천황이 전쟁에서 패한 모습
을 그려 놓았다. 송운 대사(松雲大師)가 시
를 써놓은 것도 있는데 예전에는 우리나
라 사람들도 그 그림을 볼 수 있었다.

　안덕 천황 이전에 평청성(平淸盛)이 좌
마두(左馬頭)이고 원의조(源義朝)[42]가 우마
두(右馬頭)였는데 권력을 다투어 서로 싸
웠다. 의조(義朝)가 패하여 죽자 청성(淸盛)
이 원씨 가문을 멸하였다. 그때 의조의

평청성(平淸盛, 1118~1181)
평안(平安)시대의 무장. 후백하왕(後白河王)을 유
폐하고 자기 딸이 낳은 안덕왕(安德王)을 즉위시
키는 등 외척으로서 정권을 전단했다. 평씨 가문
은 그로 인하여 번영을 누렸으나 얼마 안가 재지
영주층의 지지를 얻은 원뇌조(源賴朝)에 의해 타
도되었다.

원뇌조(源賴朝, 1147~1199)
겸창(鎌倉) 막부의 창시자. 평씨 일족을 멸족하고
장군에 임명되어 겸창 막부를 열었다. 그에 의하
여 일본의 무가정치(武家政治)가 시작되어 이후
700년 동안 계속되었다.

아들 뇌조(賴朝)[43]는 12살이었는데 이두주(伊豆州)로 추방하고, 의경(義經)[44]의 나이는 더욱 어렸는데 청성이 그 어미를 부인으로 맞아들여 살 수 있었다. 청성이 이미 뜻을 얻고 난 다음에는 탐욕이 날로 심해져 아들 중성(重盛)이 간언하였으나 듣지 않고 찔러 죽였다. 이에 뇌조가 태후에게 밀서를 보내 군사를 일으키고 겸창(鎌倉)에서 이두(伊豆)의 동쪽을 다 취하자, 의경이 육오주로 달아나서는 또한 군사를 일으켜 이에 맞서 석권하며 서쪽으로 나아갔다. 그런데 뇌조의 사촌 동생 범뢰(範賴)의 병사가 먼저 서경으로 들어가 스스로 맹주(盟主)가 되었고, 이에 뇌조가 격노하여 의경으로 하여금 군사를 옮겨 치게 하였다. 평씨가 그 사이에 서해의 여덟 군(郡)을 거두어 스스로 보전하였는데, 의경이 범뢰를 치고 나서 드디어 나아가 공격하였다. 평씨의 모사(謀士)이자 용맹한 장수인 교경(敎經) 같은 무리들도 버틸 수가 없어서 패배하여 적간관에 이르러 바다에서 싸우다가 교경은 물에 빠져 죽고 평씨는 전멸하였다. 그리고 백하후(白河后)가 안덕을 업고 물 속으로 뛰어 들었으니 그때 안덕의 나이 8살이었다. 시종과 시녀들도 모두 물에 빠져 죽었다. 나라 사람들이 애통하게 여겨 그를 위하여 사당을 세워주었다. 뇌조가 그때 비로소 국정을 장악하고서는 스스로를 관백(關白)이라 불렀으니, 「곽광전(霍光傳)」[45]의 "모든 일을 광(光 : 霍光)에게 아뢰었다[諸事皆關白光也]"고 한 데서 취한 것이다.

의경은 이예(伊豫)의 태수가 되어 정치를 보좌하였는데 서도(西都)의 신망이 모두 그에게 모였다. 뇌조가 이를 꺼려 여러 장수를 사주하였으나 장수들이 응하지 않았고, 악승 창준(昌俊)을 보내어 해치려 하였으나 하지 못하였다. 이에 출병하여 공격하자 의경이 패하여 다시 육오주로 달아났다. 육오의 태수 태형(太衡)이 받들었는데 태형이 죽자 그의 아들 수형(秀衡)이 뇌조의 꼬임에 넘어가 의경을 죽여서 뇌조에게 머리를 바치니 등택(藤澤)에 장사 지냈다. 나라 사람들이 지금까지도 비통하게 여기니 오(吳)나라 사람들이 자우(子羽)를 슬퍼한 것과 같았다. 내가 나파사증과 더불어 말하기를,

"안덕이 화를 입은 것에 있어서 뇌조는 곧 사마소(司馬昭)이고 의경은 성제(成濟)입니다.[46] 성제가 어찌 사마소에게 죽임을 당하지 않을 수 있었겠습니까. 이것은 진실로 하늘의 도입니다."
라고 하자 사증이 두려워하며 말하기를,

"참으로 그렇습니다."
라고 하였다.

상관(上關)은 주방주(周防州)에서 거느리고 있으니 예전에 원수충(源秀忠)이 평정하였다. 하관(下關)과 더불어 서로 당기고 누르니 해로(海路)에서의 두 군데 방어지이다.

웅야산

기이주(紀伊州) 웅야산(熊野山)에는 서불(徐市)[47]의 사당이 있다. 옛날에 왜황이 서불의 후예라고 일컬었으나 실은 잘못된 것이다. 주(周)나라 유왕(幽王) 때 신인(神人)이 옥새 하나와 칼 한 자루를 가지고 일향주(日向州)에 내려와서 신무천황(神武天皇)이라고 불렀으니 이가 일본의 시조가 되었다. 그러한 즉 서불 이전에 이미 수십 대의 임금이 있었던 것이다.

성덕태자(聖德太子, 573~622)
용명(用明) 천황의 둘째 아들. 비조(飛鳥) 문화의 중심 인물이다. 고구려의 중 혜자(惠慈)로부터 오계(五戒)를 받고 법륭사(法隆寺)를 창건하는 등 불교 진흥에 진력했다. 백제 아좌태자(阿佐太子)가 그린 초상화가 유명하다.

일본은 오로지 신불(神佛 : 신령과 부처)을 숭상하여 집집마다 신당(神堂 : 신령을 모신 집)을 두고 마을마다 불우(佛宇 : 불당)을 두어 마치 종묘사직과도 같이 섬긴다. 이전에 백제가 왜에 불상(佛像)을 보내자 왜황이 그 가르침을 받들고 싶어 집정(執政)인 물부대련(物部大連)[48]에게 물었다. 그런데 그가 말하기를,

"오랑캐의 귀신을 가르침으로 삼을 수는 없습니다. 또 나라 안의 신[內神]을 버리고 나라 밖의 귀신을 섬기면 나라 안의 신이 반드시 노할 것입니다."

라고 하였다. 왜황이 이에 불상을 물가에 버리니 대신(大臣) 마자(馬子)만이 홀로 믿고 섬겼다. 후에 성덕태자(聖德太子)[49] 풍총(豊聰)이 대련을 죽이자 비로소 불교가 행해지게 되었는데, 그러나 끝내 내신(內神)을 섬기는 것만 같지는 못했다. 신에는 세 종류가 있는데, 하나는 춘일(春日)이요, 하나는 주길(住吉)이요, 하나는 팔번(八幡)이다. 춘일은 민생에 관한 일을 주관하고, 주길은 병사를 주관하며, 팔번은 두루 주관한다.

일본의 문학은 왕인(王仁),[50] 아직기(阿直岐)[51]에서 시작되니 모두 백제 사람이다. 임진왜란 때 수은(睡隱) 강항(姜沆)[52]이 포로로 잡혀 대판에 이르렀는데 순수좌(舜首座)라고 하는 승려가 그를 좇아 배웠고 강항 또한 그의 힘을 입어 돌아올 수 있었다. 순수좌는 후에 인륜을 돌이켜(불가에서 몸을 뺐다는 의미—옮긴이) 이름을 염부(斂夫)라 하고 호를 성와등원(惺窩藤原)이라고 하였으니, 임도춘(林道春)[53]과 목정간(木貞幹)이 모두 그의 유파이

a. 강항(姜沆, 1567~1618)
조선 중기의 문신. 정유재란 때 포로가 되어 일본으로 압송되었다가 1600년 풀려나 귀국했다. 일본에 있을 때 등원성와(藤原惺窩)에게 주자학을 전함으로써 일본 주자학의 원조(元祖)가 되었으며, 많은 명유를 배출시켰다.
b. 등원성와(藤原惺窩, 1561~1619)
강호(江戶) 유학의 비조. 7세 때 출가하여 선학(禪學)과 한학을 배웠다. 1598년 정유재란 때 포로로 잡혀 온 강항(姜沆)으로부터 조선의 주자학을 전수 받고 뒤에 일본 주자학의 개조가 되었다.
c. 원여(源璵, 1657~1725)
강호(江戶) 시대 중기의 주자학자이자 정치인. 호는 백석(白石). 보통 신정백석(新井白石)으로 불린다. 원가선(源家宣)의 유신(儒臣)으로서 막부 장군의 막신(幕臣)이 되어 많은 사적을 남겼으나 원가선의 급작스런 죽음과 함께 영락했다.

다. 도춘의 호는 나부산인(羅浮山人)이며 처음으로 문학이 되어 집안을 일으켰다. 정간은 머리를 깎지 말고 화장(火葬)도 하지 말자고 하여 세상에 받아들여지지 않았으나 문도는 가장 많았으니 원여(源璵)와 실직청(室直淸)과 같은 이가 그들이다. 원여(源璵)의 호는 백석(白石)이니 원(源) 씨 가문의 서족(庶族)으로 재주와 생각이 빼어나 임술사행 때 아직 성년이 되지 않았지만 이미 명성을 떨치고 있었다. 신묘사행 때에는 그와 더불어 자주 시문을 창화하였는데, 이야기가 그가 꺼리는 것에 이르면 화를 내고 가버렸으니 사행에서 낭패를 본 일은 원여 때문이었다. 원여는 원가선(源家宣)[54]과 동문수학하여 가선이 관백이 되자 관등을 뛰어올라 태수가 되었다. 권력을 제멋대로 하고 제도를 바꾸고 예악을 일으키고자 하여 나라 사람들이 편치 않게 여겼는데, 가선이 죽자 원여도 폐위 당하여 일반 백성이 되었다. 실직청(室直淸)의 호는 구소(鳩巢)로, 정주(程朱)의 학문을 존숭하여 바른 계통, 즉 '정맥(正脈)'이라고 불렸다. 그러나 그의 문도인

등원명원(藤原明遠)은 『중용(中庸)』이 자사(子思)가 지은 책이 아니라고 하니 스승으로부터 전수 받은 학문이 어떤지 가히 알 수 있다.

도춘의 아들은 서(恕)이고, 서의 아들은 신독(信篤)이고, 신독의 아들은 신충(信充)이고, 신충의 아들은 신언(信言)으로 대를 이어 태학두(太學頭)가 되었다. 그러나 왜의 법은 무관(武官)을 중히 여기고 문리(文吏)는 천하게 여긴다. 그러므로 원여도 무관으로 등용되었고 임씨의 녹은 200석에 지나지 않았다. 조회를 드릴 때에는 붉은 옷을 입고 출입할 때에는 말을 탄다. 그러나 한 나라의 서계가 모두 그의 손에서 나오므로 어리석어서 그 직책에 걸맞지 않더라도 나라 안의 학자들이 그의 문하에 이름을 의탁하지 않으면 세상에 쓰일 수가 없었다.

서경에는 이등유정(伊藤維貞)[55]이라는 이가 있는데 자는 원장(原藏)이고 호는 인제(仁齊)이다. 『동자문(童子問)』을 저술하였고 학문의 노선은 육학(陸學)[56]에 가깝다. 강호의 물무경(物茂卿)[57]은 이름이 쌍백(雙栢)이고 호가 조래(徂徠)인데 물부대련(物部大連)의 후손이다. 문장이 준수하고 아름다워 거의 일본 제일이라고 할 수 있으나 학문은 편벽하여 맹자 이후는 모두 업신여겼다. 그리고 스스로 왕세정(王世貞)[58]과 이반룡(李攀龍)[59]으로 인하여 도를 깨달았다고 말하며 문사(文辭) 또한 오로지 왕·리를 숭상하여 왕·리를 종사(宗師:

이등유정(伊藤維槙, 1617~1705)
호는 인재(仁齋). 처음에는 주자학을 신봉했으나 나중에는 주자 학설이 공맹(孔孟) 본래의 뜻에 배치된다 하여 고학(古學)을 제창하고 고의당(古義堂)을 열어 후진을 양성했다.

물쌍백(物雙栢, 1666~1728)
자는 무경(茂卿), 호는 조래(徂徠). 정주(程朱)의 학문을 비판하고 제 본성(本性)으로 돌아갈 것을 주장한 고학파(古學派)이다. 시문은 명대(明代)의 고문사파(古文辭派) 왕세정(王世貞)·이반룡(李攀龍)을 추종했다. 일본의 해동부자(海東夫子)로 일컬어지며, 전국 문장가의 종사(宗師)로 추앙되었다.

宗匠으로 받들어 존숭하는 학자)로 삼았으니 그 식견의 낮음이 이와 같았다. 유정은 『논어주(論語註)』를 지었고, 무경은 『논어징(論語徵)』을 지어서 유정을 반박하고 아울러 주자까지 반박하였으니, 재주가 빼어난 자들이 모두 그를 따라 비록 정자와 주자를 존숭하는 이가 있다 하더라도 모두 세상에 쓸모 없는 속물 학자들이거나 힘이 약하여 자립할 수 없었다. 그러나 무경 이후로 일본의 문학이 크게 진작되었다. 이전에 성와등원(惺窩藤原)과 임도춘이 비록 신동이나 거벽(巨擘 : 巨頭. 재주가 뛰어난 사람)으로 일컬어졌어도 그러나 우리나라 사람들과 창화해보면 말이 안 되는 것이 많았다. 그런데 지금은 강호 인사들의 시문이 매우 발달하여 예전과 비교할 바가 아니니 참으로 무경이 왕·리의 학문으로써 창도한 것이다. 왕·리가 비록 부화(浮華)하여 알맹이가 없으나 우리나라의 문장도 참으로 그에 힘입은 것이 많았는데 이제 또 동쪽으로 건너가서 그 효과를 바로 보게 되었으니 이른바 진(秦)나라가 하(夏)나라의 음악에 능하게 된 것과 같다. 이후에 사신으로 가는 이들은 반드시 곤경에 처하게 될 것임을 알 수 있다. 그러나 무경은 임도춘의 문도에 속해 있어서 겨우 각 주의 서기로 있다가 죽었다. 문집 15권과 『변도변명(辨道辨名)』 3권이 있고, 자식은 없으며 그 문도인 강효선(岡孝先)·복자천(服子遷)·태재순(太宰純) 등은 모두 명사이다.

도포(韜浦)와 우창(牛牕)의 사이는 산수의 경관이 매우 빼어나다. 가벼운 배가 평온히 노를 저으며 물결을 따라 올라갔다 내려갔다 하고, 기이한 봉우리 들쑥날쑥한 곳에 비단 같은 물결이 통하였다. 김동명(金東溟)은 도포의 복선사(福禪寺)를 악양루(岳陽樓)에 비교하였었다.

명석(明石)에 달이 뜨면 천하에 기이한 장관이다. 대개 명석의 바다는 동서로 끝없이 확 트여 달이 들어가고 나오는 것을 다 볼 수 있다. 우리가 그곳을 지날 때는 마침 정월 19일 밤이었는데 날씨는 청명하며 바람과 이슬은 상쾌하고 맑았다. 달그림자는 백 길이나 되는 금 기둥이 물 속에서 뛰노는 것 같았으니 기이하고 황홀함이 무어라 형용할 수 없었다. 파옹(坡翁 : 소동파)이 오랑캐 땅에서 아홉 번 죽은 것을 나는 한스러워하지 않으니 그 유람도 이곳의 기이함에는 미치지 못할 것이다. 한스러운 것이 있다면, 배가 머물지 않고 빨리 달려 달이 지는 것까지는 보지 못한 것이었다.

【대판】

섭진주(攝津州)는 관백의 탕목읍(湯沐邑)60)이다. 병고(兵庫)에서 대판(大坂)까지의 거리는 100리쯤인데 병기(兵器)가 소장되어 있다. 강어귀의 물이 얕아 조수가 거슬러 흐르면 배의 노가 잘 들러붙어서 얕은 곳에는 모두 나무 기둥을 세우거나 혹은 대나무 가지를 꽂아서 표시를 하였다. 여기가 낭화강 하류이다. 오른 쪽은 긴 둑이고 왼 쪽은 청초만(靑草灣)이다.

금선(金船) 11척이 와서 맞이하여 30리를 거슬러 올라가 팔교(八橋)를 지나 대판성으로 들어갔다. 성의 안팎에는 백성들이 살고 있었는데 모두 27만 호이다. 참으로 바다와 육지를 겸비한 도시로서, 수길의 옛 도읍이었다. 습속이 약고 교묘하여 장사치의 이권이 떼를 지어 모여드는 것이 나라 안에 제일이었다. 낭화강은 대판성 아래에까지 이르는데 수길이 파서 여덟 갈래로 만들었고, 인가가 강을 끼고 자리 잡았는데 집과 집이 서로 등을 지고 있고 상선이 문 밖에 정박하였다 그러므로 거간꾼들의 소굴이 된 것인데 습속이 사치함을 숭상하여서 층층 누각과 채색한 정자가 강물 위로 비쳤다. 기예로 이름난 자와 협객(俠客)들이 다리 위에서 방탕을 일삼았으며, 혹 시문 등을 짓는 우아한 모임이 열리기도 하였다.

목세숙과 복상수 같은 무리 또한 장사를 하는 사람들이었다. 따라서 재주가 없는 이들은 하루도 살 수가 없어서 백성들의 습속이 싸우기를 좋아하고 해치고 죽이는데 과감하였으니 이것은 수길의 여독(餘毒)이 아직까지도 남아 있는 것이었다. 이러한 까닭에 성윤(城尹)을 두어서 진무(鎭撫)하며 양 봉행이 이를 도왔는데, 모두 엄격하게 선출하고 세습하지 않았다. 그러나 법을 어기는 자들이 많아서 도변교(渡邊橋) 남쪽에 있는 형집행장은 하루도 죽어나가는 자가 없는 날이 없었으니 다스리기 어려움이 이와 같았다.

복견성(伏見城)은 대판 동쪽 20여 리쯤에 있으니 수길이 처음에 이곳을 도읍으로 정한 후에 대판을 다스렸다. 수길은 평신장(平信長)[61]의 장수였는데 신장이 명지삼수(明知三秀)에게 피살되자 삼수를 죽이고 스스로 서서 관백이 되었다. 처음엔 관백이 통솔하는 곳이 다만 서해의 8주뿐이었는데 수길이 겸병하여 거의 다 아울렀다. 다만 원가강(源家康)이 관동 지방에 웅거하여 취할 수 없었으니, 이에 그와 더불어 연합하고 아들 수뢰(秀賴)로 손자사위를 삼게 하고 장차 죽으려고 할 때에 수뢰를 가강 및 휘원에게 부탁하였다. 또 애첩을 가강에게 주었다. 그러나 가강의 병력이 날로 성대해져서 점점 핍박하여 오는 기미가 있으므로 휘원이 석전삼성, 소서행장과 군사를 연합하여 공격하였다. 가강이 장수를 보내 맞서 싸웠으나 전세가 불리하자 직접 모든 군사를 하나도 남김없이 다 이끌고 급히 달려가 8일 만에 관원(關原)에 이르렀다. 관원은 마침령(磨針嶺) 동쪽 미농주(美濃州) 지역에 있었는데, 가강은 병사가 적으므로 거짓 겸손한 말로 화의를 요청하고 조금 해이해지기를 기다렸다가 밤에 갑자기 공격하여 크게 깨뜨렸다. 행장과 삼성의 무리는 다 죽였으나 휘원만은 죽이지 않고 머리를 깎아 중을 만들고 그 아들은 등용하였으니, 대개 그와 더불어 맹세가 있었기 때문이었다. 그러고 나서 한참을 달려 대판에 이르러 평방(平方)에 보루를 쌓았다. 수뢰가 성 밖의 민가를 다 불태우고 성벽을 굳건히 하고 들어가 수비하니 가강이 재빨리 공격하였으나 이기지 못하였다. 이에 맹세하고 돌아갔다가 다시 군사를 일으켜 전멸시켰으니 평씨는 드디어 한 사람도 안 남게 되었다. 수길이 정유년에 죽고 수뢰가 경자년에 죽었으니 임진왜란이 일어난 지 겨우 9년만의 일이었다. 그러나 왜인들이 지금까지도 수길의 공을 일컬어 제(齊)나라 환공(桓公)과 진(晉)나라 문공(文公)62)에 견준다. 또 여러 겹의 성곽과 웅장한 관문과 크고 높은 교량들은 모두 수길이 만든 것이니 일본의 진시황(秦始皇)이라고도 할 수 있을 것이다. 이러한 까닭에 왜인들이 모두 말하기를,

"풍신공의 공적은 66주를 덮고, 해악은 백만의 생민들에게 두루 미쳤다."

고 하는 것이다. 풍신은 수길의 성이다.

【서경】

서경(西京)은 일명 평안성(平安城)이라고도 하니 산성주(山城州)의 땅이다. 왜황이 처음에 태화주(太和州)에 도읍을 하였는데, '화(和)'와 '왜(倭)'의 소리가 같아서 '왜'라고 와전된 것이다. 환무황(桓武皇)63)이 서경으로 도읍을 옮겼다. 뒤에는 애탕산(愛宕山)이 있는데 좌우로 안듯이 감싸고 있어서 남면(南面)하여 다스렸으며, 산세가 밝고 아름다워서 열 겹의 비단 휘장을 두른 듯 하였다. 비파호(琵琶湖)가 앞에까지 들어오고 낭화강이 뒤에 둘러 있으니 참으로 일본의 공락(鞏洛)64)이라고 할 수 있다. 마땅히 수천 년 동안 도읍이 될 만한 곳으로 왜황은 그 북쪽에 거처하였는데 성궐은 장대하고 아름다웠다. 평안성의 여색은 나라 안에서 최고로 궁녀가 항상 수백 명씩 있어 천황은 한 달의 반은 행락을 즐기고 한 달의 반은 부처를 생각하며 염불을 외웠다. 은혜를 베풀거나 형벌을 주는 것, 제도를 폐

지하거나 설치하는 일 등에는 하나도 관여하는 바가 없고 백성들이 신이나 부처와 같이 섬겼다. 매번 관백이 즉위할 때마다 왜황에게 금은보화 열 짐을 공납함으로써 조회를 면제받았고, 각 주의 태수가 지위를 계승할 때도 또한 공물을 바쳤으니 이름하여 '인가(印價:도장 값)'라고 했다. 이전에 안덕(安德)이 패하기 전에는 왜황이 위엄과 권세를 잡고 있었는데, 뇌조(賴朝)가 뜻을 얻음에 미쳐서 존씨(尊氏)[65]가 권세를 잡았고 차츰차츰 쇠퇴하여 수길의 가문이 권력을 쟁탈하여 한 나라의 권세가 오로지 관백에게 귀속되면서 왜황은 곧 있으나마나 한 지경에 이르게 된 것이다. 그러나 그럼에도 오히려 근심이 되어 경윤(京尹)을 두어서 감시하고, 해마다 수병(戍兵) 삼만 명을 보내면서 말로는 "호위하러 간다"고 하지만 사실은 방어하려고 하는 것이다. 서경의 백성들이 모두 분개하여 불평하면서 혹 말하기를,

"천황으로 하여금 군주의 자리를 장악하게 하고 동무를 제거하는 것은 곧 손바닥 뒤집는 사이에 있다."

고 하였다. 그러나 천황이 안주한 지 오래되었고 오래되면 고치기 힘든 것이다. 또 천황이 권력을 내놓은 것이 비록 권력이 뒤집어진 데서 연유한 것이나 부와 향락을 편안히 누릴 수 있고 쟁탈의 근심이 없으니, 이 또한 지혜로운 자의 계책이 아니겠는가?

관백이 조회를 하면 집정을 뵙고 또한 아래에서 절을 해야 한다. 이러한 까닭에 조회를 하려고 하지 않는다. 서경으로부터 동무에 이르기까지 1,300여 리 되는 길의 좌우에는 소나무를 심어서 관백이 조회하러 가는 길을 만들어 놓았으나 조회를 폐한 지 이미 오래되었다. 정삭(正朔)을 받들 때[66]는 삼가고, 소소한 서계에는 반드시 연호를 쓰지만, 국내의 그릇 등 기물(器物)이나 화폐에는 연호를 기록하지 않으니 지극히 높여 섬기지 않음을 가히 알 수 있다. 지금은 보력황(寶曆皇)은 이미 죽고 아들은 어려서 여황(女皇)이 대신 섰다고 한다.

낭화강과 비파호

낭화강(浪華江)은 수세가 매우 평탄하여 봄물이 크게 불어도 불과 네다섯 자밖에 되지 않는다. 이러한 까닭에 강변에 있는 인가도 물이 넘칠 걱정은 하지 않는다. 교량은 모두 나무로 만들어졌는데 훼손되면 곧 보수해서 쓰지 일찍이 전체적으로 고친 적은 없었다. 아래위로 60리에 걸쳐 인가가 서로 인접해 있는데 왼쪽 언덕에는 화려한 저택이 많다. 담장 안에 물을 끌어다 호수를 만들고 채선(彩船)을 매어 놓았으니 소주(蘇州)[67]의 제방과 항주(杭州)[68] 저자의 번성함이 이에 미치지 못할 것이다. 대개 제일로 번화한 지역이다.

평방(平方)의 상류는 소나무·대나무·귤나무·유자나무가 많은 숲인데 촌가가 은연히 비치고 고깃배가 아래위로 오르내려 완연히 초계(苕溪)[69]와 삽계(霅溪)[70]를 보는 듯한 생각이 드니 또한 하나의 아름다운 지경이다.

비파호(琵琶湖)는 근강주(近江州)에 있는데 형상이 비파와도 같아 그렇게 이름지은 것이다. 사방 400여 리이다. 마침령(磨針嶺) 위에는 망호당(望湖堂)이 있는데 호수 전체의 모습을 다 볼 수 있다. 아득히 넓은 물 위에 안개가 끼고 숲 그림자가 은은히 비치는데 그 가운데 죽생도(竹生島)가 솟았으니, 마치 호수 위에 천태산(天台山)·삼성산(三星山)이 솟아오른 듯 아득하게 빼어나다. 호수를 따라 백여 리쯤 가면 시골 중이 상앗대를 젓고 아름다운 여인이 풀을 따는데 갈매기·해오라기와 더불어 사라져 없어진다. 대진선(大津膳)에 이르면 그 앞에 성(城)이 가로질러 있고 왼쪽에는 하얀 성가퀴와 단청을 한 누각이 호수의 수면 위에 어리비친다. 명적원(明寂院)이 가장 기이한데 그 아래가 낭화강이고 초진교(草津橋)가 걸쳐 있다. 이곳이 가장 아름다운 곳이다. 우리나라의 삼일포(三日浦)나 경포(鏡浦)는 가장 기이하나 규모가 작아 비파호의 적수가 못된다. 중국의 호수

는 크기로는 동정호(洞庭湖)를 일컫고 아름답기로는 서호(西湖)를 일컫는
데, 서호는 겨우 40리밖에 안 되고, 동정호는 남쪽 변경 궁벽한 곳에 처
하여 구의산(九疑山)[71]과 형산(衡山)[72]·상수(湘水)[73] 사이에 있으니 구경
하는 사람들이 대단히 심란하다. 어찌 비파호가 한 나라의 중심부에 처
하면서 두 호수의 빼어남을 겸하고, 웅장하고 아름다우며 넓고 넓어서
홀로 절세의 장관을 이룬 것과 같겠는가. 그러므로 나는 낭화강의 번화
함과 비파호의 아름다움이 마땅히 천하제일이라고 생각한다. 그러나 낭
화강의 누대와 교량은 인위적으로 만든 교묘함에 속하고 비파호는 하늘
이 만들어낸 승경이니 더욱 기이한 경관이다.

서경의 대불사(大佛寺)는 수길의 원당(願堂)이다. 부처의 몸이 매우 거
대하여 나라 안에 으뜸이며 전각도 장대하고 화려하여 그 불상에 걸맞
다. 수길이 온 나라의 힘을 다하여 창건한 것이다. 임진왜란 때 우리나
라 사람들의 코를 베어서 경관(京觀)[74]을 만들고 '코무덤[鼻塚]'이라고
이름을 지었다. 그리고는 회답사(回答使) 이후에 우리나라 사람들을 여
기에 묵게 하였으니 불상을 관람하게 하려는 것이라고 하였으나 사실
은 모욕하려고 하는 것이었다. 신묘사행 때 이 사실을 비로소 알았고,
기해사행 때의 종사관 이명언(李明彦)이 그 까닭을 말하고 관소에 들어
가지 않았다. 우삼동이 그렇지 않다고 힘써 변론하고 마침내는 인쇄된

서적을 가지고 증거로 삼아 정사와 부사는 관소에 나아갔으나 명언은 끝내 들어가지 않았다.[75] 무진년의 사신들이 『삼재도회』를 보고서 비로소 속은 것을 알게 되었으니 우삼동이 보여준 인쇄된 책은 위조한 것이었다. 그러나 왜인들 또한 다시는 관소로 쓰지 않았으니 이는 우리 명언의 덕분이었다.

산성(山城)·근강(近江) 두 주(州)는 산천이 밝고 아름다우며 밭과 들이 비옥하고 평평하여 나라 안에 최고이다. 하물며 비파호와 낭화강 같은 승경까지 겸했음에랴. 오랑캐 땅에 처하여 천하에 드러낼 길이 없어 공락(鞏洛)과 자웅을 겨룰 수 없으니, 참으로 애석하다.

서경의 산세는 우리나라의 동경(東京 : 慶州)과 비슷한데 둘레는 그보다 넓다. 다만 빼어남이 부족할 뿐이다. 그러나 강호와 대판이 모두 치우쳐 있고 규모가 작은데 서경의 형세는 여러모로 원만하니, 요컨대 왕자(王者)의 거처라 할 만하다.

성천(醒泉)은 미농주(美濃州)에 있다. 옛말에 전하기를, 태자가 행군을 하다가 이곳에 이르러 뱀독에 쏘여 혼절했는데 이 물을 마시고 깨어나서 그렇게 이름지었다고 한다. 지금은 미농주 태수의 다옥이 되었다. 바위틈에서 나오는 샘이 맑고 깨끗하며 아름드리나무가 그늘을 만들었다. 물고기 수백 마리가 장난을 걸어도 놀라지 않으며, 누각이 맑고 깨끗하여 사람의 마음을 기쁘게 할만하다. 또한 하나의 명소이니 사신이 지나가면 반드시 맞이하여 들어가게 하였다.

언근성(彦根城)은 일명 좌화(佐和)라고도 하는데 비파호 남쪽에 있다. 숙공을 할 때 그들만 숟가락을 쓴다. 듣자 하니 임진왜란 때 포로로 잡혀왔던 이들이 이곳에 많이 살아 자손들이 지금까지도 숟가락으로 식사를 한다고 한다. 그러므로 우리들에게 지공할 때도 숟가락을 함께 냈던 것이다.

【명호옥】

미장주(尾張州) 명호옥(名護屋)에는 민가가 60리에 걸쳐 있다. 이층 이상의 누각과 층층 저택, 높은 사원과 큰 절이 길옆에 죽 늘어서 있고, 곱게 화장한 여인들이 모여 있는데 태반이 경국(傾國)의 미색이다. 미장주는 기이(紀伊)·수호(水戶) 두 주와 함께 삼대 종실(宗室 : 제왕의 종친)이다. 식록(食祿)이 70여 만 석이고, 만약에 관백에게 아들이 없으면 기이주나 미장주의 태수 가운데서 골라 뒤를 잇게 하고 수호주의 태수는 가부(可否)를 결정한다. 원길종(源吉宗) 또한 미장주의 태수로서 계통을 이은 자이다. 사행이 지나는 곳 가운데 강호가 가장 번성하고 대판이 그 다음인데, 미장주와 대판이 갑을을 다투며 서경은 그에 미치지 못한다. 역관 이명화(李命和)가 보고서 장관이라고 하자, 그때 타고 있던 말이 기이주의 말이었는데 마졸이 웃으면서 말하기를 "공께서 우리 주를 보지 못하신 게 한입니다"라고 하였다고 한다. 그러한 즉 기이주의 번성함이 또 미장주보다 훨씬 더하다.

강기(岡崎)는 삼하주(三河州)의 땅이다. 백성의 수나 부유함이 미장주의 반 정도 되니 또한 하나의 대도시이다. 평신장(平信長)이 도읍으로 삼았다. 신장은 군사를 잘 써서 가는 곳마다 꺾어 패배시키지 않음이 없었으나 잔혹하여 살인을 좋아하였으므로 공신 중에 목숨을 보전하는 자가 드물었다. 그러므로 그의 장수 명지삼수(明知三秀)에게 습격당하였는데,

싸움에서 패하자 자살하였다. 수길이 그의 남은 위세를 이용하여 여러 주를 겸병하였다.

[상근령과 부사산]

준하주(駿河州)는 원가강(源家康)의 옛 도읍이다. 상근령(箱根嶺)의 험함을 좌로 하고 무판령(舞板嶺)의 험함을 우로 하며, 부사산(富士山)을 등지고 넓은 바다를 앞에 하였으니 참으로 천혜의 험지이다. 땅이 척박하고 백성이 강하여 가강이 웅거하였다. 병력이 날로 성하여 수길이 제압할 수가 없어 이에 그와 더불어 연합하였는데 끝내 그에게 멸망당하였다. 가강은 강호를 다스렸으나 도읍으로 삼기 전에 죽었고 준하주에 장사 지냈다가 후에 일광산(日光山)으로 이장하였다. 원수충(源秀忠)이 강호로 도읍을 옮겼다.

이전에 청화천황(淸和天皇)[76]의 6세손인 팔번대랑의가(八幡大郎義家)[77]라는 이가 있었는데 이가 시성(始姓)이니, 원가강(源家康)의 16대 조상이다. 가강은 스스로 성을 '송평(松平)'이라고 하였는데 수길이 '풍신(豐臣)'이라고 한 것과 같은 것이다. 원(源) 씨와 평(平) 씨는 의조(義朝)와 청성(淸盛) 때부터 서로 싸우고 빼앗기 시작했는데 가강에 이르러서 평정되었다. 가강이 이미 뜻을 이루고 나서는 단번에 수길의 학정을 뒤집고 각 주를 더욱 엄하게 다스려 강호에 집을 두고 그 처자를 인질로 삼았는데 지금까지도 감히 바꾸지 못하고 있으니 그 은혜와 위엄이 복종하게 하는 무엇이 있었다. 관원(關原)의 싸움에서는 적은 수의 병사로 많은 수의 적군을 대적할 수 없었을 텐데 소서행장의 용맹과 휘원의 지혜로써도 끝내 사로잡혀 목 베임을 면하지 못했으니, 이것은 수길의 군신(君臣)의 죄가 가득하고 악이 극에 달해서 아마도 하늘이 가강에게 손을 빌려준 것일 것이다.

사당의 호를 '신죠(神祖)'라고 참칭하였고 또 '동조원 대권현(東照院大權現)'이라고 일컬었다.

청견사(淸見寺)는 준하주 부사산 아래에 바다를 임하여 있는데 절의 경치가 매우 빼어나다. 뒤에는 작은 폭포와 맑은 못이 있고 선방은 정결하고 상쾌하며 저자거리에 자리 잡고 있으나 전혀 시끄러운 소리가 없다. 절의 주지인 주인(主忍)이라는 이가 우리를 만나보고는 조취병(趙翠屛)[78]과 남호곡(南壺谷 : 南龍翼)[79] 이후 여러 사신들의 시축을 꺼내어 보여주었다. 모두 열 겹으로 싸여 보배와 같이 소중하게 보관되어 있었으니 우리들이 아니면 볼 수 없는 것이다. "제불택(諸佛宅)"이라고 현판에 쓴 것은 박안기(朴安期)[80]의 필체이며, 여우길(呂祐吉)[81]과 경섬(慶暹),[82] 정호관(丁好寬)[83]의 시도 모두 편액에 쓰여 있었다.

절 안을 가득 채운 것은 모두 매화나무로, 소나무·대나무와 섞여 있었는데 뜰 가운데 한 그루 매화나무가 가장 기이했다. 늙은 줄기가 구불텅구불텅하니 굳게 서리어서 교룡(蛟龍)[84]이 움켜쥐고 끌어당기는 형상을 하고 있었다. 높이는 겨우 두어 척인데 넓이는 두어 이랑[85] 이나 되었다. 돈대 위에는 선인장(仙人掌)을 심었으니 일명 패왕초(覇王草)라고 하는 것으로, 또한 초목 중에서 기이하여 완상할 만한 것이다. 폭포 아래에는 파초(芭蕉) 숲이 있는데 추워도 줄기가 시들지 않고 봄에는 다시 잎이 핀다. 왜국 팔경 중의 하나가 '청견사에서 매화를 완상하는 것'이니 바로 이 매화를 말하는 것이다. 요컨대, 수백 년 된 물건인 것이다.

부사산의 산세는 사방이 완만하여 험준하지 않다. 위로 올라갈수록 점점 줄어들어 위에는 작은 못이 있고 봉우리 형태가 없으며 잎이 여덟인 부용(芙蓉), 즉 연꽃과 같이 생겼다 하여 '부용봉(芙蓉峯)'이라고도 이름하였다. 처음에 원강주(遠江州) 도엽촌(稻葉村)에서 보이기 시작하였는데 3일 만에 산 아래에 이르렀다. 때마침 비가 와서 길전(吉田)에서 묵었는데 아침에 일어나 보니 산이 갑자기 눈앞에 와있었다. 산허리 위부터 눈이 쌓여 꼭대기까지 이어졌고 높은 구름이 겨우 반허리께 미치는데, 처음 보는 사람은 오히려 혹 작게 보기도 해서 삼각산(三角山)과 도봉산(道峯山)의 중간 정도에 비교하기도 한다. 상근령에 올라보면 고개의 높이가 조령(鳥嶺)이나 죽령(竹嶺)의 두 배 가량 되고 왼쪽으로 부사산을 돌아보면 그 높이가 오히려 자여(自如)하여 비로소 그 산이 매우 높음을 알게 된다. 강호에 이르면 서쪽으로 눈 쌓인 봉우리가 구름 속에 우뚝 솟아 있는 것이 보이는데 그 산과의 거리가 3일 정도는 가야 하는 거리이니, 상선(商船)이 만 리 밖 바다에서도 부사산의 일말을 볼 수 있어서 표지로 삼는다고 한다. 돌아올 때는 눈이 녹아 부사천(富士川)을 건널 수가 없었는데 산꼭대기에 있는 눈은 5~6월에도 녹지 않는다고 한다.

부사산(富士山)
갈식북재(葛飾北齋) 그림.

금절하(金絶河)는 원강주(遠江州)에 있다. 옛말에 전하기를, 평지가 갑자기 쫙 갈라져서 강이 되고 바닷물이 유입되었다고 한다. 가로세로 넓이가 십 리 정도 되니 이것이 나라 안의 험준한 요새가 되었다. 이곳을 지나는 사람들은 반드시 검문 수색을 받아야 한다. 동명 김세렴이 사행을 마치고 돌아갈 때 관백이 일공(日供)의 나머지라며 은을 잘라 돌려주었는데 동명이 이곳에서 던지고 시를 지어 기록하였다. 사행의 인마(人馬)를 이곳에 이르러 교체하였다.

상근령(箱根嶺)은 일명 '옥사관(玉笥關)'이라고도 한다. 무판령(舞板嶺)과 금곡령(金谷嶺)이 왜국의 험준한 고개이지만 여기에 비교하면 자식이나 손자뻘밖에 안 된다. 고개 위에는 관문이 있어서 지나가는 사람들은 반드시 검문 수색을 받는데 대마주인들이 우리에게도 검문 수색을 받게 하려고 상관(上官)이 반드시 가마와 말에서 내리라고 하였다. 설배(舌輩)들이 쟁론하지 못하는 것을 내가 이전의 법규를 끌어다 변론하여 돌아올 때는 말을 타고 지나갈 수 있었다. 관문 앞에는 큰 못이 있는데 넓이가 80리 정도 되고 그 속에는 머리가 아홉 개 달린 용이 있어 사람을 잡아먹는다고 한다. 나무가 우거져 어둠침침하고 물이 깊으며 빨라서 가까이 가서 볼 수는 없는데 참으로 기이한 경관이었다. 여기서 쌍유폭(雙乳瀑)을 뿜어내어 동해로 흘러든다. 고개의 동쪽은 더욱 험난한데 좁은 길에 대나무가 무리지어 있어 수레나 말을 타고는 지나갈 수가 없다. 이곳이 강호의 북쪽 관문이니, 상근령이 하늘이 낸 험난한 요새라면 부사산은 하늘이 낸 부귀의 상(相)으로 강호의 부강함은 이 진산(鎭山:地德으로 한 지방을 진정하는 명산대악)에 힘입은 바 크다.

소전원과 겸창

상근령 아래에는 소전원(小田原)이 있는데 상모주(相模州)의 땅으로서 옛날 북조씨(北條氏)[86]의 도읍이다. 북조씨는 가강의 사위로 많은 병사를 데리고 험난한 곳에 웅거하고 있었다. 수길이 우리나라를 침범하려고 할 때 가강과 북조씨에게 군사를 요구하였는데 가강은 도와주었으나 북조씨는 돕지 않고 그 사신을 꾸짖으며 말하기를,

"수길이 해마다 전쟁을 함부로 하여 무덕(武德)을 더럽히니 온 나라가 도탄에 빠져 있다. 또 까닭 없이 동맹국을 정벌하니 나는 그가 반드시 패할 것임을 알 수 있다."

라고 하였다. 이에 수길이 크게 노하였고, 또 후환거리가 될까 두려워 장수를 보내어 쳤는데 이기지 못하자 이에 바다와 육지에서 군사를 크게 일으켜 전멸시켰다. 그러한 후에 우리나라를 침범하였다. 아! 북조씨가 패배하지 않았다면 수길이 감히 우리나라를 흔들지 못했을 것이다. 그런데 가강과 북조씨는 인척으로서 입술과 이처럼 서로 의지하고 돕는 관계인데, 이에 수길로 하여금 국경을 넘어서 정벌하게 하고 북조씨의 나라가 패망하는 것을 좌시하면서 구해주지 않았으니 누가 가강을 씩씩한 무인(武人)이라고 하는가.

겸창(鎌倉) 또한 상모주(相模州)의 땅으로 원뇌조(源賴朝)가 처음 도읍하였다. 가강이 강호를 다스릴 때 땅이 서로 맞닿아 있었으니 관동 지방은 진실로 원씨의 소굴이다. 일본과 중국이 교통한 것은 수나라 때 양제(煬帝)가 사신을 보내어 태화(太和)에 이른 것이 처음인데 이때에는 아직 왜황과 더불어 사신을 통하였다. 몽고 사신 두세충(杜世忠)이 겸창에 이르러 피살되었을 때에는 관백과 대등한 예를 행하였다가 모욕을 면치 못하였고, 뇌조의 뒤에 존씨(尊氏: 足利尊氏)가 나라의 권세를 제멋대로 하자 제

호황(醍醐皇)이 쫓겨났으며[87] 남정성(楠正成)[88]이 전사한 뒤에 천황의 세력은 더욱 외로워졌다. 남정성의 묘는 섭진주(攝津州)에 있는데 부자와 형제가 모두 충성과 용맹으로 죽음에 이르러 왜인들이 마치 제갈씨(諸葛氏)의 묘비를 보듯 하였다[89]. 명나라의 후예인 주문유(朱文瑜)가 지은 글이『삼재도회(三才圖會)』에 실려 있었는데, 후에 패망한 나라의 사람이 충신의 비문을 지을 수는 없다하여 빼버렸다고 한다.

주문유는 언제 일본으로 도망하여 들어왔는지 알 수 없는데 스스로 황벽선사(黃檗禪師)라고 일컬으면서 처를 취하지도 않고 머리를 깎지도 않고 일생을 마쳤다. 석(釋) 주굉(周宏)은 비탄주(飛驒州) 태수의 아들인데 나에게 화축(畵軸) 하나를 보여주었다. 그 집안에서 소장하고 있는 것으로 화축의 서두에 '한궁춘효(漢宮春曉)'라고 커다랗게 써 있는 네 글자는 오관(吳寬)이 쓴 것이고 그림은 구영(仇英)[90]의 화필이었다. 그리고 화축의 아래에,

"이것은 우리나라 대학사(大學士) 포암(匏菴) 오관(吳寬)의 글씨이다. 황벽선사가 삼가 기록하다."

라고 쓰여 있었으니 이것은 주문유의 글씨였다. 그것을 보면서 크게 느낀 바가 있었으니 명나라가 망하면서 그 자손이 또한 왜의 땅으로 들어온 것이다.

강호에 유유한(劉維翰)이라는 이가 와서 만나보고는 자기가 한나라의 후예라고 하였다. 여장왕(餘璋王)이 왜국으로 들어온 다음에 돌아가지 않아서 후손이 매우 많으니, 서경의 여슬(餘瑟)과 동무의 한천수(韓天壽), 비전주의 정잠(井潛)이 모두 그 후손이다. 화천(和泉) 태수의 서기 도국흥은 나이가 70살쯤 되었는데 입고 있는 치사복(致仕服 : 벼슬을 그만두고 한거할 때 입는 옷)이 야복(野服 : 在野 혹은 시골 사람이 입는 옷)의 제도와 흡사하였다. 내가 그 옷이 어디에서 연유하였냐고 묻자 대답하기를,

"주자(朱子)의 후손이 일본에 들어와 전한 것입니다."

라고 하였다. 이것으로 보건대 옛날에 난을 피하여 바다로 들어간 사람이 참으로 많았던 것이다.

　왜의 풍속은 인가가 도로를 끼고 자리 잡는다. 이러한 까닭에 동무에는 1,000리에 걸쳐 마을이 끊이지 않고 이어져 있는데, 집집마다 반드시 화초를 기르고 나무가 푸른 병풍을 둘러친 것처럼 늘어서 있다. 우리가 2월에 동쪽(일본－옮긴이)으로 갈 때는 막 매화가 흐드러지게 피어서 물가와 울타리 등지에 어지럽게 만발해 있어도 도리어 기이한 줄 몰랐었다. 그런데 품천(品川)의 동해사(東海寺)는 선원(禪院) 가득한 것이 모두 매화인데 큰 것은 혹 두어 아름이나 되었다. 복견성(伏見城) 아래에는 10리나 되는 매화나무 숲이 있다고 한다.

　4월에 돌아올 때에는 진달래꽃이 활짝 피어서 뒤섞여 산을 비추니 지나가는 사람들의 옷이 모두 검붉은 빛으로 물들었다. 또 사시사철 단풍이 있었는데, 두보(杜甫)의 「옥대관(玉臺觀)」 시는 봄의 경치를 읊은 것이면서도 "해를 등진 단풍이 나무마다 빽빽하네[背日丹楓萬木稠]"라고 하여 내가 일찍이 의아하게 생각했었는데 이제 보니 과연 그러한 줄 알겠다.

【강호】

　강호(江戶)는 무장주(武藏州)의 땅이다. 그러므로 '동무(東武)'라고 부르는 것이니, 나라의 동편에 치우쳐 있고 바다가 육지로 쑥 들어가 있다. 가강이 도읍을 세울 때 서경을 멀리함으로써 육오주를 제압하려고 한 것이다. 민가는 백만 남짓 된다. 품천(品川)으로부터 본원사(本願寺)에 이르기까지 여염집이 뒤섞여 가득 메우고 있는데 모두 90여 정(町)91)이었다. 문

에다가 구리로 기와를 얹은 집이 거의 열에 하나는 되었는데 이것은 중
국에도 없는 것이다. 그러나 어찌 한 고조가 장안(長安)에 그랬던 것처럼
가강이 각 주의 부호를 데려다가 이곳에 채워 넣은 것이겠는가.

대판의 동쪽에는 53개의 역을 설치하여 유사시에는 급보(急步)로써 알
렸다. 30시간이나 혹은 28시간이면 이르며, 북쪽으로 육오주와 서쪽으로
대마주에 이르기까지 4,000여 리를 호령하기만 하면 바람처럼 달려가서
경각을 지체하는 일이 없으니 그 법이 엄함을 가히 알 수 있었다.

관백은 정이위(正二位)로서 죽으면 종일위(從一位)로 올라가니 각 주의
태수와 같은 반열이다. 그러나 죽이고 살리며 설치하고 폐지하는 것 등
을 하고 싶은 대로 하였으니 조조(曹操)92)나 환온(桓溫)93)과 같았다. 각 주
는 반드시 마음으로 복종하지는 않았으며 또한 살마주(薩摩州)의 강함과
육오주(陸奧州)의 큼으로 보면 힘으로는 족히 맞설 만 하였다. 그러나 오
히려 머리를 숙이고 직책을 받들며 감히 어기거나 월권하지 않는 것은
쌓은 위엄이 무겁고 권세를 잡은 지가 오래되었기 때문이다. 가강이 강
호성을 쌓을 때 각 주에 대해서 생각해보니 살마주와 축전주가 가장 강
하여 제압하기 어려우므로 피폐하게 하고자 하였다. 이에 축전주에서는
돌을, 살마주에서는 나무를 조세로 거두어 들였으니, 수충(秀忠)이 일광원
(日光院)을 지을 때도 또한 그렇게 하였다. 강호성의 성가퀴는 아득하게
높고 가팔라 구름 속으로 들어갈 듯한데 모두 축전주의 돌이다. 성은 모
두 삼중으로 되어 있고 바닷물을 끌어다가 해자(성 둘레에 판 도랑-옮긴이)
를 만들었으니 참으로 금성탕지(金城湯池 : 방비가 아주 견고한 성)와도 같이
험난하였다.

관백의 궁실은 그렇게 장려(壯麗)하지는 않았다. 또 창을 가지고 섬돌
밑에서 호위하는 군사도 없어서 사자(使者)가 문 안으로 들어가 사람들의
통행을 금지하였으니 호위하는 것이 대개 군장(君長)이 거처하는 곳 같지
않았다. 바깥 대청은 좁고 얕은데 일각모(一角帽)를 쓰고 현의(玄衣)와 홍
의(紅衣)를 입은 이들이 섞여 앉아 있었다. 모두 관속들이었는데 현의를

입은 자가 인도하여 안으로 들어가니 관백이 거하는 곳이었다. 어두침침하여 얼굴을 볼 수가 없었고 다만 풍절건(風折巾)[94]을 쓰고 백의를 입고 있는 것만 볼 수 있었는데, 장막을 헤치고 앉아 있었고 한 사람이 곁에 앉아 시중들고 있었다. 집은 모두 5층인데 제1층은 관백이 앉아 있는 곳이고, 제2층은 공식적인 예물과 폐백을 보관하는 곳이고, 제3층은 사신(使臣)이 예를 행하는 곳이고, 제4층은 일행의 상관(上官)이 예를 행하는 곳이고, 제5층은 차관(次官) 및 소동(小童)이 예를 행하는 곳이다. 하관(下官)은 대청 아래에서 절을 하며 모두 4배(拜)를 해야 하니, 대청 위에서 4배를 하는 것은 아주 잘못된 것이다. 경인사행 때부터 이미 그렇게 하였는데 『징비록(懲毖錄)』[95]에서는 대청에 올라가 예를 행하는 것을 허락한 것을 매우 다행으로 여기고 있다. 그러나 이것은 우리나라 사람들이 견식이 좁은 것이니, 여우길이 회답사로 갔을 때 마땅히 쟁론하였어야 하나 할 수 없었다. 오늘날의 예절을 『통문지(通文志)』[96]와 비교해보아도 오히려 덜어내고 뺀 것이 많은데 이후에는 어떨지 알만하다.

예가 끝나자 관백이 일어나서 안으로 들어가 사례의 마음을 전하였다. 사신들은 앉아서 연회를 받았는데 관반(館伴 : 외국 사신을 접대하기 위하여 임시로 임명한 관리)으로 하여금 대연(對宴)하게 하였고, 상관 이하는 각기 자기의 반열에 따라 연회를 받았다. 옛날에 원여(源璵)가 정권을 휘두를 때에는 연회에 음악을 사용하였었는데 원여가 패하면서 그만두었다. 대마도 태수의 집에서

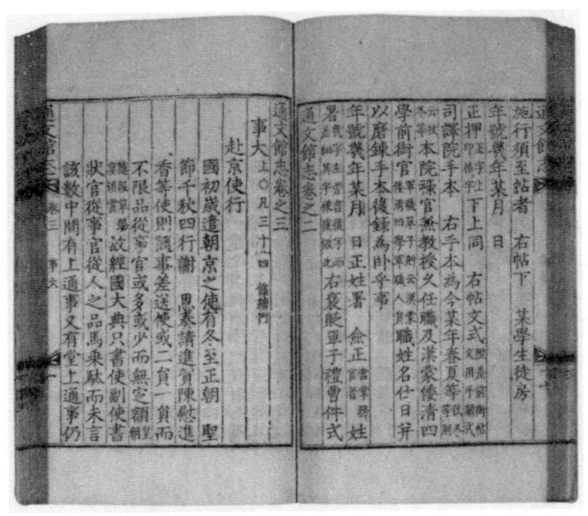

『통문관지(通文館志)』
김지남(金指南) 편. 사역원(司譯院)의 내력과 고대부터의 외국과의 통교에 관한 사적(事蹟) 및 의절(儀節) 등의 실상을 수록한 책이다. 조선시대 외교사 관계의 기본 자료일 뿐만 아니라 조선후기 정치·경제·제도·지리·문화 연구에도 귀중한 자료이다. 국립중앙도서관 소장.

마상재(馬上才) 시연
마상재는 말을 타고 달리며 부리는 무예 또는 그것을 하는 사람을 가리킨다. 1635년(인조 13)에 마상재에 뛰어난 재인이
통신사행을 따라가서 재주를 보였고, 이후로 사행단에는 반드시 마상재가 동행했다. 일본인들은 이를 모방하여 '다이헤이
본류[大坪本流]'라는 승마기예의 한 유파를 만들기도 했다.

연회를 베풀었을 때는 잡희(雜戲 : 여러 가지 놀이)로써 손님을 즐겁게 하여
우리도 또한 마상재(馬上才)로서 즐겁게 하였으니, 관백이 그 무리와 더불
어 함께 구경하면서 참으로 기이하다고 칭찬하며 상으로 매우 많은 것을
하사하였다. 그러나 물무경(物茂卿)이 지은 「고려노(高麗奴)들이 말을 가지
고 희롱함을 노래하다[麗奴戲馬歌]」의 오만한 가사는 실로 우리가 자처한
것이다.

돌아오려고 할 때 집정 두 사람이 회답서를 가지고 와서 관백의 뜻을
전달하고 또 예은(禮銀 : 예물로 주는 銀)을 전하였다. 사신들은 자리를 옮겨
서 관소에서 베푸는 연회를 받았는데 모두 관반이 주관하였다. 갈 때에
접촉한 이는 대판의 정봉행(町奉行)과 서경의 윤강기(尹岡崎)였고 사자(使
者)들에게는 대판과 서경에서 연회가 있었는데, 돌아올 때는 없었다.

축상(竺常)이 영목전장(鈴木傳藏)의 일에 대해 쓴 것을 덧붙이다

4월 7일, 도적이 조선 도훈도 최천종을 관소에서 살해하였는데 관소 안에 있던 사람들이 고하여 말하기를,

"새벽녘에 어떤 사람이 검은 옷을 입고 칼 두 자루를 차고 뛰어서 담을 넘어가는 뒷모습을 보았습니다."

라고 하였다. 사람들이 점점 대마도인을 의심하던 차에, 대마도 역사(譯士) 영목전장이 도망갔다는 말을 들었다. 그러나 사행에 관한 일체의 일은 대마도에서 담당하고 있고 대마주의 제후가 참으로 엄연하게 자리하고 있기 때문에 비록 당 현의 관리라 하더라도 조사하여 신문할 수 없었다. 그런데 이미 5~6일이 지났는데도 처리를 하지 않자 사신들이 장계를 갖추어 원망을 하소연하였다. 또한 대마도에 머무른 채 출발하지도 못하였다. 이에 양 장로가 신문하니, 대마주에서 그 장계를 받아 보고 어쩔 수 없음을 알고 드디어 유수(留守 : 천자가 출정하거나 행행할 때 대신하여 경사를 지키는 벼슬) 안부후(安部侯) 원(源) 아무개에게 아뢰었고 곧 서둘러 강호에 급히 보고하였다고 한다. 또 일이 험난하게 얽혀 있어 비록 유수라 하더라도 국법상 마땅히 명령이 내려오기를 기다린 이후에야 거행할 수 있었는데, 이에 원공이 담당자에게 일러 말하기를,

"이러한 대사(大事)를 앉아서 질질 끌 수는 없는 일이오 내가 양(兩) 감사(監司)로 하여금 규명하여 다스리게 할 것이니 만약 이것이 죄가 된다면 내가 형벌을 받아도 괜찮소"

라고 하였다. 양 감사라고 하는 이들은 낭화(浪華)에서 호구(戶口)를 총괄하여 관리하면서 정령(政令)을 반포하는 자인데, 한 번 유수의 명령을 받들면 곧 행동으로 옮긴다. 이에 양 감사가 담당자에게 명령하여 전장의 삼촌인 무일(茂一)과, 종형(從兄)인 승려 아무개와, 사건에 연루되어 체포된 자 10여 명을 잡아다가 모두 하옥하라고 명령하였다. 무일은 전장과

같은 인척이고 그 종은 전장을 따라 도망갔으며 아무개 승려라는 자는 성의 동쪽 소교사(小橋舍)에 거처하면서 여러 날 동안 전장을 숨겨 주었다가 그가 도주하게끔 일을 도모하였다고 한다. 이에 날마다 죄인들을 관소의 아래로 끌어내어 양 감사가 직접 임하여 갖은 고문을 가하였다. 그러나 아직도 전장을 잡지 못하여 전장의 인상을 그린 것으로 사방에 일대 수색을 벌였다.

낭화에는 원외(垣外)라고 하는 자가 있는데 이는 단호(團戶)와 같은 무리이다. 거지와 구걸승, 유흥가에서 온갖 재주를 부리는 무리 등을 관할하는데 신분이 천하여 백성의 무리에 끼지 못하며 저자를 출입하는 문과 시골 마을에 나누어 거처하면서 수위(守衛)와 가금(呵禁 : 꾸짖어 못하게 함)을 담당한다. 매번 범인을 추적하여 잡거나 수색해야 할 일이 있으면 반드시 관리에게서 명을 받은 즉시 갈림길의 맥락을 다 통하여 비록 벽지나 먼 지역이라고 할지라도 곧 이르지 못하는 곳이 없다. 또 공격에도 능하여 각자 금오(金吾)[97]를 가지고 다니는데 한 자 남짓하며 그것으로 사람을 쳐서 제압하지 못함이 없다. 또 목호(木戶)라고 하는 자가 있다. 극장의 문 위에서 출입을 관장하니《낭화의 극장은 도돈항(道頓港)에 있다》 역시 많은 사람을 보게 된다. 그렇기 때문에 직책이 원외와 같고 역시 모두 공격에 능하며 금오(金吾)를 가지고 있다. 이에 원외(垣外)와 목호(木戶) 500명을 풀어서 사방에 현상금을 걸어 찾으면서 명령하기를,

"무릇 길에서 의심 가는 자를 만나면 곧바로 잡아오라."

하고 잘못 잡혀온 자는 놓아주었다. 또 바다에 관문을 설치하여 배에 탄 승객들을 살폈는데 매일 2~3명씩 잡혀왔으나 전장은 아직도 잡지 못하였다.

18일이 지난 후 전장이 종을 따라 소빈(小濱)을 지나게 되었다. 소빈은 낭화에서 서쪽으로 60리 정도 떨어져 있는 곳으로, 순행하며 정탐하던 자가 전장을 보고 의심을 하게 되어 뒤를 밟아 한 주점으로 따라 들어가서 주점 주인으로 하여금 먼저 시험해보게 하였다. 전장은 자리를 잡고 앉아서 술을 가져오라 하였고, 주인이 앞에 나가서 이런저런 이야기를

하다가 관에서 전장을 매우 삼엄하게 찾고 있다고 하는데 이야기가 미치자 종의 얼굴색이 변하면서 손에 든 술잔이 부들부들 떨렸다. 주인은 또 물러나와 그들이 비밀 이야기하는 것을 귀를 대고 엿들었다. 한 무리의 사람들이 이미 떼를 지어 모여들었고 드디어 체포되었다.

대개 전장은 병이 났다는 핑계를 대어 스스로 면직하고 소교사에 며칠 머무른 후 경사(京師 : 임금의 궁성이 있는 곳)로 도망가다가 구산(龜山)에 이르렀는데 《구산(龜山)은 단파(丹波)에 있다.》 길이 험하여 뜻대로 되지 않자 유마(有馬) 온천에 놀러가는 것처럼 위장하고 《유마는 섭진주에 속해 있다. 낭화에서 서북쪽으로 90리쯤 되는 곳에 있다.》 소빈(小濱)으로 나갔다가 끝내 체포되었던 것이다. 다음날 함거(檻車 : 짐승 또는 죄수를 가두어 두는 수레)에 태워서 관소 아래로 압송하였다.

이 날 강호에서 온 소식도 도착하였는데 대마주 태수에게 명령하여 말하기를,

"사변이 가볍게 넘어갈 것이 아니니 마땅히 엄하게 조사하여 밝히라. 이제 감찰(監察) 곡연승차랑(曲淵勝次郎)을 보내서 나아가 감독하여 다스리게 할 것이니 사신들에게 전하여 이러한 뜻을 알게 하라."

고 하였다. 유수가 곧 대마주 태수와 양 장로를 불러서 당부하였고, 다음 날인 20일에 대마주 태수와 양 장로가 함께 삼사를 알현하고 명을 전하였다고 한다.

양 감사가 전장을 매로 다스려 천종을 살해한 정황을 다 알아내고 하옥하였다. 28일에 곡연승차랑이 강호에서 오자 양 감사가 죄안(罪案 : 범죄에 대한 재판의 안)을 갖추어 고하고 이에 옥사가 이루어졌음을 공언하였다. 곡연이 말하기를,

"전장이 이미 자수하였으니 속히 형을 집행하라. 감히 조금이라도 지체하게 된다면 두 나라 사람들에게 누를 끼치게 될 것이다."

라고 하였다. 5월 2일에 전장을 함거에 묶어 길거리에서 조리돌림을 하고 월정주(月正洲)로 데리고 가 참수하였다. 관리가 거느리고 온 이들이

18명이었고≪상급 관리인 양 감사를 여력(與力)이라 부르고 하급 관리를 동심(同心)이라 부른다. 유수부(留守部)와 아무 부(部), 아무 부가 있는데 각 부에서 여력 2명, 동심 4명을 내보낸다.≫ 삼사(三使) 군관(軍官) 등도 친히 임하여 보았다. 원외 10여 명이 목오(木吾)[98]를 옆에 끼고 먼저 달려 나왔고 예다(穢多) 여러 명이 몽둥이와 창 등의 종류를 들고서 죄인을 끼고 나왔다.

형을 집행함에 미쳐서는 포승으로 묶고 칼로 베는 것을 모두 예다(穢多)가 한다. 예다는 도자(屠者 : 짐승을 잡는 것을 업으로 삼는 사람)를 일컫는데 그들이 거하는 곳을 '도변촌(渡邊村)'이라고 한다. 그 사람들 또한 천민으로서 원외와 같은 무리이다. 국법에 무릇 신분이 사(士)인 자에게 죄가 있으면 스스로 배를 가르게 하고 한 사람이 뒤에서 칼로 그 머리를 떨어뜨린다. 전장에게 행하는 형벌 같은 것을 속칭 '박수(縛首)'라고 하는데, 예다를 시켜서 하는 것은 또한 사(士)에게는 없는 법식이다. 무일과 승려 아무개 이하는 아직도 감옥에 있는데 얼마 안 있어 마땅히 차등 있게 법을 집행할 것이다.

안용복의 일을 덧붙이다

안용복(安龍福)은 동래 사람으로 일본 말을 잘하고 전선(戰船)의 노군(櫓軍)에 속해 있었다. 강희제(康熙帝) 계유년 여름 바다에 나가 고기를 잡다가 표류하여 울릉도에 이르렀는데 왜인의 배를 만나 일본 오랑도(五浪島)로 붙잡혀 가게 되었다. 용복이 도주에게 울릉도가 우리나라에 속하는 것임을 갖추어 말하기를,

"울릉도에서 우리나라까지는 하루 정도 거리이고 일본까지는 5일 정도의 거리이니 우리 땅에 속한 것이 아니겠습니까? 조선 사람이 스스로

조선 땅에 들어가는데 어찌 잡아 가
두십니까?"
라고 하였다. 도주가 그 뜻을 꺾을
수 없음을 알고 풀어서 백기주(伯耆
州)로 보내자 주(州)의 태수가 또한
후하게 대접하고 예물로 은을 선물
하였다. 용복이 받지 않고 말하기를,
　"나는 일본이 다시는 울릉도의
일을 거론하지 않기를 바랄 뿐입니
다. 은을 받는 것은 나의 뜻이 아닙
니다."
라고 하니 태수가 마침내 관백(關伯)
에게 사뢰는 서계(書契)를 지어 용복
에게 주었다. 용복이 가다가 장기도

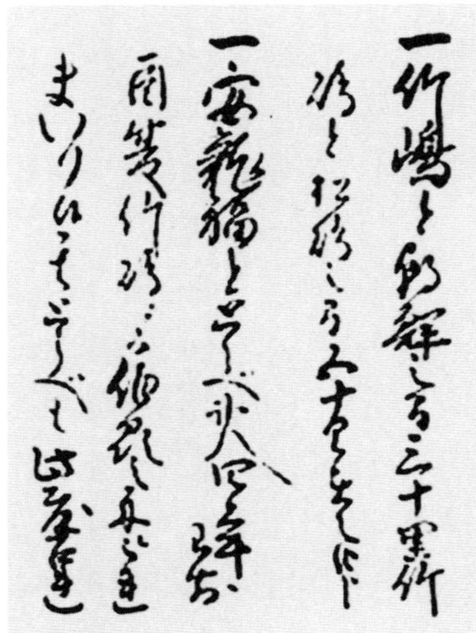

안용복(安龍福) 신문 기록
1696년 일본 어선의 독도 출어에 항의하기 위해 일본을
방문했던 안용복을 신문한 기록이다. 이 기록에 의하면, 안
용복은 시종 독도와 울릉도가 조선 영토임을 주장했고, 일
본측도 독도를 조선 영토로 인식하고 있었음을 알 수 있다.

(長碕島)에 이르렀는데 그곳 도주가 대마주와 한 무리였다. 서계를 보여
달라고 하여 용복이 내어 보여주자 빼앗아 돌려주지 않고 용복을 대마
도로 보냈다. 그때 대마도는 울릉도를 가리켜 죽도(竹島)라고 하면서 거
짓으로 관백의 명령이라 빙자하며 자주 사람을 보내어 싸우게 하였다.
울릉도는 물고기와 대나무가 풍부하며, 또 차왜(差倭)[99]가 이르면 우리나
라에서는 후하게 대접하므로, 왜인들이 양쪽으로 이롭게 여겨 왕래하면
서 힘써 구해 마지않았다. 일이 이렇게 되자 용복이 자신들의 간교함을
발설할까 두려워 오랫동안 감옥에 가둬두었다가 동래로 압송하여 또 관
소에 가두어 두었으니, 전후 90일만에야 비로소 돌아올 수 있었다.

　용복이 이 일을 동래 부사에게 말하였으나 부사가 보고하지 않았다.
다음해에 조정에서 접위관(接慰官)을 파견하여 동래에 이르자 용복이 또
전에 있었던 일을 아뢰었으나 조정에서도 또한 믿지 않았다. 당시에 차
왜(差倭)가 자주 이르러 공갈 위협을 하였는데 나라 안의 사람들은 모두

조선과 일본 사이에 장차 틈이 생길 것만 근심하고 대마도에게 속고 있는 것은 알지 못했다. 이에 용복이 매우 분개하여 한달음에 울산(蔚山)으로 달려가니 마침 상승(商僧) 뇌헌(雷憲)등이 바닷가에 배를 대고 있었다. 용복이 꾀어 말하기를,

"울릉도에는 해채(海菜)가 많다. 내가 너를 위하여 그 길을 가르쳐 주겠다."

라고 하자 승이 기뻐하며 따랐다. 드디어 돛을 올리고 사흘 낮밤을 달려 울릉도에 정박했는데 과연 왜인의 선박이 동쪽으로부터 이르러 왔다. 용복이 선원들에게 눈짓하여 묶게 하였으나 선원들이 겁이 나서 나서지 못하자 용복이 홀로 앞으로 나아가 분연히 꾸짖기를,

"무슨 연고로 우리 경계를 침범하는가?"

라고 하였다. 왜인이 대답하여 말하기를,

"본래 송도(松島)로 가려던 길이었으니 곧 갈 것이다."

하고 곧 갔다. 용복이 송도까지 쫓아가서 또 꾸짖어 말하기를,

"송도는 곧 우산도(芋山島)이니 너희들은 우산도 역시 우리 땅인 것을 듣지 못하였느냐?"

라 하고 몽둥이를 휘둘러 가마솥을 부수었다. 왜인들이 크게 놀라 도망쳤고, 용복이 배를 돌려 백기주(伯耆州)에 이르러 그 상황을 말하니 태수가 다 잡아서 다스렸다. 용복이 이에 울릉도 감세관이라 사칭하고 당(堂)에 올라 태수와 더불어 대등한 예를 갖추고서 큰 소리로 말하기를,

"대마도인들이 사이에 끼어 속임수가 심합니다. 어찌 울릉도의 일뿐이겠습니까. 우리나라가 주는 폐백과 재화를 대마도인들이 일본에 전매(轉賣)하는데 속임수를 많이 씁니다. 쌀은 15말이 1휘인데 대마도에서는 7말을 1휘라 하고, 베는 37자가 1필인데 대마도에서는 20자를 1필이라 하고, 종이는 20장이 1묶음으로 매우 긴데 대마도에서는 잘라서 3묶음을 만듭니다. 관백께서 이런 일을 어떻게 아시겠습니까. 그대는 능히 나를 위하여 관백에게 편지 한 통을 써주실 수 있겠습니까?"

라고 하니 태수가 허락하였다. 그때 대마도주의 아버지가 강호에 있었는데 이 말을 듣고서 크게 두려워하며 태수에게 빌어 말하기를,

  "편지가 들어간즉 우리 아들은 필시 죽음을 면치 못할 것입니다. 제발 헤아려 주십시오"

라고 하였다. 태수가 돌아와 용복에게,

  "편지는 올리지 말고 빨리 대마도로 돌아가시오. 만약에 다시 국경을 가지고 다투는 자가 있다면 차인(差人 : 관아에서 심부름하는 사람)을 시켜 편지를 가져오게 하시오"

라고 하였다. 용복이 돌아와 양양(襄陽)에 배를 대고 관청에 고하고, 또 백기주(伯耆州)에 있을 때 태수에게 올린 글을 올림으로써 증거를 삼았다. 같은 배에 탔던 이들 10여인도 모두 용복의 말과 같이 진술하였다. 이에 왜인들이 다시는 속임수를 쓸 수 없음을 알고서 동래부에 편지를 보내어 사과하여 말하기를,

  "다시는 사람을 보내어 울릉도에 가게 하지 않겠습니다."

라고 하였다. 이때 모든 일이 용복으로부터 말미암아 시작된 까닭에 왜인들이 모두 그를 미워하여 용복이 대마도를 경유하여 길을 가지 않은 것으로 죄를 묻고 나섰다. 옛 조약에 대마도로부터 부산으로 가는 한 길 이외에는 모두 금지하는 조문이 있었기 때문이다. 그래서 조정의 의론이 모두 용복을 마땅히 참수하여야 한다고 했으나 영돈녕(領敦寧) 윤지완(尹趾完)100)과 영중추(領中樞) 남구만(南九萬)101)만이 그를 죽인다면 다만 대마도인들의 마음만 통쾌하게 해줄 것이요, 또 그 사람됨이 꾀가 많고 민첩하니 두었다가 훗날 유용하게 쓸 수 있을 것이라고 하였다. 이에 귀양 보내는 선에서 처리하였다. 조정에서는 또 무신 장한상(張漢相)102)을 보내어 가서 울릉도를 살피게 하였다. 이로부터 법을 정하기를 월송(越松)의 만호(萬戶)와 삼척(三陟)의 영장(營將)이 매번 5년마다 1번씩 교대하기로 하였으니, 왜인들이 지금까지 다시는 울릉도를 가지고 왈가왈부하지 못하는 것은 다 용복의 공로이다.

효효재(嘐嘐齋) 김용겸(金用謙)[103] 공이 일찍이 『춘관지(春官志)』[104]라는 책이 좋다고 내게 말한 적이 있었다. 그래서 예조에서 구하여 보았는데 이맹휴(李孟休)[105]가 엮은 것이었다. 상권에는 제사의 의식에 대한 것을 실어 놓았고 하권에는 사대교린(事大交鄰)의 절목에 관한 것을 실어 놓았는데, 맨 끝에다 「안용복전」을 실어 놓았다. 용복은 동래의 평범한 백성으로 왜국과 울릉도를 가지고 다툰 일로 인하여 전하게 되었다. 울릉도는 본래 우리 땅인데 왜국의 어부들이 함부로 점거하여 고기 잡으러 들어간 우리나라 사람들이 도리어 잡혀서 욕을 당하였다. 용복이 매우 분노하여 이에 고기잡이 장정들을 결성하여 가서 쫓아내고 왜국에 들어가서는 백기주 태수와 대등한 예로 분기탱천하여 강하게 변론하였다. 왜국이 굴복시킬 수 없어서 마침내 울릉도를 돌려주었으니 그 일이 참으로 장하고 위대하나, 그러나 왜국과의 교린에는 도움이 되지 않는 것이다. 맹휴가 책의 맨 끝에 엮어 놓은 것은 반드시 깊은 뜻이 있는 것이다.

내가 그 전을 짐짓 베껴서 간직하고 있었는데, 울진(蔚珍)을 다스릴 때 그때 마침 간악한 무리들이 섬에 난입하여 인삼을 캐가는 자들이 많았다. 이런 일이 발생하자 도내(道內) 각 지방의 수령들이 모두 죄를 입었고 조정에서는 이에 관동(關東) 지방의 감영에 울릉도의 시말(始末)에 관해서 하문하였다. 감영에서는 갖고 있지 않았고 영동(嶺東)의 군현에 물으니 용복전이 옛부터 전해 내려오고 있었다. 내가 내어놓으면 다만 나의 공이 되고 이맹휴의 깊은 뜻은 민멸될 것이므로 이에 그 전을 숨기고 다만 감영에 보고하여 말하기를,

"안용복에 관한 사유는 이맹휴가 엮은 『춘관지』의 끝에 다 갖추어져 있으니 가히 살펴보실 수 있을 것입니다."
라고 하였다. 이에 이 일이 드러나게 되었으니 맹휴의 깊은 뜻을 사람들이 모두 기이하게 여겼고, 나 또한 칭찬을 도둑질하는 부끄러움을 면하게 되었다. 용복의 일은 『문헌비고(文獻備考)』에 편입되어 있다.

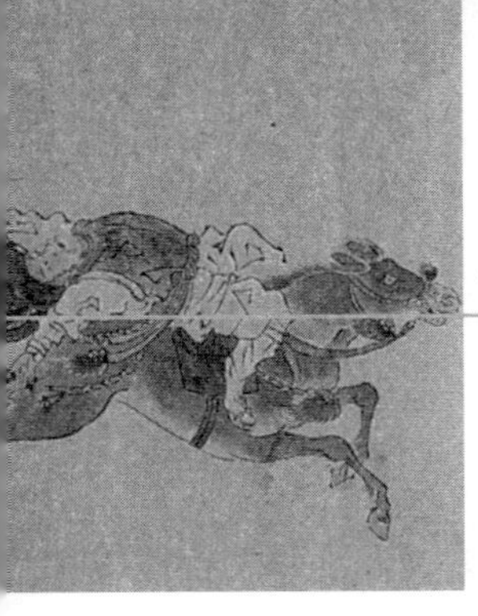

일본의 종합적 고찰

【봉역 封域】

일본에는 8도(道) 66주(州) 634군(郡)이 있었는데, 용명천황(用明天皇) 때 5기(畿) 7도(道)로 정하였다가 문무천황(文武天皇) 때 66국(國)으로 나누었다. 산성(山城)·태화(太和)·하내(河內)·섭진(攝津)·화천(和泉)은 기내(畿內)의 5국이요, 이하(伊賀)·이세(伊勢)·지마(志摩)·미장(尾張)·삼하(參河)·원강(遠江)·준하(駿河)·이두(伊豆)·갑비(甲斐)·상모(相模)·무장(武藏)·안방(安房)·상총(上總)·하총(下總)·상륙(常陸)은 동해도(東海道)의 15국이요, 근강(近江)·미농(美濃)·비탄(飛驒)·신농(信濃)·상야(上野)·하야(下野)·육오(陸奧)·출우(出羽)는 동산도(東山道)의 8국이요, 약협(若狹)·가하(加賀)·월전(越前)·월중(越中)·월후(越後)·능도(能渡)·좌도(佐渡)는 북륙도(北陸道)의 7국이요, 단파(丹波)·단후(丹後)·단마(但馬)·인번(因幡)·백기(伯耆)·출운

「일본지도」
『각국도』에 수록된 일본지도. 계미사행의 서기 성대중(成大中)이 구해 온 것이다. 팔도의 각 국이 표시되어 있고 교통로도 상세하게 그려져 있다. 조선후기 통신사를 통해 일본에 대한 최신 정보를 얻으려 했던 대표적인 사례이다. 국립중앙도서관 소장.

(出雲)・석견(石見)・은기(隱耆)는 산음도(山陰道)의 8국이요, 파마(播摩)・미작(美作)・비전(備前)・비중(備中)・비후(備後)・안예(安藝)・주방(周防)・장문(長門)은 산양도(山陽道)의 8국이요, 기이(紀伊)・담로(淡路)・아파(阿波)・찬기(讚岐)・이예(伊豫)・토좌(土佐)는 남해도(南海道)의 6국이요, 축전(筑前)・축후(筑後)・풍전(豊前)・풍후(豊後)・비전(肥前)・비후(肥後)・일향(日向)・대우(大隅)・살마(薩摩)는 서해도(西海道)의 9국이다.

그 지방을 말하면 곧 동으로 육오(陸奧)에서부터 서로 비전(肥前)에 이르기까지 4,200리이고 남으로 기이(紀伊)에서부터 북으로 약협(若挾)에 이르기까지는 900리에 불과하니, 이것은 육지가 서로 연결되어 있는 땅이 동서로 길고 남북으로 짧다는 것이다. 그러나 영량(永良)・다칭(多稱)・일소(一艘)・팔장(八丈)・증도(甑島) 등 여러 섬들이 바다 가운데 별처럼 벌여 있고 바둑돌처럼 흩어져 있어 그 땅이 혹 대마도의 배(倍)가 되는 것도 있다. 모두 66주에 집어넣지 않았는데 서로간의 거리가 또한 각각 수천 리이다.

도주가 된 이들은 군(君)이라고도 하고 후(侯)라고도 하는데 일본에서부터 명령을 받는다. 군대와 세금을 다스리고 전함(戰艦)을 훈련시키며 재목과 곡식, 토산물 등 온갖 재화의 공물이 나라 안에 다 모이니, 그리하여 일본이란 나라가 생긴 때부터 곧 황제라 칭하고 연호를 세웠으며 스스로 정삭(正朔)을 반포하였다고 한다. 조타(趙佗)가 황옥(黃屋)을 탄 것[1]보다 더 심하다고 할 수 있다.

○내가 우삼동(雨森東)과 더불어 방역(方域)에 대하여 논하다가,

"일찍이 듣건대 육오주(陸奧州)는 광대하여 끝이 없어서 북으로는 하이도(蝦蛦島)와 맞닿고 동서로는 50일 정도이며 남북으로는 60일 정도의 거리라고 하니 이것이 과연 믿을만한 전언입니까?"

라고 물으니 우삼동이 말하기를,

"전하는 말이 망령된 것입니다. 육오주가 여러 주에 비해 조금 크긴 하나 그러나 그 땅이 불과 수일 정도의 거리입니다. 그 북쪽에 하이도가 있어서 송전수(松前守)라고 일컫는 자가 관리하나 본래 큰 땅도 아니고 땅이 척박하여 사람이 살 수가 없습니다. 그곳에 거하는 사람들은 얼굴이 검고 털이 있으며 문자를 알지 못하니 곧 금수와 같으나, 다만 그 입은 옷과 언어가 일본 사람이라고 할 수 있습니다."

라고 대답하였다.

○대마도에 있을 때에 멀리 동남쪽 바다를 바라보니 위에 주먹과 같이 생긴 섬이 떠있는데 일기도(一岐島)와 대치하고 있는 것 같이 보였다. 무슨 땅이냐고 물어보니 왜인들 말로 은려도(駿驢島)라고 부른다고 한다. 땅이 넓고 사람이 많으며 축전주에서 관할하는데 대마도의 동쪽에 있고 수로로 600여 리쯤 된다고 한다.

○일본의 지형은 천지의 정동(正東)에 있으며 우리나라와 나란하나 조금 높다. 오직 대마도만은 우리나라의 남쪽에 있는데 수로로 불과 500리이다. 대마도로부터 동북쪽으로 3,000여 리 정도 가면 대판에 이르고 또 동북쪽으로 1,600여 리 가면 강호(江戶)에 이른다. 강호의 땅은 동남쪽은 모두 큰 바다이고 그 북쪽은 육지가 상당히 먼데 바로 야인(野人)의 경계에 이른다. 이것으로 헤아려 보건대 우리나라 관동 지방의 여러 고을이 저들의 산성주, 태화주 등과 더불어 서로 맞먹으며, 강호 이상은 곧 함경도의 육진(六鎭)에 해당한다. 그러나 동방(일본-옮긴이)은 해와 달이 나오는 곳이라 가장 양명(陽明)하여 추위가 우리나라 북관(北關 : 함경남북도 지방) 지방과 같지는 않다. 사신 일행이 10월에 강호에 머물렀는데 추위와 계절의 징후가 우리나라 삼남(三南 : 영남·호남·충청) 지방의 9~10월과 같았다.

○왜인들이 말하기를, 만약에 육오주로부터 곧바로 조선의 동북쪽으로 건너갈 수 있다면 수로는 매우 가까우나 북방의 바람이 높고 바다에는 섬이 없어서 배가 갈 수가 없다고 한다. 또 듣자 하니 수길이 쳐들어 올 때 육오주에서 우리나라 지경으로 나오려고 하였는데 바다 가운데 무릎까지 빠지는 습지가 300리에 걸쳐 있어서 대나무 울타리를 벌여 놓고 병사와 말을 건너게 하고자 하였으나 드디어는 그 계책을 이루지 못하였다고 한다. 그 말이 괴이하고 허망하여 믿을 만하지 못하다. 대개 지세를 논해보면 곧 가까운 듯하지만 옛날부터 두 나라 사이에 한 번도 수로(水路)가 열린 적이 없으니 이것은 반드시 험난한 무엇인가가 있기 때문이다.

○내가 우삼동과 더불어 필담을 나눌 때에, 일본은 큰 바다 가운데에 있으니 혹시 『산해경(山海經)』2)에 기록된 것처럼 신이하고 괴이한 형상을 한 이인(異人)이나 이물(異物)이 지경 안으로 표류하여 온 적은 없는지 물었다. 동(東)이 말하기를,

"해외 여러 나라의 사람들로 장기에 와서 장사를 하는 사람 중에 아란타(阿蘭陀) 등 서양 국가의 사람들은 의복이나 언어는 비록 다르지만 형체는 별로 다른 것이 없습니다. 다만 10여 년 전에 어디 사람인지는 모르겠으나 배가 부서져서 표류하였는데 그 배와 옷가지들은 하나도 수습하지 못하였고 그 사나이만 해안으로 흘러들어와 살 수 있었습니다. 머리카락이 긴데 묶지 않고 늘어뜨려 이마를 덮었고 양 다리는 모두 청색이고 무릎이 없어 대개 골상이 마치 대나무 장대 같았으며 오곡을 먹지 않고 소금 몇 되를 먹었습니다. 언어가 통하지 않았기 때문에 끝내 어느 나라 사람인지 밝히지 못하고 죽었습니다."
라고 하였다. 내가 말하기를,

　"「대황경(大荒經)」3)에 현고국(玄股國)이라고 있는데 다리 아래가 푸른색이라고 하니 현고국 사람이라고 할 수 있겠지만 그러나 소금을 먹는다는 글은 없으니 상고할 수가 없겠습니다."
라고 하였다.

　○또 동해 가운데 여인국(女人國)이 있다는 말을 혹시 들어보지 않았는지 물어보았다. 동이 말하기를,

　"일본은 바다 가운데 여러 나라들과 수로가 서로 통합니다. 만약 여인국이 있었다면 천백년 동안 노인들 가운데서 전하는 말이 어찌 없었겠습니까? 일본의 동남쪽 바다에 팔장도(八丈島)라는 곳이 있습니다. 땅이 크고 백성이 많은데 모두 여자이고 남자는 2~3명뿐이라 세상에서 '여자향(女子鄕)'이라고 부릅니다. 옛날에 이른바 여인국이라는 것이 여기서 나온 듯한데 지금은 일본의 봉역이 되었다고 합니다."
라고 하였다. 나는 말하기를, 상고시대에 신인(神人)이 기록한 것(『山海經』 –옮긴이)은 모두 일본의 태초에 근거하였기 때문에 그 풍토와 인물이 혹 비슷한 것으로 인하여 이름을 얻은 것이 많은데 지금은 풍속이 변화하여 백에 하나도 증험할 수가 없으니, 수길이 일본 땅을 통합한 이후에

일본에 통합되고 종속된 여러 나라들 중에 반드시 이러한 경우가 많을 것이라고 하였다.

○내가,

"기이주에는 서복총(徐福塚)과 서복사(徐福寺)가 있습니다. 서복(徐福 : 徐市) 등이 바다에 들어온 것이 진시황제가 책을 태워버리기(焚書坑儒 - 옮긴이) 전이므로 세상에서는 일본에 고문(古文)의 진본(眞本)이 전해 내려올 것이라고들 하는데, 지금 수천 년이 되도록 그 책이 세상에 나오지 않는 것은 어째서입니까."

라고 물었다. 동이 말하기를,

"이러한 말은 유유히 계속되어 왔고 구양자(歐陽子)4)도 또한 말한 바가 있습니다.5) 그러나 모두 이치에 가깝지 아니하니 무릇 성현의 경전은 그 자체가 스스로 천지간의 지극한 보물이라 신귀(神鬼)도 숨길 수 없는 것입니다. 그러므로 『고문상서(古文尚書)』가 혹 노(魯)나라의 벽에서 나오기도 하였고,6) 혹은 큰 배의 뱃머리에서 나타나기도 하였습니다. 일본이 비록 멀리 바다 한가운데에 있으나 저절로 나오지 않을 수 없는 이치가 있으니, 일본인들은 자랑하고 과시하는 것을 좋아합니다. 만약에 옛 성현들이 남긴 전적(典籍)이 여기에만 비장(秘藏)되어서 천만세의 진귀한 보배가 되었다면 비록 별도로 국가에서 금지령을 세운다고 해도 마땅히 전매(轉買)하는 것을 막지 못할 것입니다. 하물며 처음부터 금지령을 베풀지 않은 것은 어떻겠습니까."

라고 대답하였다.

○서복이 바다에 들어온 후에 어디로 갔는지 알지 못하였다. 세상의 호사가들은 그래서 서복의 자손이 지금의 왜황이 되었고, 500명의 동남동녀들은 각기 씨족을 만들어서 비로소 왜국이 있게 되었다고 말하였다. 이것은 근거가 없는 말이다. 무릇 천지가 개벽한 이래 땅이 있으면 이에

사람이 있고, 사람이 있으면 이에 군장(君長)이 있는 것이다. 왜의 땅이 여러 섬을 병합하여 거의 수천만 리인데, 아름다운 산수와 기름진 토양과 비옥한 들판에서 백곡이 풍성하고 많은 보물이 생겨났다. 어찌 진대(秦代)를 기다려서 사람이 있게 되었고, 어찌 서복으로부터 사람이 있게 되었겠는가. 서복 부자가 본래 방외의 이인(異人)으로서 바다 가운데 살 만한 땅이 있는 것을 보고 진나라를 피할 계책으로 약을 캐러 간다는 말로서 누선(樓船)과 남녀를 얻어서 떠나갔는데, 그때에 중국에서는 왜의 땅이 이렇게 풍요로운지 알지 못하였다. 복이 일본에서 살고 일본에서 죽은 것은 가히 믿을 만하나 그의 자손과 500명의 남녀가 씨를 남기고 모두 그 성을 바꾸었다고 하는 것은 시대가 멀어서 밝힐 수가 없다.

【산수(山水)】

나라 안의 명산으로 길을 따라가면서 볼 수 있는 것 가운데 부사산(富士山)·비파호(琵琶湖)만큼 큰 것이 없고 고개가 험한 것은 다만 상근령(箱根嶺)이 있을 뿐이다. 그밖에 애탕산(愛宕山), 접침령(摺針嶺), 금절하(金絶河), 육향강(六鄕江) 등은 함께 아울러 논할만한 것이 없다. 육오주의 금화(金華), 하야주의 일광(日光), 이세주의 열전(熱田), 기이주의 웅야(熊野)는 모두 명산으로서 명성이 자자한 곳인데 직접 눈으로 보지는 못했다.

왜의 풍속이 터무니없고 허황하여 신이한 이야기에 열을 올려서 말하기를,

"부사산은 하루 만에 저절로 솟았고 비파호는 하루 만에 저절로 열렸으니 이것은 신령의 조화가 베푼 것이다. 그러므로 사방에서 유람하러 오는 자들은 반드시 재계한 이후에야 재앙과 화를 면할 수 있으니 부사

산은 재계하는데 열흘을 꼭 채워야 가능하고 비파호는 하루면 또한 가능하다."
라고 하였다. 내가 듣고서 웃으면서 말하기를,
"만약에 그렇다면 다만 부사산, 비파호뿐만 아니라 천지간 흙 한 줌, 돌멩이 하나인들 어느 것 하나 조화의 신이 베풀지 않은 것이 없을 것이다."
라고 하였다.

또 듣자 하니 열전산에 태진원(太眞院)이란 곳이 있는데 이는 당명황(唐明皇: 당 현종)이 꿈속에서 태진원에서 노닐었다는 말에서 빌린 것이니[7], 열전산을 봉래산(蓬萊山)으로 만들고자 하여 헛되이 궁관(宮觀: 도교의 사원)을 설치하고 신선의 소굴이라고 부르는 것이다. 웅야산의 서복사 또한 이러한 종류의 것이 아닌지 어찌 알겠는가. 한바탕 웃음거리이다.

○ 나라 안의 모든 산은 동북쪽에서 시작하므로 그 지세 또한 동쪽은 높고 서쪽은 낮다. 대저 산의 형세가 수려하여 높은 산등성이와 큰 산기슭이 모두 기이하고 아름다우며 가파르면서 빼어나다. 그러나 웅장하고 험하며 크고 굳센 기세는 없다. 그밖에는 자그마한 산들이 들판을 품고 얕은 산봉우리가 흐름을 싸안은 것이 모두 다 수목이 울창하고 밝고 아름다워서 마치 그림 속에 있는 것 같다. 물 또한 근원이 넓지 않은데 둥글게 굽은 것이 깨끗하고 푸르러 마치 깎아 만든 것 같다. 인물 가운데 민첩하고 명석한 자들은 많으나 순박하고 후덕한 자가 적은 것은 그 강산의 기운이 그러한 데서 연유한 것이다.

　일본의 역법(曆法 : 천체의 운행을 추산하여 歲時를 정하고 책력을 만드는 방법)
은 우리나라와 대동소이하다. 스스로 이르기를, 그 땅이 해가 뜨는 동쪽
에 있으므로 시각의 길고 짧음이 중국과 같지 않고 한 달[朔]의 크고 작
음이 서로 어긋난다고 한다. 일찍이 보니 동지는 하루 정도 앞서거나 뒤
서거니 하는데 섣달 그믐날은 다르지 않았다. 저들의 날[日]과 달[月]은
들쭉날쭉한데 해[歲]만은 변하지 않으니 자못 알 수가 없다.

　○성여필(成汝弼)[8]이 점성술에 능하였다. 바다에서 별을 보다가 한 점
을 가리키며, 남방 칠수(七宿)[9]의 밖에 여러 개의 큰 별이 있는데 모두 우
리나라에서 볼 수 없는 것이니 노인성(老人星)인 것 같다고 하였다. 내가
말하기를,
　"옛말에 이르기를 노인성을 본 사람은 백세를 넘게 산다고 하였는데
이제 그대가 이번 사행으로 인해 장수를 누릴 수 있게 되었구려."
라고 하였다. 우삼동이 옆에 있다가 말하기를,
　"저는 천문가의 말을 잘 이해하지 못하나 적이 괴이하게 생각되는 것
이 있습니다. 일본은 바다 동쪽에 치우쳐 있으나 능히 별자리로 땅을 나
누는 법으로써 나라 안을 나누어 배열하여 여러 주가 각기 성토(星土)[10]
의 정해진 자리가 있으니 이것이 국사(國史)에 드러납니다. 예로부터 지
금에 이르기까지 그 땅의 길흉화복이 별자리와 상응하는 것이 중국인이
점친 바의 말과 같으니, 그 이치를 참으로 알 수가 없습니다."
라고 하였다. 그 말이 매우 가소롭다. 천문(天文 : 천지의 온갖 현상)과 성수
(星宿 : 별자리)는 다만 중국만을 위하여 형상을 드러내 보이는 것이 아닌즉
중국 구주(九州 : 중국의 전토를 아홉으로 나눈 것을 일컫는 말로 중국 전토를 가리킨
다)의 밖으로 건너가도 길흉을 미루어 점칠 수 있는 것 또한 다만 일본뿐

만이 아닌 것이다.

○사시의 명절이 대략 우리나라와 서로 비슷한데, 8월 초 1일이 또한 민속 명절이고 단오(端午)와 중원일(中元日)이 가장 가절(佳節)이다. 단오에는 집집마다 깃발을 꽂고 습전(習戰) 놀이를 하는데 우리나라의 놀이 가운데 두 남자가 힘을 겨루는 씨름과 같은 것이다. 중원에는 산에 올라가 등(燈)을 걸고 노래 부르고 춤추며 즐긴다. 모든 사람마다 각각 등 하나씩을 달기 때문에 자손이 많은 이들은 혹 수십 개에 이르기도 한다. 술과 음식을 많이 갖추어서 집안사람들[11]을 먹인다고 한다.

○겨울 추위가 사납지 않아서 예로부터 눈이 한 자 가득 내려본 적이 없고 나라에는 얼음을 저장해두는 법이 없는데, 부사산 꼭대기에 사시사철 얼음이 얼어 있어 단오 날에 캐다가 천황과 관백의 궁에 바친다. 서민들은 얼음 모양의 떡을 만들어 삼키며 이를 일러 더위를 막는 방법이라고 하니 가소롭다.

물산(物産)

육오주에서는 황금이 나는데 황금 산이 바다 가운데에 있다. 금을 캐는 자는 반드시 목욕재계를 하고 신에게 제사를 지내며 말하기를,
　"금 몇 근을 얻게 해주십시오"
라고 한 연후에 섬으로 들어가는데 약속한 근 수를 조금이라도 초과하면 배가 반드시 부서진다. 석견(石見)·좌도(佐渡)·단마(但馬) 등의 주(州)에서는 은(銀)이 나고, 비중주·파마주에서는 구리가 나며, 풍전주·풍후주에

서는 철이 난다. 섭진주에는 목화(木花)가 많고 월전주에는 풀솜이 많으며, 축전주에는 쌀 등 곡식이 많고 상모주에는 목재가 많다. 일기주의 베, 가하주의 생사(生絲 : 삶아서 익히지 않은 명주실), 미농주의 종이, 적간관의 벼루, 삼원(杉原)의 술, 우치(宇治)의 차, 도포(韜浦)의 자리[茵席]는 모두 나라 안의 명품이다. 갑비주에서는 말이 나는데 많고 또 훌륭하다. 말갈기를 자르고 짚신을 묶고 말발굽을 붙이고 다닌다. 장문주에서는 소가 나는데 몸집이 작고 색이 검다. 이 나라에는 소를 잡아 요리하는 법이 없고 생산되는 것이 적어서 농장에 공급할 수가 없다. 비전주와 미장주, 살마주 등에서는 장창(長槍)과 날카로운 칼이 나는데 천하의 미기(美器)이다.

○ 바다에서 나는 물고기의 종류는 우리나라 동해에서 나는 고기와 한 결같은데 석결명(石決明 : 전복의 껍질을 한약재로 이르는 말)이 가장 많다. 청어와 대구어, 연어, 송어, 문어, 고도어(古刀魚)는 다만 북륙(北陸)과 산음(山陰)의 여러 도(道)에서만 난다.

산돼지 고기와 노루 고기, 사슴 고기 및 짐승의 가죽과 같은 물건은 북쪽에는 지천인데 남쪽에는 귀하다.

채소는 우리나라와 같은데, 정근(菁根 : 순무)의 길이가 한 척을 넘고 아무 맛이 없다. 토란 중의 큰 것을 사발 모양으로 잘라 구워서 저자 사람들에게 팔면 다투어 사먹고 허기를 달랜다.

과일의 종류는 귤, 유자, 홍귤이 가장 많으니 도처에 숲을 이루었다. 홍귤 중의 작은 것은 꿀[蜜]처럼 달기[柑] 때문에 '밀감(蜜柑)'이라는 이름을 얻었다. 그 크기가 주먹만한 것은 '구년모(九年母)'라고 하는데 옛날에 '구년모'라 불린 어떤 노파가 제일 처음 나무를 심었기 때문에 그러한 이름을 얻었다. 금귤(金橘)은 색과 향이 다 좋으나 맛이 시어서 먹을 수가 없다. 그밖에 배, 대추, 복숭아, 오얏, 감, 밤 따위의 것들은 다 우리나라의 것과 같은데, 참외는 길고 맛이 싱거우며 수박은 살지고 붉으며 맛이 달다.

화훼는 국화가 많고 매화와 대나무가 그 다음이다. 사앵(絲櫻)과 다화(茶花), 비파(枇杷), 소철(蘇鐵), 종려(棕櫚)나무가 모두 명품이다. 집집마다 반드시 동백나무를 심어서 기름을 짜 살림에 보탠다. 사앵화는 잎사귀가 얇고 가늘며 긴 가지가 간드러진 것이 마치 수양버들과 같다. 또 해당화가 있는데 실 같은 가지를 드리운 것이 마치 붉은 실에 구슬을 꿴 것 같으니 그 주렁주렁한 것이 사랑스럽다. 다화는 한 겨울에 활짝 피고, 비파는 겨울에 꽃이 피며 여름에 열매를 맺으니 또한 기이하다.

이 땅에서 나지 않는 것은, 과일은 잣과 호두가 없고 새는 꾀꼬리, 까치, 매, 송골매가 없고 짐승은 호랑이, 표범이 없다. 풀은 인삼이 없고 먹을거리는 벌꿀이 없으니, 이 두 가지는 모두 우리나라에서 얻어 쓰기 때문에 매우 귀하다. 음식 중에 단 것에는 모두 설탕을 넣는다. 등불에는 고래 기름과 나무의 액을 사용한다. 후추, 단목(丹木)12), 설탕, 화당(花糖), 흑각(黑角 : 물소의 뿔), 공작 깃털 등의 물건은 모두 일본 땅에서 나는 것이 아니고 혹은 민(閩)13)이나 절강성(浙江省) 쪽에서 나고, 혹은 남만(南蠻)의 여러 나라에서 난다. 그 나라의 바다 상인들이 장기도에 드나들면서 금은을 사므로 일본인들이 그것을 얻어다 동래에서 파는데, 우리나라 사람들은 일본의 물건이라고 이른다.

○내가 우삼동과 함께 귤을 먹으면서 묻기를,

"이것은 우리나라 남방의 바닷가 마을에도 간혹 있고 제주도에는 많아서 해마다 공물을 바치는데 그 맛이 모두 귀국의 귤만은 못합니다. 귤도 또한 좋은 품종이 있습니까?"

라고 물었다. 동이 말하기를,

"좋고 나쁨은 각각 풍토의 적합함에 달린 것이지 어찌 종자가 따로 있겠습니까? 왕년에 귀국의 배 한 척이 표류하여 남도(藍島)로 흘러 들어온 적이 있었는데 사람과 물건은 이미 모두 침몰하였고 다만 부서진 배의 남은 널조각에서 귤 한 바구니를 얻었습니다. 바구니 위에 '제주 목사(牧

使)가 공납한 것'이라고 써 있기에 관에서 상부에 아뢴 연후에 그 귤 바구니를 열어 보았는데 모두 썩어서 먹을 수가 없었습니다. 섬사람들이 다른 나라 물건이므로 귀하다 하여 그 씨를 가져다 심고 나무가 자라자 이름 하여 '제주감'이라고 하였는데 이제 이른바 제주감이라고 하는 것이 맛이 달고 품질이 좋아 이것과 다를 바가 없습니다."
라고 하였다.

○내가 강호에 있을 때 어떤 왜인이 필담을 하면서 묻기를,
"일본에는 호랑이와 표범이 없으므로 비록 그 모양은 알지 못하지만, 다만 모진 어금니와 갈고리 같은 발톱으로 사람을 잡아먹는 것으로 양식을 삼고 한 번 울부짖으면 산천초목이 찢어질 듯하여 오획(烏獲)[14]이나 맹분(孟賁)[15]과 같은 용기로도 또한 감당할 수 없다고 합니다. 만약에 과연 그렇다면 귀국에서는 호랑이와 표범의 가죽을 많이 사용하시는데 어떻게 잡으시는지 모르겠습니다."
라고 하였다. 내가 말하기를,
"천지간에 사람을 잡아먹는 짐승으로 사람에게 잡아먹히지 않는 것이 없습니다. 마치 하육(夏育)[16]이나 태사교(太史嗷)가 평범한 이에게 죽임을 당한 것과 같으니, 이것은 굳은 이치입니다. 우리나라에서는 호랑이나 표범을 잡을 때 혹은 함정으로, 혹은 활과 화살이나 조총으로 잡습니다. 서북 지방 변방 고을의 무관과 용사들은 모두 철갑(鐵甲)을 팔에 감싸고 맨손으로 때려잡는 자가 즐비합니다. 또 호랑이를 잡아먹는 짐승이 있는데 말곰이라고 하는 것으로 두려워하는 것이 없습니다."
라고 말해주었다. 여러 왜인들이 서로 돌아보며 얼굴빛이 변하였다. 대저 일본에는 다만 호랑이나 표범이 없을 뿐만 아니라 또한 말곰이나 곰, 늑대[貙],[17] 이리와 같이 사람을 잡아먹는 짐승이 없다. 사람들이 모두 나약하여 꾀를 내고 남을 속이는 데는 능하지만 위엄이나 씩씩함은 부족하니 듣기만 하였는데도 놀라고 겁을 내는 것이 이와 같았다.

○왜인들이 또 묻기를,

"귀국의 인삼은 그 성질이나 맛이 타고난 것입니까? 아니면 혹 인위적인 기술이 있어서 만들어낸 것입니까?"

라고 물었다. 내가 말하기를,

"약의 성질은 저절로 타고난 것을 귀하게 여기어 독성이 있는 것을 굽는 것 외에는 손상시키지 않습니다. 하물며 이러한 신령스런 삼이 어찌 사람의 손길을 용납하겠습니까?"

라고 대답하였다. 왜인들이 말하기를,

"일본에도 또한 줄기와 잎과 뿌리가 인삼과 똑같은 풀이 있는데 먹어도 아무 맛이 없고 또한 효과도 없어서 혹시 만들어내는 방법이 있지 않은가 의심했었는데, 이제 공의 말씀을 듣고 보니 일본에서 나는 것은 인삼과 비슷하기는 하지만 인삼은 아닌 것임이 틀림없습니다."

라고 하였다.

○내가 왜인들이 사용하는 각종 그릇들을 보니 모두 거울처럼 검은 옻칠을 하였다. 궁실과 배의 판자, 가마[轎]와 수레[輿] 등에도 역시 모두 옻칠을 하였는데 옻칠을 한 것이 반짝반짝 빛나 우리나라에서 보았던 것과는 판이하였다. 만약에 오로지 옻나무에서 나는 액으로만 칠하여 이렇게 윤이 난다면 저들의 서민 가정에서 한 해 동안 사용하는 옻나무의 액이 어림하여도 몇 말보다 적지 않을 것이고 공후귀인들은 마땅히 열 섬을 사용하여도 부족할 것이다. 그러나 지나가는 마을에서 옻나무를 볼 수 없어 마음속으로 매우 괴이하였다. 이에 왜인들에게 물어보았더니, 푸른 감을 찧어서 즙을 낸 것을 그릇에 담아 구석진 곳에 잘 두면 몇 년이 지나도 변하지 않는데, 일본의 칠법은 먼저 감즙을 두어 번 바르고 칠이 마르면 팽(彭)나무 잎으로 갈아낸 연후에 밝게 빛이 나면 이에 옻나무 액을 덧칠하므로 옻이 적어도 색은 아름다운 것이라고 하였다. 그 말을 또한 믿을 수가 없다.

<h1>음식 _{飮食}</h1>

음식의 제도는 밥은 두어 홉[合]에 지나지 않고 반찬도 두어 가지에 지나지 않아 지극히 조촐하며 먹는 것에 따라 다시 덜어 먹으므로 남는 것이 없다. 식후에는 청주(清酒)를 마시고 그 다음에는 과일을 낸다. 과일을 먹은 후에 차를 마시면 끝난다.

술은 '제백(諸白)'을 상품(上品)으로 치는데, 흰 쌀로 만든 누룩을 흰 쌀밥에 섞어서 빚어낸다. 그러므로 모두 다 희다는 뜻으로 '제백(諸白)'이라고 하는 것이다. 매주(梅酒), 상주(桑酒), 인동주(忍冬酒), 복분주(覆盆酒) 등은 맛이 좋고 향이 강렬한데 술을 제련하는 것이 우리나라의 이화주(梨花酒)와 같다.

장(醬)은 콩과 밀가루를 섞어서 만드는데 맛은 조금 시고 색은 거칠다.

떡은 우리나라의 인절미와 같은 것이 매우 많다. '소종(篠粽)'이라고 하는 것이 있는데, 우리나라의 권무병(拳拇餅)과 같은 것으로 대나무 잎에 싸서 찌는데 모양이 위로 솟아올라온 죽순과 같다. 10개가 한 묶음이다. '외랑병(外郎餅)'이라고 하는 것이 있는데 소종과 대략 비슷하나 길이가 한 척 남짓 되고 마디와 모가 나있다. 색은 붉고 맛은 달다. 대나무 잎에 싸는데 모양이 대나무 장대 같아서 주는 사람이 한 자루, 두 자루라고 쓴다고 한다. '만두(饅頭)'라고 하는 것이 있어서 우리나라의 '상화병(霜花餅)'[18]과 같은데 겉은 희고 안은 검으며 맛이 달다.

'양명당(養命糖)'이라고 하는 것은 우리나라의 백당(白糖)과 같은 종류인데 부드럽고 굳지 않는다. '구비이(求肥飴)'라고 하는 것은 흑당(黑糖)의 종류로서 모양은 전약(煎藥)[19]과 같다. '천치이(淺治飴)'라고 하는 것은 곧 천문동(天門冬)[20]에다가 설탕을 넣은 것이다. '당고(唐糕)'라고 하는 것은 우리나라의 '설고(雪糕)'와 같은데 설탕을 넣어서 맛이 달고 깨로 옷을 입혀서 먹으면 가장 맛이 좋다. 또 '변과자(卞菓子)'라고 부르기도 하는데 왜

인들의 풍속에 '마를 건(乾)' 자를 '변(卞)'이라고 쓰기 때문이다. ≪대개 '건
(乾)' 자의 반을 사용한 것이다.≫ 설탕물에다가 밀가루를 섞어서 과자를 만드는데,
그 모양이 혹은 모나며 혹은 둥글고 크고 작은 것이 서로 섞여 있으며
색도 푸르고 붉은 것이 알록달록하다. 간혹 금은을 바르기도 하는데 우
리나라의 '빙사과(氷沙果)'21)나 '약과(藥果)'의 종류와 비슷하나 기름에 튀
기지는 않는다.

국수는 사면(絲麵)과 삭면(索麵)이 있는데, 조금 가는 것을 삭면이라 하
고 아주 가는 것을 사면이라고 한다. 칡가루를 메밀과 섞어서 가닥을 만
들어 긴 것을 자르지 않고 둘둘 말아 두루마리로 만들어 끓는 물에 넣으
면 색이 하얘지는데 그 맛이 또한 좋다. '탕병(湯餠)'은 둥글고 두터운 찹
쌀떡 2매를 그릇에 담고 장 국물을 넣는다. 맛이 조금 신데 먹을 만하다.

○ 반찬은 '삼자(杉煮)'를 좋아한다. 생선과 고기와 갖은 야채를 섞어서
술과 장(醬)을 넣어 푹 끓이는 것이니 우리나라의 잡탕(雜湯)과 같은 종류
이다. 옛날에 왜인들이 삼나무 아래에서 비를 피하고 있는데 배가 매우
고파서 먹을 것이 생각나 각자 가지고 있는 것을 한 그릇 안에 합해 넣
고 삼나무를 때어 끓였는데 그 맛이 좋았다. 그래서 이름을 얻게 되었는
데 방언으로 삼나무를 '스끼'라고 하므로 속칭 '스끼야끼'라고 부르니,
'야끼'는 또 '자(煮 : '끓이다')'의 속음(俗音)이다.

○ 어류는 술지게미에 담근 것을 좋아한다. 물고기를 술지게미 속에
담그면 맛이 익고 깨끗해지는데 우리나라의 소금에 절인 생선과 같고
달리 특이한 것은 없다.

또 변견(卞鰹 : 마른 가물치. 가다랭이)이라고 하는 것이 있는데 모양은 쇠
뿔과 같고 견고하고 단단하여 잘 부서지지 않는다. 그 고기의 결을 보면
우리나라 고도어(古刀魚)의 종류와 같다. 두꺼운 것은 찧어서 만든다. 왜
인들은 국을 끓일 때나 면탕(麵湯)에 반드시 이것을 칼로 자르고 갈아서

가루로 만들어 넣어 좋은 맛을 낸다.

대구어(大口魚)를 일러 '설(鱈)'이라 하고, 은구어(銀口魚)를 '조(鰷)'라고 하며 도미어(道味魚)를 '조(鯛)'라고 하며 고도어(古刀魚)를 '점(鮎)', 혹은 '청(鯖)'이라고 한다. 방어(魴魚)를 홍어(紅魚), 혹은 '사(鰤)'라고 하며 연어(鰱魚)를 '규(鮭)'라고 하며 오징어를 '갈(鰯)'이라고 한다. 말린 것을 '변(卞)'이라 하고 날 것을 '선(鮮)'이라고 하며 소금에 절인 것을 '염지(鹽漬)'라 하고 술지게미에 담근 것을 '박지(粕漬)'라고 한다. 이밖에 물새를 그 깃털 채 말린 것이 있고, 바다 소라의 껍질을 제거하지 않고 삶은 것이 있으며, 금은을 점점이 발라 잔치할 때 화려한 음식으로 쓰기도 한다.

○ 음식을 담는 그릇에 '삼중일조(杉重一組)'22)라고 하는 것이 있는데, 삼나무 판목으로 삼층의 합(盒 : 뚜껑이 있는 둥글넓적한 작은 그릇)을 만들어 위에는 떡을 담고 가운데에는 과일과 채소를 담고 아래에는 고기와 생선을 담고는 알록달록한 실로 끈을 만들어 허리께를 묶는다. 노송나무[檜木]로 만들면 '회중(檜重)'이라 하고 백목궤(白木櫃), 즉 하얀 영수목23)으로 만들면 '백절(白折)'이라 하고 채색한 것은 '화절(花折)'이라 하고 오층이나 되는 큰 합은 '주궤(橱饋)'라고 한다.

술은 1하(荷), 2하라고 하는데, 왜인들은 물건을 운반할 때 반드시 어깨에 메는데 어깨에 멜 때 앞뒤로 2통이므로 '1하'라고 하면 술이 2통이 된다.

그밖에 국과 밥과 술과 과일 등을 담는, 날마다 쓰는 그릇은 모두 붉은 색, 녹색, 검은 색 칠을 한 목기를 사용한다. 혹은 하얀 쇠그릇을 쓰기도 하는데 놋그릇은 원래 없다. 연례(宴禮)에서 술은 토기로 만든 잔을 사용하는데 붉은 찰흙으로 빚어 만들며 모양은 접시와 같아 제도가 매우 소박하고 누추하다. 위로는 군장(君長)에서부터 아래로 일반 백성에 이르기까지 이것으로 술잔을 하며 존경한다고 하니, 그 뜻은 대개 주객의 예는 성심(誠心)을 위주로 하는 데서 나온 것이다. 그러므로 부화(浮華)한 무늬를 꾸미지 않고 고졸하고 소박한 것으로서 보여 수작하는 자리에서 사용하는 것이라고 한다.

○이 나라에서는 남녀귀천을 막론하고 하나도 물을 마시는 법이 없고 반드시 차를 끓여 마신다. 그러한 즉 집집마다 차를 쌓아놓은 것이 곡물보다 더하다. 차는 작설차(雀舌茶) 종류로 푸른 싹을 따다가 말린 것을 찧어 가늘게 가루를 내어 뜨거운 물에 섞어 마시기도 하고, 혹은 길게 자란 잎을 뜨겁게 끓여 찌꺼기를 제거하고 마시기도 한다. 매번 식후에는 반드시 한 사발을 죽 들이킨다. 시가지에 이르면 도로에 화로를 설치하고 차를 끓이는 이들이 천리에 걸쳐 있다. 사행의 대소 신하 수백 명에게 날마다 지공하는 것이 각각 청차(靑茶 : 푸른 싹[靑芽]으로 만든 차) 1홉[合]과 엽차(葉茶 : 長葉, 즉 다 자란 잎으로 만든 차) 한 묶음씩이고, 지나가는 바의 관소에서는 따로 차 끓이는 승려를 두어 밤낮으로 차를 끓여 대접하였다. 그 풍속 중에 날마다 일상적으로 행하는 예절이 차만한 것이 없었다.

○우리나라에서 이른바 남초(南草 : 담배)라고 하는 것은 본래 동래의 왜관으로부터 들어온 것이다. 속언으로는 '담마고(淡麻古)'라고 부르니 곧 왜의 발음 '다엽분(多葉粉)'의 속음(俗音)이다. 왜인들이 부르는 호칭 또한 우리나라의 속언과 같은데 그 뜻은 '다엽초에서 취한 가는 가루'라고 한다. 그러므로 그것을 쪄서 말려 독을 제거하고 실처럼 가늘게 자르는 것을 볼 수 있다. 일본 사람들은 반드시 담뱃대 두 매씩을 갖추어 번갈아가며 들이마셔 뜨거운 기운이 목구멍과 입술에 가까이 닿지 않게 하니, 음식을 섭취하는 데 있어서 정세하고 치밀함이 이와 같았다.

○왜인들은 고래 회(膾)를 가장 귀하게 여겨 반드시 높은 가격에 사서 손님 잔치할 때에 고급 음식으로 사용한다. 부드럽고 반들반들 기름진데 별다른 맛은 없다. 내가 통사에게 말하기를,

　　"들자 하니 일본인들은 커다란 고래 한 마리만 잡으면 평생 동안 부자로 살 수 있다고 하는데 과연 그러하오?"
라고 하니 통사가 대답하여 말하기를,

　　"어찌 평생뿐이겠습니까? 대를 이어 부자로 살 수 있습니다. 공후귀인의 집에서는 고래회와 고래 식해[24]를 제일 명품으로 치기 때문에 그것을 사는 자는 높은 가격을 아깝다 생각하지 않습니다. 일본에서는 등불을 켤 때 모두 고래 기름을 사용하는데 한 주먹만한 고래 고기에서 기름 한 사발을 얻을 수 있으므로 기름을 팔아 얻는 이익만 해도 곧 만금(萬金)에 이릅니다. 이빨과 뼈와 지느러미로는 모두 기물을 만드는데 그 이익 또한 큽니다. 그래서 바닷가에 사는 백성들 가운데 '포경장(捕鯨將)'이라는 자가 있어서 무리를 모아 돈을 들여 그물과 기계를 설치하곤 하는데 부자가 되는 자는 매우 드뭅니다."
라고 하였다.

　　○ 왜인들은 칡가루를 잘 만든다. 칡뿌리를 물에 담갔다가 곱게 찧어 가루로 만드는데 입자가 부드럽고 고우며 매우 희고, 맛은 달고 성질은 차다. 국수를 만들면 가장 좋다. 녹말을 만들 때 우리나라 것만큼 곱게 정제하지 못하여 대마도에서 강호에 세공(歲貢 : 속국 등에서 해마다 바치는 공물)을 바치는 것은 조선의 녹말가루라고 한다.

【의복 衣服】

　　대대로 전해오는 말에, 일본은 옛날에는 의복의 제도가 없어 사람들이 모두 나체로 다녔는데 진(晉)나라 무제(武帝) 때에 백제 왕 아화(阿花)가 바

느질과 길쌈하는 법을 일본에 보내 비로소 복색이 있게 되었다고 한다. 그 말을 상고할 수는 없다.

이제 이른바 '공복(公服: 벼슬아치의 제복)'이라고 하는 것을 보니 대략 우리나라 단령(團領)의 제도와 같은데, 소매는 승려의 장삼처럼 넓고 옆으로 소매 자락이 줄어들지 않고 다만 양옆으로 똑바로 꿰맸다. 또 옷의 허리 앞뒤에 꿰매어 붙여 각각 7~8치 정도 늘어뜨렸으며 또한 허리에 띠는 것은 없다. 옷의 색깔은 붉은 색과 검은 색의 차이가 있는데 세족(世族)25) 등 가장 귀한 이들은 검은 색을 입고 나머지는 모두 붉은 색을 입는다. 그 다음은 두 폭으로 단삼(單衫: 윗도리에 입는 저고리 모양의 홑옷 적삼)을 만드는데 소매가 없고 그 모양이 팔뚝의 중간쯤에서 이어서 바지로 허리에 묶어놓은 것처럼 보인다. 그 다음은 우리나라 도복(道服: 道士의 옷)의 종류와 같은데 앞에는 여밈이 없고 옆에는 자락이 없다. 이것들은 모두 지존(至尊)의 앞[尊前]에서도 입을 수 있는 옷이다.

바지의 제도에는 세 가지가 있다. 반드시 청색과 백색으로 교직하여 만든다. 제도는 우리나라 여인네들의 4폭 바지와 같고 앞뒤로 각각 주름이 있는데 앞에는 3개, 뒤에는 2개이다. 또 끈이 있어서 묶는다. 위의 반은 꿰매지 않고 뒷면에 따로 검은 칠을 한 작은 판대기를 붙이는데 길이가 5촌 남짓, 넓이는 2촌쯤 되는 것을 가로로 허리에 붙이니 허리에 찬 띠처럼 보인다. 이것은 신분이 귀한 자의 옷이다. 그 다음은 제도가 중국인들의 바지와 같은데, 그 길이가 발보다 길어 땅에 끌리는 것이 두어 자나 된다. 존전(尊前)에서 성장(盛裝)하는 모든 왜인들은 이것을 입는다. 그 다음은, 길이는 발을 가리지 않고 매우 폭이 좁아 겨우 다리를 감쌀 만한 것이다. 이것은 가장 천한 이들이 매우 추울 때 입는 것이다.

갓의 제도에는 세 가지가 있다. 첫 번째 것은 대략 사모(紗帽)26)와 같은데 낮고 둥글어 바리때(중의 밥그릇─옮긴이) 같이 생겼다. 겨우 머리카락 근처를 가릴 만하다. 위에는 관골[冠梁: 갓의 앞이마에서 뒤로 골이 지게 한 것]이 있어 뾰족하고 높은데 검은 나무로 깎은 비녀를 골에다 가로 꽂는다. 뒤

에는 뿔이 하나 있는데 길이가 한 자 남짓 되고 넓이는 두어 마디 가량
되는 것이 솟아올랐다가 조금 구부러져 아래로 드리워졌다. 또 긴 갓끈을
두건[帽] 위에서부터 늘어뜨려 턱 아래에서 묶는다. 세족(世族)과 고관들은
자줏빛 갓끈을 사용하고 나머지는 모두 하얀 종이로 꼰 노끈을 사용한다.
이것은 갓 중의 최상급으로 관백 이하 각 주의 태수들이 쓰는 것이다. 또
하나는 ‘정(丁)’ 자 모양으로 생긴 것으로 ‘오모(烏帽)’라고 한다. 또 하나는
베틀 북처럼 생긴 것으로 앞에는 두 개, 뒤에는 한 개의 귀가 있는데 ‘절
오모(折烏帽)’라고 한다. 모두 풀 먹인 종이로 만들어서 검은 칠을 한다.
각 주의 봉행 이상 관직에 있는 이들이 쓰는 것으로 공·사례(公·私禮)에
서 한 번 쓴 후에는 갓을 쓰는 이가 없으니 가소롭다.

○승려의 무리에는 관직의 품등이 있어서, 자줏빛 장삼을 입은 이들
의 품등이 가장 높고 황색 장삼을 입은 이들이 그 다음이며 나머지는 모
두 검게 물들인 옷을 입는다. 의복의 제도는 대략 심의(深衣)27)와 같은데
양 소매가 넓고 치마폭은 혹 곧게 내려가기도 하고 혹 밑으로 갈수록 줄
어들기도 한다. 가사(袈裟)는 우리나라에서 입는 것과 같은데 조금 더 길
고 넓다. 턱 앞의 옷깃을 여미는 곳은 쇠로 만든 고리를 사용하여 여민
다. 모두 안에는 겨울이나 여름용 장의(長衣)를 입고 바지는 입지 않는다.
　머리에는 갓이나 두건을 쓰지 않으니 담(湛) 장로와 창(菖) 장로가 들어
와 사신을 알현할 때도 또한 맨 머리로 대좌(對坐)하였다. 강호에서 국서
를 전할 때에 양 장로가 관백의 궁정에 들어갔었는데 그때 처음으로 머
리 위에 무엇인가 있는 것을 보았다. 궤의 뚜껑 같이 생긴 물건인데 한
자 남짓 길이에 머리를 감쌀 정도의 넓이로 황색으로 칠하였다. 머리 위
에 써서 뒤로 양어깨 위로 드리웠는데 그 이름은 알 수 없다고 한다. 어
째서 궁정에서는 쓰고 바깥에서는 쓰지 않는지, 가소롭다.

○평민의 의복은 남녀의 구별이 없이 모두 우리나라 여인들의 장옷과

같은 것을 입는데 소매가 넓고 짧다. 빛깔은 푸른 바탕에 하얀 무늬가 있는 것이 많다. 여자들은 여러 가지 색깔의 화초를 섞어 그려서 멀리서 바라보면 마치 그림 속의 부처처럼 보인다. 남자들은 허리띠가 없으나 여자들은 큰 띠로 허리를 묶는다. 남녀 모두 반 폭 짜리 푸른 베로 배꼽 아래에서부터 앞의 음부를 가린다. 치마나 바지, 잠방이 따위는 없다.

신발은 귀하거나 천하거나 간에 모두 짚신을 신는데, 다만 한 줄의 노끈으로 만든 코를 달아서 발가락을 끼운다. 버선 또한 갈라지게 만들어 노끈에 끼워서 걷는다.

혹 나무껍질로 삿갓을 만들기도 하는데 약립(藥笠)과 같이 생긴 것으로 평평하고 넓다. 남녀가 머리에 쓰고 비를 피하거나 햇빛을 가린다.

비옷은 명주나 종이를 사용하여 소매가 있는 홑옷을 만들어 청록색으로 그림을 그리고 칠을 한다.

방한구(防寒具)는 솜을 누빈 한 자쯤 되는 비단으로 머리를 덮는데 모양이 주머니 같이 생겼다. 여자들은 빨갛고 흰 풀솜으로 머리에 얹는 것과 자줏빛 비단으로 네 귀를 가리는 것이 있다.

○왜의 풍속에 앉을 때는 반드시 무릎을 꿇으니, 남녀노소와 귀천을 막론하고 앉을 때는 무릎을 꿇는다. 비록 길옆에서 목로점을 하는 여인이나 밭 가운데서 벼를 베는 사람이라고 하더라도 반드시 양 무릎을 땅에 대고 옷을 걷고 앉는다. 그 법도를 보면 예의를 차리느라 그러는 것이 아니라, 대개 그 옷의 앞에는 여밈이 없고 아래에는 치마나 바지를 입지 않기 때문에 이렇게 하지 않으면 음양(陰陽)을 감출 수가 없기 때문인 것이니 부득이한데서 법도가 생겨나 습관이 본성을 이루게 된 것이다. 가소롭다.

○또 가장 우스운 것은 관백의 전각에서 여러 집정(執政) 및 귀근(貴近)의 신하로서 들어가 모시는 자는 공복(公服)에 판을 댄 바지를 입는데 바

지는 짧고 맨발이다. 그러므로 양 넓적다리 사이에 두어 자쯤 되는 하얀 베를 걸어 뒤에서부터 드리운다. 긴 바지를 입을 때는 그 길이가 발을 덮고도 남으니 이것으로써 공경을 표시한다. 각 주의 태수의 집에서도 섭정(攝政) 이하의 신하는 이와 같이 한다. 대개 그 법도를 보건대, 왜의 풍속이 경박스럽고 사람을 찌르는데 용감하므로 군장(君長)된 자들이 변고가 있을까 걱정이 되어 걸음을 불편하게 하여 운신하는 데 장애가 있게 함으로써 창졸간에 감히 일을 일으키지 않게 하기 위해서이다.

또 국법에 맨발을 공경하는 것으로 본다. 그러므로 천민이나 일반 백성들은 태어나면서부터 버선을 신지 않는다. 각 주의 섭정 등 여러 신하들이 태수를 알현할 때에 맨발을 하고, 또 태수들이 관백을 알현할 때에도 맨발을 하니 실소를 금치 못하겠다. 내가 길을 가다가 역의 벽에 그려진 그림을 보았는데 천황이 연회를 베푸는 모습을 그린 것이었다. 금은으로 장식한 연곡(輦轂 : 천자가 타는 수레)은 그지없이 화려하고 앞뒤로 시종하는 관리들이 붉은 색과 검은 색 옷을 입고 흰 베를 늘어뜨린 채 빽빽이 걸어가는데 그 발이 모두 맨발이라 해괴하기가 관백의 궁중에서 본 것과 같았다. 그런데 여러 왜인들이 그 그림을 우러러보면서 모두 환호작약하고 앙모하며 마치 천상의 신선을 보듯 하니 또한 가소로운 일이었다.

궁실(宮室)

궁실의 제도는 정결하게 하는데 힘쓰며 단확(丹艧 : 고운 빨간 빛깔의 흙)을 칠하지 않는다. 마룻대와 대들보는 섬세하고 기와는 가볍고 덮개는 촘촘하며 용마루는 높고 처마는 낮다. 나뭇조각으로 만든 덮개와 나무껍질로 만든 덮개가 마치 생선 비늘처럼 첩첩이 쌓였는데 그 공력이 치밀하고 완고하다. 띠 풀로 엮은 덮개는 매우 높게 쌓아서 모양이 마치 사발을 엎어 놓은 것 같은데 40~50년 정도는 너끈히 버틸 수 있다. 널빤지로 벽을 만드는데 각 면마다 세 개의 장자(粧子)를 설치하여 밀어 돌려서 열고 닫으므로 지도리나 문고리와 같은 제도가 없다. 한 칸의 넓이는 모두 세 걸음으로 온 나라가 모두 똑같아 터럭만큼의 어긋남도 없다. 매 칸마다 자리 세 장씩을 까는데 또 조금만치의 어긋남도 없다. 그러므로 장자나 자리 중 어느 하나가 손상되면 비록 다른 지역에서 사다가 보수하더라도 모두 부절(符節)28)을 맞춘 듯이 꼭 들어맞으니 나라 안에서 사용하는 척도가 얼마나 정밀한지 알 수 있다.

　집을 지을 때에는 복도와 부엌과 창고와 욕실이 모두 하나의 구조물 안에 있으므로 한 집의 크기가 혹 수백 보에 이르기도 한다. 방을 지나 벽을 나서면 혹 그림 같은 굽은 담과 거울 같은 연못을 볼 수 있다. 또 중위(重闈)29)를 지나갈 수 있다면 혹 기암괴석 사이로 드문드문 아련하게 들려오는 피리소리와 아름다운 꽃들이 층계를 뒤덮고 있는 모습도 볼 수 있다. 또 깊숙한 곳에 있는 밀실로 들어가면 비단 장막과 붉은 담요를 두르고 문목(文木: 쓸모 있는 좋은 나무)으로 문미(문 위에 가로댄 上引枋－옮긴이)를 대었으며 벽과 접해 있는 곳에는 안석(案席: 앉아서 몸을 뒤로 기대는 데 쓰는 방석)을 만들어 기댈 수도 있고 누울 수도 있다. 한 번 들어가면 어디로 나와야 하고 어디로 가야 할지 알 수가 없다.

　처마 끝에는 긴 떡갈나무를 두어서 낙숫물을 받게 하고 지붕 머리에는 물통을 놓아서 화재에 대비한다. 마당에는 자그마한 돌멩이를 깔아놓아 비가 와도 질척거리지 않고, 복도에는 종이로 만든 등(燈)을 걸어놓아 밤에도 길을 잃지 않는다.

　이것이 수도 밖의 부귀한 이들이 사는 저택의 대강이니, 비록 관백이 거처하는 궁이 그보다 정세하고 치밀하다고는 하나 굉걸(宏傑)함은 그만 못하다. 장막으로 가리고 자리를 펴는 것 또한 주(州)와 부(府)의 관사(官

숌)와 더불어 다를 것이 없다. 대개 왜인들이 공교함을 숭상하고 예법에는 어두워 나라의 군장이 거처하는 곳에 대한 제도를 정립하지 않아 평민 중의 부호한 자가 또한 왕후와 더불어 사치를 다투니 그들 사회의 등급이 없기가 이와 같다.

○나라 안의 왕궁과 민가에는 모두 온돌을 설치하여 불을 두는 법이 없다. 다만 널빤지를 펼쳐놓은 위에 두꺼운 자리와 풀솜으로 만든 요를 깔고 잔다. 솥과 당(鐺:火齊. 火候) 등 밥 짓는 도구들은 모두 주방에 따로 두어 밥 짓는 연기와 접하지 않게 한다. 다만 매우 추울 때에는 방에서 널빤지 하나를 제거하고 지로(地爐:방에 땅을 약간 파서 화로를 넣고 고정시킨 것)를 설치하여 흙을 쌓고 숯을 활활 태우고 그 위에 작은 상(床)을 붙이는데, 상은 마치 우리나라의 작은 창처럼 구멍을 뚫어 화기를 통하게 한다. 그 위를 솜 요로 덮어 올라가 앉아서 땀을 내는 이도 있고, 옆에 끼고 앉아서 손발을 덥히는 이도 있다.

여름철에는 파리 구더기가 매우 드물다. 이것은 방안이 정결하여 오염되지 않았기 때문이다. 생선과 고기가 부패한 것은 곧 측간(側間)에 묻고 냄새나고 더러운 것은 곧 밭두둑에 옮겨 놓기 때문에 구더기가 부화할 데가 없다. 모기나 등에가 한 마리라도 보이면 푸른색의 모시로 네모난 장막을 만들어 사방의 나무들에다 덮는데, 높이는 사람이 일어나 앉을 만하고 안은 한 사람이 누워 잘만하다.

속어로 변소를 일러 '설은(雪隱)'30)이라고 하는데 설은의 옆에는 반드시 욕실을 둔다. 욕실 안에는 나무로 만든 통을 두어 물을 담아두고, 옆에는 평상이 하나 있는데 상에는 두어 자쯤 되는 하얀 모시를 둔다. 그들의 풍속에 볼 일을 본 후에는 반드시 세욕(洗浴)을 하기 때문에 그러므로 물통과 평상과 수건이 있는 것이다. 남녀가 교합(交合)하는 방에도 또한 이러한 도구를 둔다고 한다.

○사찰은 그 구조물의 높이와 크기가 왕실의 배가 된다. 여러 아름쯤 되는 나무로 원주(圓柱)를 만들고 황금으로 입힌다. 지게문(마루나 부엌 같은 데서 방으로 드나드는 외짝 문―옮긴이)은 모두 좋은 나무로 만들고 처마는 거울처럼 까맣게 칠한다. 그러나 단청채색은 하지 않으며 벽 사이에 때로 그림을 그리기도 한다. 그들이 '절[寺]'이라고 일컫는 곳은 간혹 부처를 모시거나 승려가 묵거나 하는 곳이 아니라 천황의 여러 아들들인 법왕(法王)이 거처하는 곳이며 또 빈객과 사신이 유숙하는 관소이기도 하다. 또한 마을 안에도 불당이 있는데 승려의 무리와 일반 백성이 섞여서 거처한다. 때로 민가에 관음금상(觀音金像)을 모셔놓고 승려 몇 명이 서서 경쇠를 두드리는 것을 볼 수 있다. 또 크고 높은 금불을 길옆에 그냥 앉혀놓은 경우도 매우 많은데 불상을 만드는 솜씨는 우리나라만 못한 것 같다.

○시내와 산의 경치 좋은 곳에는 반드시 정사(精舍)와 별관(別館)이 있는데 깨끗하고 밝아서 마치 신선이나 도사가 거처하는 곳인 듯하다. 그런데 이런 곳은 필경 관백 이하 각 주의 태수가 설치해 놓은 다옥이니, 곧 그들이 왕래할 때에 유숙하며 식사하고 차를 마시는 곳이다. 또 길옆의 좌우에 별도로 세워놓은 초가집 한두 칸이 있기도 한데, 매우 절묘(絶妙)한 것이 거기서 잠시 쉬었다 가도 될 듯하여 물어본즉 귀인들이 길을 가다 이용하는 변소로 세워놓은 것이라 한다.

관제 官制

관제에는 9품이 있는데 '품(品)'이라 하지 않고 '위(位)'라고 하며 또한 정(正)과 종(從)의 구별이 있다.

'대집정(大執政)'·'좌집정(左執政)'·'우집정(右執政)'이라고 하는 것이 있는데 옛날의 삼공(三公: 한 나라에서 가장 높은 세 가지 벼슬)과 같은 것이다. 대장군(大將軍)이 가장 존귀하며 대납언(大納言)이 아상(亞相)쯤 되며 중납언(中納言)과 소납언(小納言)은 옛날의 급사(給事: 귀인을 곁에서 섬기는 벼슬)나 황문(黃門: 환관)31)과 같은 부류이다. 식부(式部)·치부(治部)·민부(民部)·병부(兵部)·형부(刑部)·궁내성(宮內省) 이것이 육관(六官)인데, 각기 경(卿)과 대보(大輔)·소보(小輔), 대승(大丞)·소승(小丞) 등의 관직이 있다. 소부(掃部)와 직부(織部)는 청소와 길쌈을 관장하는 관청이고, 대장(大藏)은 조세를 관장하며, 준인(准人)은 의장(儀狀: 예의범절)을, 선부(膳部)는 음식을, 전약(典藥)은 의약을, 채녀(采女)는 궁녀를, 태학료(太學寮)는 문학을, 탄정료(彈正寮)는 허물을 규명해내는 일을 관장한다. 중장(中將)과 소장(小將), 좌·우위문(左·右衛門), 좌·우병위(左·右兵衛), 좌·우마료(左·右馬寮), 병고료(兵庫寮)는 모두 숙위(宿衛: 숙직하며 지킴)를 관장한다. 모든 관직에는 모두 관아(官衙)가 있다. '료(寮)'라고 일컫는 이들은 반드시 '두(頭)'·'윤(允)'·'조(助)' 3등급의 관직이 있고, '서(署)'라고 일컫는 이들은 또 '수(首)'·'우(佑)'·'영(令)'·'사(史)'의 관직이 있다. 각각 그 직책으로써 육관(六官)의 소속이 된다.

각 주에는 '수(守)'·'개(介)'·'목(目)'·'연(掾)'이 있다. 수는 자사(刺史: 한·당시대의 州 장관)와 같고, 개는 별가(別駕)32)와 같고, 목은 주부(主簿: 문서·장부를 맡은 한대 이후의 벼슬)와 같고, 연은 '사마(司馬: 周代에 주로 軍務를 맡은 벼슬)'와 같다.

이것이 내직(內職)과 외직(外職)의 대략인데, 전대에는 천황이 정권을 잡고 있었기 때문에 관명을 띠고 있는 자는 각기 자기의 직책을 다스렸다. 그런데 천황이 시동(尸童)처럼 처하게 된 이후로는33) 관백이 정이위(正二位) 대장군(大將軍)의 직책으로서 66주를 총괄하여 다스리고, 각 주의 땅을 나누어서 종실과 집정 등의 식읍을 삼아 크고 작은 관청이 다만 천황의 허명을 빌어 사은례(謝恩禮)를 행한다. 천황의 육관 삼공은 어떻게 됐

는지 알 수 없다.

○내가 보건대 일본의 관명은 그것이 띠고 있는 직책과 각각 상관이 없으니, 예를 들어 원정잠(源正岑)이 하내(河內)의 태수이고 원충신(源忠辰)이 준하(駿河)의 태수이고 원중지(源重之)가 태화(太和)의 태수이고 원중치(源重治)가 근강(近江)의 태수인데 모두 다 그 주의 태수가 아닌 것과 같다. 원직유(源直唯)는 소부두(掃部頭)이고 원계우(源繼友)는 중납언(中納言)이고 원구충(源久忠)은 내선정(內膳正)이고 평방성(平方誠)은 습유(拾遺)인데 또 그들은 모두 중앙 관청의 관직에 있지 않다. 저들은 다스리는 곳은 동도(東道)에 있으나 서주(西州) 어디의 태수라고 일컫고 지방 수령이면서 내직에 이름을 두어 관직과 위계가 실제로 관장하고 있는 직무와 서로 천리만큼이나 떨어져 있으며, 한 주의 태수가 혹 4~5명에 이르기도 한다. 매우 괴이한 생각이 들어 개인적으로 우삼동에게 물어보니 동이 말하기를,

"일본의 관제는 귀국과 크게 다르니 비록 공에게 이야기한다 해도 쉽게 이해하지 못하실 것입니다. 또한 말하고 싶지 않은 것도 있습니다."
라고 하였다.

대개 천황이 관직을 세울 때 본래 정해진 명칭이 있어서 안으로 삼공(三公) 육관(六官) 백집사(百執事)와 밖으로 66주의 태수가 순서와 등급이 분명하며 대소가 다 갖추어져 있었다. 그런데 관백이 나라를 다스리게 된 후로 따로 관명을 세우지 않고 천황의 작위를 빌려서 그 신하를 부린다. 크고 작은 관직의 제수가 비록 관백에게서 나오나 작첩(爵帖)에는 반드시 천황의 인장을 사용하였고 사은례(謝恩禮) 또한 황제의 조정에서 하였으니 이는 오직 천황만이 줄 수 있는 것이므로 옛 이름을 사용하여 바꾸지 않은 것이고, 관직을 주는 것은 관백에게 있으므로 관할한 바에 따라 일을 맡기는 것이다. '아무 주의 태수', '아무 부서의 관리'라고 말하는 것은 모두 천황이 주는 것이고, '아무 성의 성주(城主)'라고 말하는 것은 곧 관백이 명하는 것이다.

관백이 비록 국군(國君)이라고 칭하나 천황의 조정에서는 정이위(正二位) 대장군의 반열이다. 황제의 수도에서 정·종 일위는 반드시 대납언, 좌·우 집정의 무리이다. 그러므로 관백의 삼종실(三宗室),34) 집정(執政), 세신(世臣)이 되는 자는 조산대부(朝散大夫)와 정·종 사위인 중장군, 중납언, 소부두의 관직을 얻는데 불과하고 대납언 이상의 칭호가 없으니, 이는 관백을 참월한다는 혐의가 되기 때문이다.

관백이 여러 신하로 하여금 읍(邑)을 맡아 녹미(祿米)를 먹게 하는 것 또한 군대를 다스리는 제도에서 나온 것으로 백관(百官)의 법도를 세우지 않았다. 읍을 맡은 자는 또 각각 섭정(攝政)과 봉행(奉行)과 기실(記室)의 신하를 둔다. 식실(食實)이 60만 석이라고 하는 것은 그가 관장하는 바의 땅에서 1년 치 세금이 60만 석이 나오는 것을 말하는 것으로, 군병 한 명당 한 해의 녹봉이 25석이라고 하면 100석으로는 군병 4명을 기를 수 있고, 1만 석으로는 군병 400명을, 10만 석으로는 4,000명을 얻을 수 있다. 땅이 넓은 자는 창고가 많고 창고가 많은 자는 군병이 많다. 자기 봉급을 깎아가며 군대를 기르는 데 열심인 자는 능력 있는 관리라 하여 토지를 늘려 상을 주고, 부패하여 사사로이 축적하는 데 힘써 군대가 많이 줄어든 자는 능력이 없다고 하여 토지를 삭감함으로써 벌을 내린다. 관직에 있는 자는 힘을 다하여 군대를 다스리는 데 힘써야 하므로 성읍(城邑)을 가지고 있는 자는 모두 무관(武官)의 직책이고, 이른바 '문학(文學)'의 소임을 맡고 있는 임신독(林信篤)35)과 같은 이는 등급으로 치면 비록 재주가 관중과 제갈량을 겸할 만하나 한 자, 한 치만큼의 땅도 지키지 못하고 다만 의관이나 승도들처럼 다달이 녹봉이나 받아먹을 따름이다.

○『도산집(鳥山集)』36) 중 이른바 승상(丞相)·아상(亞相)·태종백(太宗伯) 등은 당시에 천황의 대신으로서 정·종 일위(正從一位)의 자품이다. 그러나 그들은 군국(軍國)의 대사에 하나도 참여할 수 없었고 토지와 인민에게 정치와 교화를 베풀지 못하며 다만 헛된 이름으로 윗자리에 붙어 있

기만 하니 어디에 존귀함이 있겠는가. 또 일본의 역사를 보니 "고려왕이 사신을 보내어 표문(表文)을 받들었다"는 말이 있는데 그때 황태자가 그 표현과 내용이 교만한 것을 보고 화가 나서 표문은 찢어버리고 사신은 잡아 가두었다고 한다. 그런데 우리 조정이 일본과 소식을 통한 것은 관백이 나라를 통일한 후이므로 관백과 소식을 통하였고, 사신이 수레에 올라 북을 치며 피리를 불면서 천황을 힐끗 보고 지나갔으니 관백의 위품(位品)에 대해서는 물을 필요가 없는 것이다. 신묘사행 때는 관백이 왕이라고 사사로이 칭하였으나 지금은 공손하여서 왕이라 칭하지 않고, 답장에는 다만 '일본국 원길종(日本國源吉宗)'이라고만 쓰고 작위와 명호(名號)는 칭하지 않았다. 대개 '대장군(大將軍)'으로서 호칭하면 곧 이웃나라와 대등한 예를 행할 수 없기 때문이다. 우삼동이 나에게 일러 말하기를,
"만약에 귀국에서 일본 관직의 품등을 자세히 알게 된다면 반드시 편치 않은 점이 있을 것입니다. 그러므로 감히 다 말할 수가 없습니다."
라고 하였다. 그 뜻은 아마도 자기네 나라의 군주가 정이위(正二位)로서 지존(至尊)이 아니므로 우리나라에서 다투어 겨룰까봐 두려워 그러는 것 같았다.

○각 주의 섭정 봉행 또한 모두 세습한다. 준인(准人), 채녀(采女), 병위(兵衛) 등의 칭호는 천황의 관명을 사용한 것으로 품위(品位)는 또 태수의 반열보다 낮다. 이것은 국군(國君: 관백)이 명한 것이고 그밖에 기실(記室)이나 의관(醫官)과 같은 류는 모두 태수가 스스로 불러서 등용한다. 대마도는 우리나라를 접대하기 때문에 일이 가장 많아 재판(裁判)의 관직을 더 두는데 이것 또한 태수가 명하는 것이다. 그러므로 지위는 봉행(奉行)의 아래이나 녹미(祿米)는 기실의 배가 된다.

○내가 강호에 있을 때 일찍이 조용히 우삼동에게 일러 말하기를,
"귀국의 규모를 가만히 보니 또한 중화의 것을 모방한 것이 있는데,

알고 계시는지요?”

하니 동이,

“어느 시대와 견줄 수 있을까요?”

라고 물었다. 말하기를,

“춘추전국시대에 천자의 힘이 쇠약하여 위엄과 은혜가 왕실에 있지 않고 제(齊)나라 환공(桓公)과 진(晉)나라 문공(文公)이 천자의 껍데기뿐인 이름을 빌려서 제후를 호령했습니다. 천승(千乘)의 국가[37]에 백승의 대부가 있고 백승의 집에 각각 재신(宰臣)이 있어서 그 읍을 다스렸는데, 이른바 재신이 대부를 섬기면 곧 군신(君臣) 관계가 되어 주인국의 정치를 행하였으니 공자(孔子) 문하의 제자가 모두 대부의 집에서 벼슬한 것이 이러한 경우입니다. 이제 귀국을 보니 천황이 친히 정사를 베풀지 않고 관백 이하가 다만 작명(爵命)을 사용하여 ‘군(君)’이라 하고 ‘후(侯)’라 하고 ‘대부(大夫)’라 하며 성읍(城邑)을 둡니다. 백관(百官)의 여러 일이 모두 대부의 가신에게 귀속되고 각 주의 섭정 봉행들도 또 태수와 더불어 사사로이 군신의 의리를 맺어 각기 능히 한 나라의 일을 이와 같이 맡아서 처리하니 이러한 것을 가히 전국시대에 견줄 수 있습니다.”

라고 하였다. 동이 놀라 사례하며 말하기를,

“이는 진실로 적실한 의론입니다. 그러나 중화는 이 법이 다만 전국시대에만 행하여졌고 일본은 백세 동안 폐단이 없으니 이것은 어려운 일입니다.”

라고 하였다. 내가 또 말하기를,

“지형과 백성의 풍속이 중화와 비교해 볼 때 다르기 때문입니다. 주나라 말엽에 여러 나라로 나뉘어 다투자 정치가 천자에게서 나오지 않아 제후와 대부가 나라를 자기 집처럼 삼아 서로 공격하니 백성이 명령을 견딜 수가 없었습니다. 그러므로 진시황이 출현하여 주나라를 삼키고 천하를 통일하여 정치의 명령이 모두 위에서 나온 연후에 인재를 선택하여 관직을 주고 업적을 살펴 임기를 한정하는 법을 두었으니 한당(漢唐)

이후로는 모두 이 법을 사용하였습니다. 귀국은 바다 가운데 치우쳐 있어 이웃나라 전쟁의 화를 당해보지 못하였고 여러 주의 대부들이 세습에 익숙하여 아래위로 이의가 없습니다. 이것이 국운이 무궁하고 법 또한 변하지 않아서 지금까지 폐단이 없는 까닭입니다. 그러나 하늘과 땅과 사람이 스스로 생긴 이래 진실로 하나의 일, 하나의 물건도 억만년에 이르도록 바뀌지 않는 것은 없습니다. 이 이후 일본의 관제가 다시 진한(秦漢)과 같아질 때가 있을지 어찌 알겠습니까.”
라고 말하였다. 동이 감탄하여 말하기를,
　“이것은 일리가 있는 말입니다.”
라고 하였다.

전제 田制

　전제는 30보를 1묘(畝)라 하고 10묘를 1탄(瞳)이라 한다. 1탄의 상세(上稅)는 8석(石)이고 중세(中稅)는 6석이고 하세(下稅)는 5석이다. 1석은 곧 우리나라의 25말이다.

　시전(市廛 : 장거리의 가게)은 3보(步)가 1칸(間)이고 60칸이 1정(町)이며 36정이 1리(里)이다. 리의 5정은 밭의 3묘(畝)이다.

　인가(人家)는 매 칸마다 은 5전(錢)의 세를 내며 공상인(工商人)은 각각 그 물건의 10분의 1을 세금으로 낸다. 매 1정마다 1이문(里門)을 두어 오가(五家)의 법을 시행한다. 하나의 시(市)에는 그 시의 세를 거두는 것을 관장하는 사람이 있으니 그를 ‘좌(座)’라 부르고, 하나의 이(里)에는 그 이의 민역(民役)을 관장하는 사람이 있으니 그를 ‘간전(肝煎)’이라고 부르며, 외방(外方)에는 하나의 촌마다 그 촌의 일을 관리하는 사람이 있으니 그

를 장옥(莊屋)이라고 부른다. 각 주는 관리하는 태수가 각각 세를 거두는
데 왜경(倭京)·대판(大坂)·계빈(界濱)·병고(兵庫)·천하기(天河崎)·금수(今
須)·묵아(墨衙)·명해(鳴海)·적판(赤坂)·신거(新居)·견촌(見村)·삼도(三
島)·대기(大磯)·신내천(新奈川) 등지는 땅은 비록 각 주에 속해 있으나
저자와 마을에서 세금을 받아 모두 관백에게 보낸다. 살마주의 농도(籠島)
와 비전주의 장기(長崎)는 상인들이 몰려드는 곳으로 또한 관백의 별장(別
藏)이다.

　대저 나라 가운데 백성이 많고 가옥이 번화하며 시장이 번성한 곳은
큰길가나 도읍지나 배가 정박하는 곳인 경우가 많다. 여행하는 자들은
물건을 전매(轉買)하고 거주하는 자들은 이익을 얻어 농사짓고 길쌈하지
않아도 옷과 음식이 사치하며 높다란 문에 화려한 집들이 길에 연이어
뻗어 있다. 그러나 주국(州國)의 세법이 매우 각박하여 추호도 새나가는
것이 없다. 궁벽한 시골의 농민들은 1년 내내 경작하여도 다 관아로 돌
아가고 풍년이 들어도 콩 반쪽도 잇기 어려워 스스로 처자를 팔아먹기
까지 하니 빈부가 균등치 않음이 다 국법의 폐단에서 말미암은 것이다.
그러나 백성들이 한 번 세금을 납입하면 다른 책임은 없는 것을 볼 수
있다. 관백 이하 각 주의 태수들이 출입할 때에 모두 마부와 말 및 역참
에서 공억(供億)하는 비용을 내게 하는 법이 없다. 통신사가 갔을 때에도
허다한 인역(人役)과 지공하는 많은 물건들이 날마다 천만을 헤아리는데,
모두 관에서 돈을 주고 사서 털끝만큼도 백성을 번거롭게 하지 않았으
니 백성을 보존할 수 있는 것은 이 때문이다.

병제는 가장 정치(精緻)하고 강력하다. 각 주의 태수는 모두 무관의 직책으로서 들어오는 바 전답의 조세가 다 군사를 기르는 도구가 된다. 군병 1인에게는 해마다 녹미 25석을 주고 다른 부역은 없으며, 장관(將官)을 두어 녹미 100석 이상을 주고 또 토지를 나누어주어 부역과 세금 징수를 스스로에게 맡긴다. 그런데 장관이 된 자는 혹 원래 정해진 수량에 구애받지 않고 백성을 여러 가지 방법으로 학대하여 깡그리 거두어서 각기 세금을 거두어들이는 토지로 군대를 기른다. 그러므로 평민의 고혈을 다 빨아먹어 병가(兵家)에 들어가지 않으면 옷과 밥이 나올 데가 없어 백성들은 온 힘을 다하여 스스로를 팔아 장관의 군대에 몸을 의탁하려고 한다. 이미 허락을 받아 병사가 되면 그 몸은 삶과 죽음, 굶주림과 배부름을 자기 마음대로 할 수 없으니 모두 장관의 손에 달리게 된다. 일명 '담이 약한 자'는 어느 곳에서고 받아주지 않고, 칼 등 차고 있는 것이 조금이라도 열등하면 사람 축에도 끼어주지 않고, 칼에 밴 상처의 흔적이 안면에 나있으면 용감한 사나이라 하여 벼슬을 얻을 수 있고, 귀 뒤에 있으면 도망을 잘 간다 하여 배척당한다. 대개 그 법령이 사람을 몰아가기가 이와 같고 다른 방법으로는 의식(衣食)이 나올 데가 없다. 저들이 삶을 가벼이 여기고 죽기를 용감히 하는 것은 애초에 의리를 경모하여 그러한 것이 아니며 또 타고난 천품이 그러한 것도 아니며 사실은 일신을 스스로 도모하기 위한 것이었다. 그리하여 평소에 군졸들이 몸에 익힌 것이 성품을 이루게 되어 어떤 일을 만나게 되면 달리는 교룡과 돌진하는 돼지인 듯하고, 적을 만나면 등불을 보고 달려드는 나방이나 수레바퀴에 대항하는 사마귀[38]처럼 되는 것이다. 장수는 비록 노둔하더라도 병사들은 사력을 다하고 군졸들은 비록 무르고 약하더라도 싸움에 나가는 것에는 용감하다. 이것이 비록 오랑캐 부락의 본성이라 하더라도 양병(養兵)

의 기술을 터득했다고는 이를 수 있겠다.

○ 군사들은 매월 6차례 재주를 시험한다. 물에는 주사(舟師 : 수군)가 있고 육지에는 보군(步軍 : 보병)이 있는데, 모두 포수(砲手 : 대포를 쏘는 포병)를 으뜸으로 삼는다. 갑비주(甲斐州)의 기병(騎兵)과 살마주(薩摩州)의 검사(劍士)가 가장 사납고 용맹하여 대적할 수가 없다고 일컬어진다.

병기(兵機)를 만드는 데에 있어서는 칼과 총이 가장 정밀하다. 칼을 차는 자는 반드시 장검과 단검 두 자루를 차는데, 장검은 찌르고 베며 단검은 던져서 맞춘다. 사람이 뜻밖에 맞게 되면 그 자리에서 죽지 않는 자가 없다. 총은 대·중·소 세 가지의 제도가 있다. 작은 것은 가지고 다니고, 중간 크기의 것은 총신이 조금 커서 녹로(轆轤)[39]에 실어서 가지고 다닌다. 큰 것은 길이가 한 길이나 되니 우리나라의 천자총(天字銃)[40]만큼 커서 성을 지킬 때에만 쓴다.

창 자루는 가늘고 긴데 창 갈래는 또한 한 갈래인 것과 세 갈래인 것이 있다. 위에는 검고 하얀 깃털을 매단다. 혹 붉은 모직물로 기를 만들기도 하는데 넓이는 1치[41] 정도 되고 길이는 1자[42] 남짓 된다.

활의 제도는 나무로 몸체를 만들고 양옆을 치켜올려서 꼰 등나무 줄기를 붙이고 칠을 한다. 그 길이가 한 길 남짓 되는데 힘이 약하여 멀리 쏠 수는 없으며 화살 또한 짧고 가늘며 깃털이 넓어 갑옷의 미늘(갑옷에 입힌 비늘 모양의 가죽 조각이나 쇳조각―옮긴이)도 뚫을 수 없을 것 같아 보인다. 왜인들이 우리나라의 큰 활을 보고는 모두 놀라고 겁을 먹었다. 관백이 역사(力士)를 따로 택하여 당기게 해보았는데 활시위도 열지 못하였다. 사행군관 양봉명(楊鳳鳴)이 활시위를 한껏 당겨 화살을 쏘니 구경하던 아래 윗사람들이 모두 놀라 기절하였다.

○ 나라에는 사민(四民)이 있는데 '병(兵)·농(農)·공(工)·상(商)'이라 하며 '사(士)'는 거기에 속하지 않는다. '병(兵)'이 가장 최고여서 의식(衣食)

이 풍족하고, '상(商)'은 비록 부유하나 세법이 너무 무겁다. '공(工)'은 재주가 교묘하나 값이 싸고 '농(農)'은 가장 고되나 1년마다 세를 거두는 외에 다른 부역은 없다.

대개 사민의 밖에는 별도로 '유학(儒學)'과 '승도(僧徒)', '의학(醫學)'이 있다. 그러나 나라의 풍속에 '의(醫)'는 사람을 살리는 공이 있기 때문에 '의'가 가장 위이고 '승도'가 그 다음이며, '유(儒)'가 가장 말단이다. 이른바 '유'라고 하는 이들은 시문 짓는 것을 배우는데 과거를 보아 벼슬에 나아갈 수 있는 길이 없다. 그러므로 다행히 좋은 평판을 얻어 각 주의 기실(記室)이 되면 수백 석의 녹미를 받으며 일생을 마칠 수 있고 얻지 못하면 병가에 들어가거나 의원(醫員)이 된다. 이번 사행 길에 역참의 관리 가운데 글을 가지고 와서 보여주는 자들이 있었는데 혹은 아무 지역의 의관이라고도 하고 혹은 아무 성(城)의 무신(武臣)이라고도 하였다. 그 문장이 왕왕 볼만한 것이 있었으니 대개 문사(文士)로서 의관이나 병사가 되어 녹을 먹는 자들이다.

○각 주의 태수가 출입할 때에는 좌우에서 옹립하는 자가 흑우기(黑羽旗)와 홍전기(紅氈旗)를 들고 모두 뾰족한 창을 들었다. 군졸들은 조총을 끼고 화약심지를 불사르며 만약의 사태에 대비한다. 봉행 이하는 반드시 사람들에게 창과 깃발을 들고 앞에서 인도하게 하고 기실 여러 사람도 또한 그렇게 한다. 그 의식이 모두 무직(武職)에서 나왔으니 한 가지도 문(文)과 관련된 기물은 볼 수가 없다.

○각 주의 사람들은 모두 표지(標識)가 있다. 유막(帷幕)43)과 배의 돛 및 의복의 옷깃 뒤를 보면 반드시 검은 색으로 표를 하는데, 표의 모양이 혹 모나기도 하고, 혹 둥글기도 하며, 혹 매화 같기도 하고, 혹 나뭇잎 같기도 하며, 태극도 같기도 하고, '品' 자 같기도 하고, 또 '品' 자 위에 한 획을 더한 것 같기도 하니 각기 그 지방에 따라서 다르게 한다. 만약

에 각 주의 표지를 미리 안다면 그 돛을 보면 어느 주의 배인지 알 수 있고, 그 옷을 보면 어느 주의 사람인지 알 수 있다. 이것 또한 군대의 제도를 위하여 설치한 것으로 군대의 대오로 하여금 서로 섞이지 않게 하기 위한 것이다. 우리나라에서 진영마다 각기 의복과 깃발의 색을 구별하는 것과 같다. 그러나 온갖 백성들을 옷깃에다 묶어놓아 평상시에 거할 때나 출입할 때나 감히 동·서에 서로 섞이지 못하게 하니 그 법이 얼마나 준엄하고 각박한지 알 수 있다.

○그 나라의 풍속이 본래 등위(等位)가 없어서 궁실, 수레와 말, 의복, 기물 등이 분수에 넘치는 것이 제도가 없다. 그러나 명분(名分)이 한 번 정해지면 아래 위가 분명하여 경외하고 받들어 준수하여 감히 소홀히 하지 않는다. 사행이 왕래하는 길에 지공하고 응대하는 관리를 여럿 보았는데 태수와 봉행 이하는 어리석고 뒤떨어져 인사(人事)를 돌보지 못하는 자가 많이 등용되었다. 그런데 그 부하들이 감히 우러러 보지도 못하고 엉금엉금 기며 명령을 받으면 시키는 것을 받들어 한 자, 한 치도 어긋남이 없었다. 칼을 차고 문을 지키게 되면 문 안에 꼼짝 않고 앉아서 밤새도록 게으름을 피지 않고, 차를 끓여 대접할 때에는 낮 동안 화로를 끼고 숯을 피우며 잠시도 떠나지 않으며, 무릇 부르기만 하면 대답하기를 메아리처럼 즉각 하여 매질하지 않아도 일마다 모두 처리하였다. 좁은 길에서 관광하는 자는 모두 정로(正路)의 밖에 앉는데 키가 작은 자는 앞에 앉고 조금 큰 자는 두 번째 줄에 앉으며 큰 자는 뒤에 앉아 순서대로 대열을 지으니 엄숙하고 가지런하여 소란스러움이 없다. 수천 리를 가는 동안 한 사람도 망령되이 행동하거나 금지된 길을 범하여 들어가는 자를 본 적이 없다. 대개 그 인심과 습속이 모두 손무(孫武)[44]나 양저(穰苴)[45]의 군대와 같다. 이것은 예교(禮教)가 있어서 가지런한 것이 아니라, 국군(國君)과 각 주 태수의 정치가 한결같이 병제(兵制)에서 나와서 크고 작은 백성들이 보고 익히는 것이 한결같이 군

법과 같기 때문이다.

【풍속 風俗】

이 나라에는 관혼상제(冠婚喪祭)의 예가 없다.46)

남자는 장가를 가지 않은 사람은 머리의 한 가운데만 깎고 정수리 앞과 뒤통수의 머리는 남겨둔다. 아내를 둔 후에는 정수리 앞의 머리도 깎고 뒤통수의 머리만 한 줌 정도 남겨서 네 마디 정도 되는 머리를 종이 노끈으로 묶어서 구부려 위로 향하게 한다. 이것이 성인의 의관인데, 간혹 머리를 전혀 깎지 않고 뒤통수에서 한꺼번에 묶어 구부린 이도 볼 수 있다. 여자는 당나라 제도와 마찬가지로 결발(結髮)하여 묶는데 머리 위에 가르마를 타지 않고 곧바로 뒤통수에서 한꺼번에 묶는다. 세 갈래를 겹쳐서 구불구불 말아 아래로 늘어뜨려 흰 실로 매고 머리 위에 결발한 곳은 비단으로 싸고 대모47) 빗을 꽂는다. 이미 결혼한 여자는 이가 모두 흑색이니 철액수(鐵液水)48)에 약을 타서 입 속에 머금으면 이에 물이 든다. 시집가지 않은 아가씨나 창녀들은 모두 흰 이를 하고 있다.

시집가고 장가들 때에는 폐백을 쓰지 않고 혼인하는 날 저녁에 신부를 신랑의 집에 보내는데 양쪽 집안의 일가친척들이 성대하게 등촉(燈燭)을 밝히고 위엄 있는 거동으로 보내고 맞이하는 예를 거행하고는 양가에서 각각 술과 음식을 갖추어 빈객들에게 잔치를 베푼다고 한다.

상제(喪制)는 임금과 어버이의 상에도 또한 곡을 하고 상복을 입는 예절이 없어 음식을 먹는 것이나 말하는 것이 보통 사람과 다름이 없다. 사람이 죽으면 시체를 거두어 나무통 안에 가부좌를 시켜서 앉혀두고 돌을 쌓아 구덩이를 만들고 나무를 세워 표를 한다. 귀인이나 제후의 집안에서는 이에 비석을 만들고 도설(棹楔 : 문 옆의 두 설주로 안팎으로 세워 막은 것)을 세워서 그 땅에 표시를 한다.

그런데 제례는 쌀을 흩고 술을 뿌리는 것에 불과하다. 또 연기(年忌)와 월기(月忌), 일기(日忌)의 설이 있어서 만약에 어떤 사람이 정월 초하루에 죽으면 11일, 21일을 모두 기일이라 하고 매년 정월 및 매월 초하루도 또한 마찬가지여서 승려를 불러다 재(齋)를 올리고 공양(供養 : 죽은 이의 영전에 음식을 올리는 일)을 갖추니 승려들은 이것으로 생활을 꾸려 나간다고 한다.

○ 대마도 통사 중에 나이 어리고 재주가 영민한 자가 있었는데 강호에까지 따라왔다. 내가 자주 불러 일도 시키고 혹 먹을 것도 주곤 하였는데 갑자기 며칠 동안 보이지 않아,

"아무개 통사는 어디 있는가?"

하고 물으니 왜인들이 말하기를,

"아무개는 어제 어머니가 돌아가셨다는 소식을 들었습니다."

라고 하였다. 또,

"어머니가 대마도에서 돌아가셨는가?"

하고 물으니

"그렇습니다."

라고 대답하였다. 내가 가련히 여기며, 그가 이미 어버이 상을 당하여 급히 집으로 돌아갔다고 여기고 다시는 묻지 않았다. 며칠 후에 그가 와서 알현하였는데 의복과 말투가 평소와 같았다. 내가 말하기를,

"지난번에 어떤 사람이 와서 전하기를 자네가 비통하게도 모우(母憂)를 당하였다고 하니, 매우 놀라고 슬펐네."

하자 그가 머리를 조아리고 사례하며 말하기를,

"제가 먼 곳에 와서 이렇게 참담한 일을 만나니 차마 말씀드릴 수가 없었습니다. 일본 왕법에 분상(奔喪 : 먼 곳에서 親喪을 당하여 급히 집으로 돌아

감)을 허락하는 전례가 없습니다. 제가 공무에 몸이 매여 있어 수행하느라 바빠 푸른 무늬 옷을 입고 갈아입지 못하였습니다. 이러한 모습으로 조선 사람을 대하게 되니 부끄럽습니다.”
라고 하였다. 그 말뜻은 대개 우리나라가 상례를 중시한다는 것을 그도 또한 들어 알고 있으므로 그것이 부끄러워할 만한 일이라는 것을 알고 하늘로부터 타고난 본성이 문득 이마에 땀이 나게 하는 것이다. 윗자리에 있는 자들은 어찌하여 백성들로 하여금 이러한 마음에 빠지게 하는가?

○ 왜의 풍속은 귀신을 좋아한다. 사람이 살아서 다른 사람들에게 존경과 신의를 얻으면 죽어서 반드시 사람들에게 흠향(歆饗)을 받는다고 하여 사당을 설립하고는 목욕재계를 하고 복을 빌고 사악한 기운을 쫓는 일을 한다. 부모가 돌아가신 날에는 간혹 평소에 먹던 음식을 먹지 않기도 하며 신인(神人)이 꺼린다 하여 생선과 육류를 절대 먹지 않는다. 신당(神堂)과 음사(淫祀 : 부정한 귀신을 모시는 집)가 곳곳에서 보이니, ‘천조황대신궁(天照皇大神宮)’이라는 것이 있는데 그 시조는 여신이고 웅야산(熊野山) 수신(守神)은 서복(徐福 : 徐市)이며 애탕산(愛宕山) 수신은 신라인이다. 춘일(春日)·팔번(八幡)·주길(住吉) 등으로 불리는 것은 가장 대명(大明)한 신이고 그밖에 소소한 신령(神靈)과 인귀(人鬼) 및 나무와 돌에 붙은 요귀 등 시속에서 숭상하고 받드는 것들을 이루 다 말하고 기록할 수가 없다. 무릇 서약하며 경계하고 금할 때 반드시 이러한 신들을 걸고 맹세한다. 남녀가 시집 장가 갈 때에도 또한 받드는 바의 신에게 나아가 술을 뿌리고 신에게 고한다고 한다.

○그들의 풍속은 색은 알록달록한 것을 좋아하고 맛은 단 것을 좋아하며 반찬은 고래회를 최고로 치고 바닥에 까는 것은 붉은 담요를 최고로 친다. 그 나머지 온갖 기물들은 모두 가볍고 간단한 것을 좋아한다.

집역(執役 : 백성이 公役을 치름)하는 이들을 보면 두 끼, 세 끼 밥을 먹는
일이 없어 또한 우리나라의 아전들처럼 아침저녁으로 음식을 청하는 것
과 같지 않다. 다만 배고플 때에 동전 몇 푼으로 유병(油餠) 한 판을 사거
나 혹 구운 토란 2~3개를 사서 그것으로 요기를 한다. 이른바 관장(官長
: 관리의 우두머리)의 음식의 도구도 다만 반장(飯藏) 한 궤(櫃)이다. 반장이
라는 것은 나무로 만든 상자로서 높이는 한 자가 안 되고 사방의 넓이는
두어 마디쯤 되는데 그 안에 담겨 있는 붉고 검은 칠을 한 그릇과 나무
로 만든 숟가락과 소반 등의 물건은 가늘고 작고 네모나고 둥글며, 반찬
과 국수와 과일과 차와 술 등의 음식은 모두 1작(勺 : 1홉의 10분의 1)이 안
된다. 비록 높은 관리로서 명을 받들어 다니는 사람도 자기가 가지고 다
니는 반장 외에는 번거롭게 각 역참에서 지응(支應)하게 하지 않는다. 입
는 옷도 2~3종 외에 머리에는 갓이나 모자를 쓰지 않고 발에는 가죽신
을 신지 않는다. 밥을 짓는 도구는 모두 가볍고 얇으며 교묘하므로 섶
반 묶음이면 밥과 국과 여러 탕을 끓일 수 있고 또한 굴뚝에 불을 피우
는 제도가 없다. 이에 한 사람이 하루에 먹는 음식은 두어 동전의 쌀과
반 묶음의 섶에 지나지 않고 1년에 입는 옷은 은화 1냥에 불과하다. 비
록 아이를 많이 낳고 세금을 무겁게 징수한다고 하여도 사람이 능히 입
고 먹을 수 있고 땔나무가 귀하다고 하여도 또한 부족한 데에 이르지 않
는 것은 이 때문이다.

○죄인을 신문하는 법은 매질을 사용하지 않고, 다만 죄인으로 하여
금 반듯이 눕게 하고는 큰 주발에 물을 가득 담은 것을 곧바로 입안에
들이부어 자백하게 한다. 그러한 후에 죄가 무거운 자는 곧바로 그 목을
베는데 사형 집행에 임한 자가 술에 취하여 혼미한 상태로 구덩이 가운
데 앉아 있으면 그 친한 벗이 칼을 들고 내리치는데 조금도 어려워하는
빛이 없다. 왜인의 대도(大刀)는 반드시 사람의 목을 벤 이후에야 유명해
진다. 그러므로 죽을 죄를 지은 자가 있다는 소리를 들으면 원근(遠近)에

서 칼을 들고 시험해보려고 하는 자가 저자를 이룰 듯이 다투어 모여드니 시속(時俗)의 정이 참혹하고 혹독하기가 심하다. 죄가 사형을 면할 만하면 바닷가 외딴 섬 사람이 살지 않는 곳에 귀양을 보내며 죄의 경중(輕重)에 따라 연수(年數)를 정한다. 죄가 비록 가벼워도 재범을 하면 죽는다. 역모의 법률에 관계된 자는 십자목을 사람이 많이 지나다니는 거리에 세워 발가벗긴 채 손을 못 박아 나무에 매달아 놓는다. 왕래하면서 구경하는 사람들로 하여금 불로 지지고 살을 베어내게 하여 참혹함을 다한 연후에야 형을 집행한다고 한다.

○내가 우삼동에게 묻기를,

"일본의 풍속은 예로부터 삶을 가벼이 여겨 화가 나면 반드시 스스로 그 목을 찌르고 배를 가르므로 관청에는 매질하고 신문하는 형이 없다고 합니다. 과연 그러합니까?"

라고 하자 우삼동이 말하기를,

"살기를 좋아하고 죽기를 싫어하는 것은 인지상정입니다. 일본인이라고 해서 어찌 그들만 그렇지 않겠습니까? 다만 살마주는 그들의 풍속이 별나서 어떤 일을 당하면 곧 죽습니다. 큰 죄를 지은 자가 있으면 관에서 잡아 가두지 않고 "너의 죄가 죽어 마땅하니 돌아가서 너의 집에서 죽어라"라고 말합니다. 그러면 그 사람은 알았다고 하고 집에 가서 자결하는데 한 치의 오차도 없고 관에서도 또한 믿어 의심치 않습니다. 대저 일본인들이 삶을 가벼이 여긴다는 이야기는 참으로 살마주 때문에 그런 이름을 얻은 것입니다."

라고 하였다. 내가 말하기를,

"그러한 즉 이는 연(燕)나라나 조(趙)나라 때의 의협(義俠)⁴⁹)과 비슷한데 그 가운데 혹시 기개와 절개를 숭상할만한 자가 있습니까?"

라고 물으니 대답하여 말하기를,

"전(傳)에 이른바 자기 몸을 죽여서 인(仁)을 이루고 삶을 버려서 의리를 취하는 것은 군자도 하기 어려운 바라고 하였는데 살마주에서는 사람마다 이와 같이 행동하니 어찌 기개와 절개로 논할 수 있겠습니까? 대개 그 풍토가 기괴한 것입니다."
라고 하였다.

○ 왜인들의 풍속은 기교를 숭상하여 여공(女工) 중에 명주붙이와 같은 것은 지극히 정밀하고 가볍고 교묘하다. 두어 마디쯤 되는 용기(容器)가 있어서 날마다 쓰는 온갖 도구를 담아서 품안에 넣기도 한다.

화훼나 식물에 이르면 하나도 타고난 그대로 두는 것이 없다. 반드시 가지와 잎을 펴거나 움츠려서 교묘하게 사물의 모양을 본뜨니 독(纛)50) 같기도 하고 일산(日傘) 같기도 하고 여러 층의 부도(浮屠) 같기도 하다. 나무로 뱀이 서리어 있거나 봉이 날아오르는 모습을 만들기도 하고, 풀로 네모난 상이나 둥그런 항아리 모양을 만들기도 한다. 여러 가지 모양들이 사람으로 하여금 놀라고 또 우습게 한다. 조화(造花)가 생화(生花)와 흡사한 것이 또한 진짜와 가짜를 구별하기 어렵다. 대개 그들의 천성이 교묘하게 꾸미기 좋아하여 진실에서 말미암지 않는 것이 이와 같다.

○ 우삼동이 나에게 일러 말하기를,
"일본은 어떤 것이 조선과 서로 비슷합니까?"
하고 물었다. 내가 대답하여 말하기를,
"경도(京都)에 이르러 길에서 행상하는 남녀들이 부르고 외치는 소리를 들으니 우리나라 한양 사람들과 흡사하고, 여러 사람들이 모여 앉아 음식을 먹는 모습이 우리나라 승려들이 모여서 식사하는 모습 같습니다. 나머지는 같은 것이 없습니다."
라고 하였다. 또 묻기를,
"어떤 일이 중국과 서로 비슷합니까?"
하기에 말하기를,

"나는 중국에 가보지 못했습니다. 다만 서적 등에서 얻어들은 것으로 말해본다면 일본 사람들이 집집마다 차를 마시는 것과 여자들이 머리를 결발한 모양이 가장 비슷하고, 물건을 운반할 때 반드시 어깨에 메는 것이 또한 중국 사람들이 삼태기[簣篠]를 메고 시루를 메는 것과 비슷합니다."

라고 하였다. 우삼동이 말하기를,

"일본에는 즐길 만한 일이 세 가지가 있으니, 문둥병[風瘡]과 흉악한 질병[惡疾]이 없으며, 저주와 독약으로 사람을 해치는 변고가 없으며, 아래 백성이 관리를 죽이는 일이 없습니다."

라고 하였다.

○ 일본의 풍속에는 음악이 없다. 다만 부귀한 집에서 손님에게 연회를 베풀거나 귀신을 즐겁게 할 때에 대략 북과 피리, 비파와 노래와 춤을 베풀 따름이다. 내가 대마도 태수의 경저(京邸 : 지방에 있는 封侯가 수도에 두고 있는 저택)에서 음악을 연주하는 것을 보고 돌아와서 여러 문사들과 더불어 필담을 나누었다. 내가 말하기를,

"예악은 유가에서 나온 것인데 이제 귀국의 음악을 보니 노래는 불교의 범음(梵音)과 같고 춤은 창을 쓰는 형상이나 권법(拳法)과 흡사합니다. 여기서 귀국은 불교를 숭상하고 군사 훈련의 가르침이 발달하여 유가의 풍도는 나란히 할 수 없음을 알겠습니다."

라고 하였다. 문사들이 대답하여 말하기를,

"참으로 딱 들어맞는 말입니다. 우리나라는 유가의 풍도가 전혀 없다고 해도 맞을 것입니다."

라고 하였다.

○ 일본인들의 풍속은 서화(書畫)를 좋아한다. 지체가 귀한 집이나 여염집 백성이나 비록 글자도 모르는 자라고 할지라도 반드시 중국인의 서화

홍법대사(弘法大師, 773~835)
일본 승려 공해(空海)의 시호(諡號). 당나라에 유학하고 많은 경전을 가지고 귀국했다. 일본 진언종(眞言宗)을 확립하고 전등대법사(傳燈大法師)라는 칭호를 받았다. 왜의 언문(諺文)을 만든 것으로도 유명하다.

를 구하여 병풍을 만들어서는 진귀한 보배로 삼는다. 내가 일본의 서법(書法)을 보니 홍법대사(弘法大師)[51]의 서첩(書帖:명필의 글씨를 모은 책)을 쓰고 간혹 홍무(洪武)의 격[52]을 모방하는데, 연약하여 골력(骨力:서화 등의 筆力)이 없었다.

그림의 격은 무엇을 숭상하였는지는 알 수 없으나 또한 나름대로 묘하고 아름답다. 강산과 초목과 영모류(翎毛類:鳥類와 獸類)를 그린 것은 매우 아름다운 것이 있는 것 같은데 사람을 그린 것은 조금 떨어진다.

○ 우리나라의 시문을 얻기를 구하는 일본 사람들은 귀하거나 천하거나 현명하거나 어리석거나를 막론하고 우러러보기를 신선인 양하고 주옥과 같은 보물로 여기지 않는 이가 없다. 가마꾼이나 천한 종 등 글을 알지 못하는 자들도 조선의 해서(楷書)나 초서(草書) 몇 자를 얻으면 모두 손을 머리 꼭대기에 모으고 사례한다. 이른바 문사(文士)라고 하는 이들은 혹 천리를 멀다 않고 와서 역참이나 관소에서 기다리니 하룻밤 사이에 종이 수백 폭을 써버리기도 한다. 얻으려고 하였으나 얻지 못하면 비록 반줄의 필담(筆談)이라도 진기하게 여겨 마지않는다. 대개 그 사람들이 빼어나고 화미(華美)한 땅에서 나고 자라 평소에 문물이 가히 귀한 것임을 알고 있다. 그런데 중화와는 멀리 떨어져 있어서, 태어나서 의관(衣冠)을 제대로 갖춘 것을 보지 못하여 평소에 조선을 우러러 흠모한다. 그러므로 대관(大官) 등 상류 사회에서는 우리들의 글씨와 시문을 얻으면 과시할 재료로 삼고, 서생(書生)들은 이름을 드날릴 방법으로 삼으며 아

래의 천한 백성들은 볼거리로 삼는다. 글씨를 써줄 때에는 반드시 도장을 찍어서 진필(眞筆)임을 표시하였다. 매번 이름난 주(州)나 커다란 부(府)를 지날 때면 응접하느라 틈이 없었다.

일본의 크고 작은 관리들은 인신(印信 : 印章. 도장)과 부절(符節)을 주고받는 법이 없다. 다만 개인적으로 새긴 도장으로 관청의 장부와 기록에 사용한다. 모든 금지령(禁止令)을 반포해 보일 때에는 또한 수압(手押)[53]을 사용하니 모양은 항아리 같고 획이 크고 가지런하다. 관직이 없는 자로서 문자를 조금 아는 부류들은 노소를 막론하고 반드시 자호(字號)가 있어서 각자 도장 여러 개를 만들어서 편지나 시편(詩篇)에다가 사용하는데 주홍색의 가느다란 수압(手押)을 사용한다. 전각(篆刻)의 교묘함은 중국 사람에게 뒤지지 않는다.

【방역方譯】

일본 사람들이 한자를 읽는 소리는 '동(東)·동(冬)·양(陽)·경(庚)·청(青)·증(蒸)'의 운(韻)에 해당하는 글자는 2음절로 읽으니 '동(東)' 자는 '도우', '양(陽)' 자는 '요우', '청(青)' 자는 '세이', '강(江)' 자는 '예이'라고 읽는다. '진(眞)·문(文)·한(寒)·산(刪)' 등의 운은 우리나라의 발음과 대략 비슷하고, '천(天)·천(千)·천(泉)' 등의 글자는 모두 '선'이라고 읽는다. 그 밖에 '소(蕭)·호(豪)' 운 및 입성은 또한 2음절로 읽는데 때로는 우리나라에서 읽는 소리와 비슷하다. 그러나 대저 왜인들이 혀를 놀리는 것이 본래 가볍고 지저귀는 듯한 것이 많아서 말이 새소리 같기도 하다. 그러므로 전청음(全清音)[54]이고 탁음(濁音)[55]이 없으며 얕은 소리[淺聲]는 있는데 무거운 소리[重聲]는 없으니, 우리나라가 중국에 비해서 전탁음(全濁音)[56]

이 없는 것과 같다.

우삼동과 함께 한자의 발음과 뜻에 있어서 같고 다른 점에 대해 논하였다. 동이 말하기를,

"중화의 소리는 탁음(濁音)이 많고 조선의 소리는 청음(淸音)이 많으며, 일본의 소리는 순전히 청음이고 탁음이 없으니, 이는 소리는 각각의 풍토(風土)에서 나오는 것이기 때문입니다. 조선은 중화와 가까운 곳에 있고 일본은 또 조선에게서 배웠습니다. 그러므로 내가 항상 이르기를 귀국은 중화의 발음에서 인하여 방언(方言)이 된 것이고 일본은 또 귀국의 발음에서 인하여 방언이 된 것입니다."

라고 하였다. 나는,

"이 말이 참으로 옳습니다."

라고 하였다. 동이 또 말하기를,

"방언의 길고 짧음은 또한 각각 차이가 있습니다. 중화인들은 문자 그 자체로 말을 합니다. 그러므로 다른 사람에게 안부를 묻는 말 같은 경우 다만 한두 음절만 있으면 되는데 귀국에서 번역하면 그 길이가 배가 됩니다. 일본은 또 세 배의 길이가 되고, 서양이나 남쪽 오랑캐 나라에 이르면 그 말의 길이가 일본에 비하여 또 세 배 가량 됩니다. 여기서 중국에서 멀어질수록 그 말도 더욱 길어지는 것을 알 수 있습니다."

라고 하였다. 내가,

"그렇습니다. 이 나라에 들어온 이래로 사람들이 자기 생각을 나에게 말하고 싶어 하면 먼저 통사(通事)에게 말하고 통사를 시켜 번역을 하게 하는데, 그 말을 듣다보면 지리함을 견딜 수 없어 마치 천백(千百)의 곡절이 있는 듯하지만 통사가 우리나라 말로 나에게 말하게 되면 담긴 내용이 고작 한두 가지 건에 불과함을 매번 보았습니다."

라고 말하였다.

○ 일본의 시 속에서 사용하는 한자는 우리나라에는 없는 것이 매우

많다. '山田'은 '畠'라 하고 '十字街'는 '辻'이라고 하는 것과 같은 종류이니 모두 번역은 있으되 소리는 없다.

또 글자를 다르게 사용하는 것이 있으니, 편지를 다른 사람에게 부칠 때 '아무개 관리 앞[某官前]'이라고 쓰는 것을 '아무개 양[某樣]'이라고 일컫고 물건을 다른 사람에게 나누어 줄 때 '아무 물건 몇 식(式)'이라고 쓰는 것을 '식(式)'이라고 하지 않고 '완(宛)'이라고 하는 것과 같은 것이다. '전(殿)' 자, '어(御)' 자는 보통 사람들이 존대하는 말이고, 관백 이하 각 주의 태수는 그 아랫사람들이 '돈우사마[敦于沙麻]'라고 부르는데 '돈우'는 '전(殿)'을 풀어 말한 것이니 곧 '전양(殿樣)'이다. 그밖에 존경하는 사람은 모두 '오마이사[烏麻伊沙]'라고 부르는데 '오마'는 곧 '어(御)'의 일본식 발음이며 '마이'는 '전(前)' 자를 풀이한 것이니 이는 '어전양(御前樣)'인 것이다.

내가 객관에 있을 때 선물을 보내는 사람들이 '어필(御筆)'·'어선(御扇)'·'어용지(御用紙)'·'어과자[御菓子]' 등등이라고 쓰는 이가 많았다. 처음에는 매우 놀라서 물리치려고 하였는데 번역하는 습속이 이와 같은 것이지 본래 참람(僭濫 : 분수에 넘쳐 방자스러움)하려는 것이 아니었다. 물리치고 고쳐 쓰게 하였으나 이루 다 고쳐 쓸 수가 없어서 웃으며 그냥 놔두었다.

○ 일본의 국성(國姓)은 본래 '평(平)'·'원(源)'·'등(藤)'·'귤(橘)' 등 네 개의 성이 있었는데 각기 식읍을 나누어 씨족을 삼았다. 지금은 두 자의 성과 세 자의 성이 있으니 이는 모두 지명으로 성을 삼은 것으로 중국의 수회(隨會)와 양설힐(羊舌肹)[57]의 자손이 '범(范)'씨, '양(楊)'씨가 된 것과 같은 예이다.

이름 중에 오랑(五郎)·삼랑(三郎)·육랑(六郎)·칠랑(七郎)·좌위문(左衛門)·우위문(右衛門)·병위(兵衛) 등은 모두 관직의 이름으로서 곧 그들이 문자에 밝지 않아서 관위(官位)를 실제와 상관없이 빌려서 부른 것이니,

오랑캐 원나라가 생긴 모습을 가지고 '노화(魯花)'니 '불화(不花)'니 '첩목아(帖木兒)'[58]니 하고 부른 것과 같은 예이다. 저들은 모두 한자의 발음과 뜻을 섞어서 사용하니 죽 이어서 말하면 한 사람의 성명이 많게는 8~9음절에 이르기도 한다.

○ 왜의 말 가운데 뜻이 없는 것은 '산(山)'은 '야마'라 하고 '바다[海]'는 '유미'라 하고 '물[水]'는 '민주'라 하고 '종이[紙]'는 '가미'라 하고 '붓[筆]'은 '후대'라 하고 '먹[墨]'은 '수미'라 하고 '벼루[硯]'는 '수수리'라 한다. 아름다운 것을 보면 '예이'라 하고 그렇지 않은 것을 보면 '아이'라 하고 노를 젓는 자는 힘쓰는 소리를 내어 '예사예사' 혹은 '야사야사'라 하기도 한다. 여부(舁夫 : 물건을 마주 드는 일을 하는 사람)는 앞에 있는 사람이 '고리와사'라고 노래 부르면 뒤에 있는 사람이 '고리와시'라고 호응한다. 천천히 가면 느린 소리로 '이즉우이'라 하고 빨리 가면 급한 소리로 '소로소로'라고 부른다. 대체로 모두 첩어를 사용한다.

나라 안에서 사용하는 언문에는 48자가 있는데 글자의 모양이 모두 한자의 머리와 꼬리, 점과 획을 잘라놓은 듯하다. 소리는 있는데 풀이가 없어서 서로 살펴서 소리를 이루며 대략 우리나라의 언문(諺文)을 더하였다. 그 나라의 발음[方音]을 가지고 그 나라의 말[方言]에 맞추어 사용하므로 속인들이 익히기도 편하고 뜻을 통하기에 편리하여 왜인들이 남녀노소를 막론하고 모두 읽을 수 있다. 그런데 언문의 초서는 매우 괴이해서 떨어지는 꽃잎이나 날아가는 새와 같아 알아볼 수가 없다. 이것은 옛날에 홍법대사(弘法大師)[59]가 만든 것으로 홍법대사는 기이한 승려이다. 내가 그 사람이 간행한 서적이 나라 안에서 두루 읽히는 것을 보았는데, 서체의 살집은 두둑한데 골력(骨力)이 없고 모양이 진하고 아름다우니 왜인들의 서법(書法)이 모두 이에서 나왔다.

○ 일본의 방언은 또한 수도와 외방(外方)의 차이가 있다. 외방은 조금

느리고 실(實)한데 경도(京都)는 더욱 가볍고 간단하였다. 대마도 사람들이
강호에 이르러 언어 때문에 많이 웃음을 샀으니 곧 우리나라의 서울과
영남 지방의 발음이 차이 나는 것과 같은 것이다. 내가 우삼동에게, ,

   "내가 일본어를 배운다면 몇 달이면 가능하겠습니까?"
하고 물으니 우삼동이 말하기를,

   "중화의 말은 몇 개월이면 해독할 수 있고 조선의 말은 1년이면 가능
합니다. 일본말은 비록 남보다 총명한 자라고 해도 3년이 아니면 불가능
합니다."
라고 대답하였다.

문학 文學

   왜국은 옛적에 문자가 없었는데, 백제왕이 문사(文士) 왕인(王仁)과 아직
기(阿直歧) 등을 보내어 비로소 문자(漢字-옮긴이)를 가르치니 여러 해 동
안 강습하여 조야하나마 전수한 바가 있었다. 그 후 당나라 현종(玄宗) 때
왜인 조형(鼂衡)[60]이 중국에 들어가 이름을 얻어 비서감(秘書監 : 궁중의 비
밀 기록을 관장하는 벼슬)이 되었다. 귀국할 때에 왕마힐(王摩詰)[61]이 시(詩)와
시서(詩序)를 지어 그 일을 갖추어 기술하였는데, 조형이 중간에 물에 빠
져 죽는 바람에 죽어서 돌아오지 못하게 되었고 이 이후로 천여 년 동안
일본인이 문장(漢文-옮긴이)으로 이름을 알린 자가 없었다. 이제 그 풍속
을 보건대 문장으로 인재를 등용하지 않고 또한 문장으로 공무를 보지
도 않는다. 관백 이하 각 주(州)의 태수와 온갖 직책의 관원들이 한문을
해독하는 자가 하나도 없고, 다만 언문 48자를 대략 사용하고 한자 수십
자를 섞어서 장문(狀聞)[62]과 교령(敎令 : 제후나 왕의 명령)을 짓고 부첩(簿牒 :

금전, 물품의 출납을 기록한 책)과 편지를 지어 상하의 뜻을 통하였으니 국군(國君)이 나라를 다스림이 이와 같았다. 그 음역(音譯)을 들은 즉 산천(山川)의 지명(地名)과 육갑(六甲), 오행(五行), 사람의 성명(姓名)과 직명(職名) 등은 모두 자기네 나라말로 해석하여 불렀다. 글자의 음이 청탁과 높낮이가 없어 시를 배우고자 하는 자는 먼저 운서인 『삼운(三韻)』을 여러 해에 걸쳐 공부하여야만 능히 어떤 글자는 높고 어떤 글자는 낮은지 분별하여 억지로 서를 지을 수 있게 된다. 글을 읽을 때는 선후를 거꾸로 맺는 법을 알지 못하여 글자마다 애를 써서 손가락을 아래위로 올렸다 내렸다 한 연후에야 간신히 뜻을 통하니, "마상봉한식(馬上逢寒食)"같은 것은 '봉(逢)' 자를 '한식(寒食)'의 아래에 읽고, "홀견맥두양류색(忽見陌頭楊柳色)"은 '견(見)' 자를 '양류색(楊柳色)'의 뒤에 읽으니 한문 배우기 어려움이 이와 같았다. 비록 재주가 높고 학식이 뛰어난 사람이라도 부지런히 애씀이 우리나라 사람의 백배는 될 것이니, 그리하여 문장가와 시인들이 여러 대에 걸쳐 나오지 않았으며 그 간에 한 두 명의 글을 쓸 줄 아는 무리 또한 그 이름을 나라 안에 떨치지 못했던 것이다.

예전에 원가선(源家宣)이 관백이었을 때에 한문을 조금 할 줄 알았는데, 일찍이 사저에 있을 때 원여(源璵)와 더불어 수학하였으므로 그를 등용하여 국정에 참여하게 하였다. 원여라는 이는 재주가 족히 고문(古文)을 알고 시를 지으면 자못 울림이 있었으니 『백석집(白石集)』이 세상에 전한다. 그의 스승 목하순암(木下順庵) 또한 박식하고 문장에 능하여 당대 호학(好學)의 무리가 조금씩 등용되었고 이에 문사(文辭)가 왕왕 일컬을 만한 것이 있게 되어 지금은 수도와 지방의 사람들이 서림(書林)과 예원(藝苑 : 典籍이 많이 모여 있는 곳)에 묻혀 노력하는 자가 많다고 할 수 있다.

대저 그 땅은 양명(陽明)한 곳이고 강산이 수려하고 초목이 겨울에도 꽃을 피워 북쪽에 있는 오랑캐 나라의 털옷 입은 자들과는 천품이 같지 않다. 그러므로 사람들이 대개가 총명하고 민첩하며 사리에 밝아 함께 필담이나 짧은 편지를 나누어 보면 창졸간에 응대하는 것이 혹 기이하고 아름다운 말이 많다. 나라 안의 서적이 우리나라에서 간 것이 수백 권이고 남경의 바다 상인들로부터 온 것이 수천 권이며, 고금의 기이한 서적과 백가(百家)의 문집이 시중에서 간행된 것이 우리나라와 비교해 볼 때 다만 10배뿐이 아니다. 그들 가운데 글을 좋아하는 이들이 본래 총명하고 민첩한 성품을 타고난 데다가 과거를 보기 위해 표절하는 폐단도 없어서 충분히 익히고 오로지 하여 그 절차탁마를 지극히 함이 마치 좀벌레가 글자를 먹고 눈이 밝아지는 것과 같이 한다. 그리하여 옛 문장을 토론하여 능하고 그렇지 못함을 평가하여 말하기를 "이러한 것은 한(漢)과 같고 이러한 것은 당(唐)과 같고 송(宋)과 같다"고 한즉 견해의 적확함이 혹 능언지사(能言之士)에 가깝다. 그러나 그로 하여금 시를 짓게 한다면 평측(平仄)이 틀린 것이 많고 운치가 전혀 없어 우리나라의 삼척동자도 들으면 웃을 정도이고, 또 그들로 하여금 서(序)·기(記)·잡문(雜文)을 짓게 하면 눈먼 뱀이 갈대밭을 기어가는 것처럼 법도(法度)와 사기(詞氣) 어느 하나도 볼만한 것이 없다. 그러나 이것이 어찌 인재의 한계이겠는가. 그 나라의 풍속과 정치 교화에 구애되어 그런 것이다.

내가 처음 대마도에 이르렀을 때 우삼동(雨森東)이 나에게 말하기를,

"일본인이 문장을 배우는 것이 귀국과는 현격하게 다르니 부지런히 힘을 써도 성취하기는 지극히 어렵습니다. 공께서 이제 여기서부터 강도(江都)로 가시는 연도에 접하게 되는 허다한 시문들이 반드시 모두 졸렬하고 소박하여 가소로우시겠지마는 저들은 천신만고 끝에 겨우 얻어낸 말들일 것입니다. 모름지기 더럽다고 여겨 버리지 마시고 너그럽게 받아들여 칭찬하여 주시면 매우 다행이겠습니다."

라고 하였다. 우삼동은 그들 가운데 걸출한 사람이다. 한·중·일 삼국의 소리와 백가(百家)의 서적에 능통하여 자기 나라말로 번역하는 것의 같고 다름과 문학의 쉽고 어려움을 스스로 가슴속에서 분별할 수가 있다. 그러므로 이런 말을 하는 것이다.

○일본에서 글을 짓는 이들은 모두 『팔대가문초(八大家文抄)』를 읽고 익히며 숭상한다. 그러므로 그들의 뜻을 장문(長文)으로 서술한 것을 보면 혹 논리가 풍부하고 문사(文辭)가 유창한 것이 있다. 그러나 시는 저마다 당시(唐詩)를 배우고자 한다고 하나 한 구절도 옛 시와 비교해 비슷한 것도 없다. 무릇 바다 밖의 멀리 떨어진 고장이라 성률이 중국과 전혀 달라 압운을 다는 어려움이 문장을 서술하는 것보다 백배는 더하기 때문이다. 간혹 어떤 사람들이 편지를 써서 왕세정·이반룡 등 명나라의 전후칠대가(前後七大家)[63]와 구양수·소식 등 당송팔대가(唐宋八大家)[64] 중에 누가 더 나으냐고 묻기도 하는데, 왜인들이 명대의 문장을 학습하는 것을 본 적이 없다.

○일본의 시문은 그 지역의 산수를 읊으면서 '진산(秦山)', '초수(楚水)', '낙양(洛陽)', '장안(長安)', '오월(吳越)', '연촉(燕蜀)' 등의 말을 사용한다. 그래서 이것을 읽으면 마치 일본을 말한 것이 아닌 것 같은데, 일본은 지명과 인명이 모두 중국과 다르고 괴이하여 문장을 짓기가 어려우므로 중국의 것을 빌려다가 그들의 누추함을 꾸민다.

또 그 나라에서는 나지 않는 꾀꼬리와 까치 같은 것으로 경치를 그리며 말하기를,

"꾀꼬리가 울고 까치가 지저귄다[鶯啼鵲噪]"

라 하기도 하고 음악을 연주할 때 거문고와 비파는 쓰지도 않으면서,

"거문고를 타고 비파를 뜯는다[彈琴鼓琵]"

고 말한다. 갓이 없으면서

"머리싸개를 벗고 두건을 기울인다[岸幘欹巾]"

라 하기도 하고 띠가 없으면서

"비단 띠에 옥으로 만든 패물[錦帶玉佩]"

이라고도 한다. 모두 허명(虛名)을 사용한 것으로 실정에 맞는 말을 쓸 수 없는 것이다. 이것은 우리나라 사람들도 종종 범하는 것이기도 하다.

○ 일본인으로서 나와 마주 앉아 수창(酬唱)한 이들은 대개 거칠고 꽉 막혔으며 말에 차례와 순서가 없는 이가 많았다. 혹 그들이 주머니 속에 개인적으로 가지고 다니는 원고를 보면 때때로 한 구절이나 한 연(聯) 등이 매우 아름답기도 한데 함께 있는 자리에서 지은 것을 보면 완전히 하늘과 땅의 차이이다. 내 생각에는, 남경의 바다 상인이 매번 서적을 가지고 와서 장기도(長碕島)에서 팔기 때문에 순치(順治 : 淸나라 世祖의 연호. 1644~1661) 연간 이후에 강남재자(江南才子)들의 시집이 일본에 많이 들어왔는데 우리들은 보지 못한 것이므로 저들이 혹 호백구(狐白裘 : 여우의 겨드랑이 밑에 있는 흰털이 있는 가죽을 모아서 만든 옷)를 몰래 훔쳐 진희(秦姬)에게 아첨한 것65)이 아닐까.

○ 나라 안에 어린아이들 중에 문학에 재주 있는 이가 많았다. 대판의 수석동자(水石童子)는 나이가 열넷이고 북산동자(北山童子)는 열다섯이었으며 왜경(倭京)의 명석경봉(明石景鳳)은 열여덟이고 강도(江都)의 하구호(河口皞)는 열일곱이었다. 독서는 말할 것도 없고 시나 글을 짓는 솜씨도 이미 넉넉했다. 모두 옥(玉) 같은 용모를 지녔고 눈길이 단정하였으며, 말과 행동이 안온하고 얌전하며 섬세하여 흡사 예법을 익힌 사람과 같았다. 대개 그들의 기품이 청명(淸明)한 것은 강산(江山)의 정기를 받아 그러한 것이다. 그러나 끝내 정치와 교화의 영향을 벗어나지 못하여 영롱한 구슬로 하여금 연석(燕石)66)이 되게 하였을 따름이다.

내가 강도에 있을 때 장택학(長澤學)과 장택지(長澤至)라고 하는 이들이 있었는데 형제가 모두 맹인으로 시를 잘 지었다. 한 번 만나기를 원하기에 괴이한 마음에 불러들여 운을 불러 시험해보니, 부르는 대로 곧 시를 짓는데 짓는 시마다 모두 마음속 깊이 사무치는 시상이 있었다. 그들의 호를 물으니 하나는 불원재(不怨齋 : 원망하지 않는다는 뜻)요, 다른 하나는 불우재(不尤齋 : 원망하지 않는다는 뜻)였다. 내가 그들을 위하여 시를 화운하여 주었다.

일본의 성리학에 대해서는 하나도 들을만한 것이 없다. 대개 그들의 정치 교화와 백성들의 풍속이 병(兵)이 아니면 불(佛)이라서 나라 안에 상서(庠序 : 향리의 학교)가 없고 또 임금과 어버이에 대한 상례(喪禮)가 없다. 그 백성들이 비록 배우거나 경험하지 않아도 알 수 있는 양지(良知)의 천품을 타고났다 하더라도 어디서 도를 들을 수 있겠는가.

회진후(會津侯)인 원정지(源正之)는 귀공자의 신분으로 벼슬을 받았는데 자신을 단속하고 다른 사람을 다스리는 데 있어 정주(程朱)의 학문을 준수하였고, 『소학(小學)』의 편목에 따라 송(宋)나라 유자들의 언행을 엮어서 책을 만들어 세상에 전하였다.

순암(順庵) 목정간(木貞幹)은 학문이 넓고 행실을 닦았으니 원여(源璵)와 우삼동(雨森東) 같은 이들이 모두 그의 제자이다. 사후에 '공정(恭靖)'이라는 시호를 내렸다고 한다.

근세에 경도(京都) 사람 중에 이등유정(伊藤維貞)이라는 이가 있다. 학문(學文)으로 나라 안에 이름을 떨쳤는데 자신의 견해를 책으로 엮어 사람들을 가르쳤다. 그의 학설은 성리학의 존심양성(存心養性)[67]설은 무익(無益)하고 다만 날마다 일상생활에서 행하는 도의 실상에 힘써야 한다는 것으로 그것이 그가 책을 저술하여 가르침을 펴는 까닭이었다. 항상 말하기를,

"보통 사람들의 효제충신(孝悌忠信)만이 일상생활에서 날마다 사용하는, 자신에게 긴요한 공부이니 공부하는 이들은 마땅히 성리(性理)[68]란 무엇인가를 물어서는 안 된다. 『중용(中庸)』 첫 장에 나오는 '솔성(率性)'의 가르침은 도는 성리(性理)에서 나온다는 것이지 도를 행하는 자가 성리를 공부해야 한다는 말은 아니다."

라고 하였다. 그밖에도 선유(先儒)에 위배되는 이론을 세운 것이 많다. 당

시의 선비들 중에 혹 숭상하여 믿는 이도 있고 혹 그가 견강부회한 것을 비판하는 이도 있다. 나는 그의 문집을 보지는 못하였는데 매번 여러 문사들과 말을 주고받을 때에 이등(伊藤)의 학설을 끌어다 그것의 옳고 그름을 묻는 이가 있다. 내가 그때마다 말하기를,

"이것은 순경(荀卿)[69]의 성악설과 죄가 같습니다. 그의 말을 따르는 이는 사람이 행하여야 할 도리를 금수와 초목의 성에서 구하려고 하는 것 아닙니까?"

라고 하면 여러 선비들이 혹 그렇다고 여겼다.

선가 禪家

세상에 전하기를, 일본의 흠명천황(欽明天皇)[70] 때에 백제의 성명왕(聖明王)[71]이 불경(佛經)을 보내주어 이로부터 일본에 불법이 있게 되었으며, 그 후에 홍법대사(弘法大師)가 중국을 거쳐 천축(天竺)에 들어가서 종문(宗門)의 법규를 배우고 돌아와 불교를 크게 열어 밝혔다고 한다. 이제 일본의 풍속을 보건대 대저 불교를 숭상하기는 하나 평민으로서 승려가 되는 자는 열에 둘 셋이 안 되고, 불서를 능히 읽을 수 있어서 법사(法師 : 불법에 정통하여 그 교법의 스승이 되는 사람)가 되는 자는 또 거기서 삼분의 일도 안 된다. 이것은 국법이 매우 가혹하여 백성 중에 공정(空丁 : 병역이나 납세에서 빠진 사람)이 없고 또 살아갈 도리도 없기 때문이다. 마을에 절이 있는데 관광하는 남녀가 승려의 무리와 섞여 앉아 있으니 그 모습도 추하고 행동도 경박하다. 혹은 술을 마시고 음란한 행동을 하기도 하니 다만 승복을 입고 칼만 안 찼을 뿐이다. 그러므로 경전을 이야기하고 부처를 공부하는 자는 매우 드물 따름이다.

○ 천황의 법은 불조(佛祖:불교 종파의 시조 祖師)와 같아서 여러 아들들은 법친왕(法親王)이 되고 여러 딸들은 비구니가 되고 신하는 법인(法印),72) 종인(宗印)이라고 하는데 모두 문학과 역사, 천문과 역법을 관장한다. 수도 안에는 다섯 개의 산이 있는데 승려를 파견하여 관부(官府)의 일을 주지케 한다. 이들을 '화상(和尙)'이라고 부르며 또한 '장로(長老)'라고 일컫기도 하는데 모두 천황이 명하는 것이다. 대마도의 이정암 장로와 그리고 사행을 접반하는 장로 또한 강도(江都)에서 다섯 산에 청하면 돌아가면서 보낸다. 용창(龍菖)은 제이산(第二山)의 주지이고 성담(性澹)은 제오산(第五山)의 주지이다.

내가 객사에서 더불어 함께 수창한 승려 소영(素盈), 주염(周恬), 요혜(了慧), 시습(時習), 정간(貞侃), 선의(禪儀), 주경(周鏡) 등은 모두 관품(官品)이 없었는데, 그들이 지은 시는 혹 우열이 있긴 했지만 족히 말할 것이 없었다.

조동종(曹洞宗)과 임제종(臨濟宗)의 두 교파가 있는데 득도한 자는 아주 적다.

우리나라의 송운대사(松雲大師) 유정(惟政)의 필적이 강호에 남아 있었다. 내가 그 오래된 종이를 보니 색은 바랬지만 글씨는 아직도 알아볼 수 있었는데 왜인들이 진귀한 보물이라 하여 백 년 동안 흠모하고 소중하게 간직하였다. 여러 승려들이 모두 서산대사의 이름을 알고 그 시구를 들려주기를 청하기에 『서산집(西山集)』 안에 있는 오언절구 한 편을 베껴 써주었더니 곧 감복하였다.

의학 醫學

의학은 가장 숭상받는다. 천황으로부터 관백 이하 각 주의 태수가 모두 여러 명의 의관을 두는데 녹미를 매우 후하게 주기 때문에 의관들은 모두 부자이다. 왜의 풍속에 글을 배운 자들은 태반이 의원이 된다. 그들의 복색은 승려와 대략 같은데 다만 칼 한 자루를 차고 머리를 다 깎는다.

내가 축전주에서 소야현림(少野玄林)이라는 이를 보았고 강도에 이르러서는 임 태의(林太醫) 부자와 교유하였는데 모두 문사(文辭)를 좋아하고 용모가 단정하며 마음이 선량하였다. 당장암(當壯庵) 북미춘포(北尾春圃)[73]가 저술한 『정기신론(精氣神論)』 여러 권은 자못 공력을 들인 듯하므로 내가 그를 위하여 서문을 지어 주었다.

약을 조제하는 기술은 정밀하고 교묘하다. 수도 밖의 길거리에는 금으로 만든 패가 숲을 이루었는데 '환(丸 : 둥근 알약)'·'단(丹)'·'탕(湯 : 끓인 물약)'·'산(散 : 가루약)' 등의 약 이름이 써 있다. 그 중에 '화중산(和中散)'·'통성산(通聖散)'이라고 써 있는 것이 대부분으로, 대개 그 사람들의 성품을 보면 조급하고 감정에 치우치며 또 매우 더운 곳에서 살기 때문에 찜통더위에 꽉 막혀 있는 기후에서 질병이 생겨난다. 그러므로 주로 사용하는 약방문이 화기(和氣)를 통하게 하고 마음을 다스리는 약제에 더욱 치중하는 것이다.

여색(女色)

여인의 외모는 아리땁고 고운 이가 많다. 비록 연지와 분을 바르지 않아도 대개 피부가 하얗고 반드르르하며 분을 바르고 짙은 화장을 한 여인 또한 뽀얀 피부가 부드럽고 매끌매끌하여 마치 본래 얼굴인 것처럼 자연스럽다. 홍안에 눈썹을 그리고 검은 머리에 금은보화를 박은 비녀를 꽂고서 오색무늬가 그려진 비단 옷 위를 허리띠로 꽉 묶고 부채를 안고

서 있는 모습을 보게 되면 흡사 사람의 모습이 아닌 듯하다. 동백기름과 향이 나는 기름 등 여러 가지 재료를 가지고 결발한 머리는 마치 옻칠을 한 것처럼 윤이 난다.

관백 이하 각 주 태수의 비빈(妃嬪)을 일컬을 때는 반드시 '어내실(御內室)'이라고 하는데 각각 '풍랑(豊娘)'·'진랑(秦娘)'·'혜랑(惠娘)'·'익랑(翼娘)' 등의 호칭이 있다.

지위가 높은 집안의 여자들이 출입할 때에는 가마를 타고 관광하는데 수놓은 문에 기대어 발을 드리우고 있다. 그밖에 밖에 있는 여인들은 혹은 앉거나 혹은 서서 손에는 그림이 그려진 손수건을 들고 낭랑한 목소리로 웃고 떠든다. 우리나라 사람을 보면 기쁘고 사모하는 정을 이기지 못하여 혹 가까이 오라는 태도를 취하기도 한다. 어떤 여인들은 사람들이 많이 지나다니는 큰길에서 젊은 남자와 목을 끌어안고 뺨을 비비며 웃기도 하는데 조금도 부끄러워하는 기색이 없다.

○나라 안에는 남자와 여자가 다 많지만 여자가 남자보다 조금 더 많다. 결혼할 때에는 성씨(姓氏)가 같은 것을 피하지 않고 사촌 남매와도 결혼한다. 형이나 동생의 아내가 과부가 되면 또한 함께 거느리니 그 행실이 음란하고 더럽기가 금수와 같다.

집집마다 반드시 욕실을 두고 남녀가 함께 벌거벗고 목욕한다. 환한 대낮에도 친압하며 밤에는 반드시 등불을 켜고 음란한 짓을 한다. 각자 흥을 돋우는 도구를 가지고 와서 희열의 정을 다한다. 사람마다 품 안에 그림 축(軸)을 가지고 다니는데 여러 폭의 화려한 종이에 각각 운우지정을 나누는 모습과 수백, 수천 가지의 교태를 그려놓았다. 또 여러 종류의 춘약(春藥 : 남녀의 정욕을 일으키는 약제)이 있어서 황음과 미혹을 돋우어 준다고 한다.

○나라의 풍속에 각 읍마다 기생을 두고 악기를 연주하며 노래를 부

조선통신사의 악대를 흉내내어 연주하는 유녀(遊女)들
1779년 길원(吉原)에서 유녀들이 조선통신사의 악대를 흉내내어 나팔과 북을 연주하고 있다. 이로 보아 조선통신사의 인
기가 많았음을 알 수 있다.

르게 하는 법이 없고 귀족이나 부호들이 여행할 때에는 모두 지나는 곳에서 개인적으로 창기를 가까이 한다. 그러므로 이름난 성(城)이나 큰 객점(客店)에는 다 창루(娼樓)가 있으니 대판은 번화한 곳이라 화류계도 이곳이 가장 유명하다. 층층 누각과 구불구불한 정자가 긴 거리에 죽 이어져 있는데 병풍과 휘장, 이부자리와 베개, 술 단지와 차 끓이는 솥 등이 모두 수놓은 비단이나 금은으로 만들어졌다. 그 안에 각각 이름난 창기 한 명씩을 두고 '최상급의 창루'라고 씌어진 금으로 만든 패를 위에 매달아 놓는다. 그러면 한량이나 방탕한 남자들이 금을 꿰어 들고 와서는 하고 싶은 대로 하고는 돌아간다. 최상급의 창루에 가서 하룻밤 운우지정을 나누는 데는 백금(白金)으로 열 냥이 든다. 중급이나 하급은 차이가 있다.

내가 통사 무리들이 말하는 것을 듣고 비루하게 여겨 말하기를,

"예로부터 이성에게 끌려 치정(癡情)에 빠지는 남녀들이 있으니, 남자는 연분을 기뻐하여 천금을 아깝다 하지 않고 여자는 사랑에 빠져 한 푼의 돈도 사랑하지 않는다네. 그러나 이것은 최상급의 풍류이고 이제 자네가 말하는 최상급의 아가씨는 추하고 천함을 묻지 않고 명류(名流)인지 아닌지를 가리지 않으며 다만 돈만 세면서 교태를 바친다 하니 이는 가히 시장 물건 중에서도 하품(下品)이라고 할 수 있으니 그 값이 1수(銖)[74], 1냥 치도 안 되는 것이네."

라고 하였다. 통사가 말하기를,

"나라의 풍속이 저마다 다른 것이니 여자의 마음이야 어찌 이렇겠습니까. 일본의 부유하고 신분이 높은 집에서는 빼어난 미색을 사들여 이익을 내는 진기한 보배로 삼습니다. 그렇기 때문에 창루에 있는 화려한 백가지 물건들은 모두 주인집에서 갖추어 내온 것으로 문에다 패를 써 붙여서 그 값을 고시하고 날마다 거두어들입니다. 저 아가씨들은 스스로는 어떤 일도 도모할 수가 없어서 눈물을 흘리며 한스럽게 이별하는 이도 있고 부끄러움을 머금고 억지로 기쁜 척하기도 합니다."

라고 하였다. 내가 대판 창녀들의 이름과 나이에 대해서 묻자 말하기를,

"화자(花紫)는 스물두 살이고 약자(若紫)는 스무 살이며 소자(小紫)는 열다섯 살, 만춘(滿春)과 주춘(州春)은 스무 살, 보야향(保野香)은 스물다섯 살, 발지(發枝)는 스무 살, 반영(反影)은 열일곱 살, 촌춘(村春)은 열여섯 살, 촌우(村雨)는 스물한 살이니, 이들은 상상(上上)급과 상중(上中)급의 아가씨들입니다."

라고 대답하였다.

○일본 남창의 어여쁨은 여인의 미모보다 배는 더하고, 옆에 두고 총애하며 미혹되는 것 또한 여색보다 배는 더하다. 나라 안의 남자 아이가 열 넷이나 열다섯 살이 넘고 용모와 자태가 빼어난 자는 머리카락을 반드르르하게 빗어서 총각머리75)를 하고 얼굴에는 연지와 분을 발라서 꾸민다. 비단 옷과 사향(麝香),76) 진귀한 패물 등 장식하는 데 들이는 돈이 천금(千金)쯤 된다.

관백으로부터 그 아래의 부호와 평민들이 모두 돈을 주고 사서 기르는데, 앉을 때나 누울 때나 나갈 때나 들어올 때나 반드시 함께 데리고 다니면서 탐닉하고 친압하며 싫증을 내지 않는다. 혹 다른 마음을 먹으면 질투심에 사로잡혀 살인을 저지르기까지 한다. 그들의 풍속에 다른 사람의 처첩을 빼앗는 것은 쉬운 일이지만 남창에게 주인이 있으면 감히 그와 함께 말하고 웃어서도 안 된다. 우삼동이 지은 시문의 원고 가운데 귀족 집안의 번화한 물상을 서술한 것이 있는데 그 중에

"왼쪽엔 붉은 치마, 오른쪽엔 어여쁜 총각."

이라고 한 구절이 있다. 내가 그것을 가리키며,

"여기서 '어여쁜 총각'이라고 말한 것은 이른바 남창이지요?"

라고 하자,

"그렇습니다."

라고 대답하였다. 내가,

"귀국의 풍속은 괴이하다고 말할 수 있습니다. 남녀간의 정욕은 본래 천지자연에서 비롯한 생생지리(生生之理 : 만물이 생겨 퍼져 나가는 자연의 이치)로서 온 세상이 모두 똑같으며 오히려 정도에 지나칠까봐 세간에 경계를 합니다. 어찌 양(陽)만 있고 음(陰)이 없이 서로 감정을 느끼고 사랑할 수가 있습니까?"

라고 하자 우삼동이 웃으면서 말하기를,

"학사(學士)께서 또한 그 즐거움을 모르시는 것일 뿐입니다."

라고 하였다. 우삼동과 같은 사람이 하는 말도 이러하니 나라의 풍속이 얼마나 어지럽고 현혹되어 있는지를 가히 알 수 있다.

[외국인의 풍속 〔外俗〕]

장기도는 비전주에 속해 있는 곳으로 사행이 지나가는 길이 아니라서 비록 눈으로 보지는 못했지만 실로 바다 밖의 여러 나라 사람들이 모두 모이는 곳이라고 할 수 있다.

바다를 건너 온 남경의 상인들이 혹 왜의 여인들을 가까이하여 자식을 낳고 왕래하기도 하였으므로 왜인들은 이로써 중국의 사정을 얻어듣고 또한 한족(漢族)의 언어에 통하기도 하였다. 그러나 배운 말의 발음이 소주(蘇州)와 항주(杭州), 민·절(閩·浙), 복건(福建) 아래 지역의 것이기 때문에 우리들이 말하는 북경(北京)의 말과는 차이가 있다고 말할 수 있다.

또 남쪽 오랑캐[南蠻]의 여러 종족들이 무리를 지어 물건을 파는데 그 복색을 물으니 머리를 뒤로 모아 묶고 두 다리를 뻗고 앉는 것이 아직도 위타(尉佗 : 漢나라 南越王 趙佗)의 옛 습속이 있다고 한다. 아란타국(阿蘭陀國)의 사람들이 가장 이상하여 길지 않은 머리카락을 뒤에서 묶고 붉은 비단옷을 입고 전립(氈笠 : 털실로 짠 갓)을 머리에 쓰며 구슬로 장식한 신을 신는다. 그 윗도리는 모두 기이한 비단으로 만들었는데 매우 좁아서 겨우 몸을 감쌀 정도이고 바지 또한 다만 양쪽 다리만을 겨우 꿸 정도라서 굽혔다 폈다 할 수가 없어 사람마다 반드시 호상(胡床 : 의자) 하나씩을 가지고 다니다가 앉게 되면 곧 상에 걸터앉아 다리를 편다. 그들의 풍속에는 문서(文書)가 없고 다만 길고 짧고 느리고 급한 획으로 모든 일의 더디고 빠름을 명령한다. 모든 물건이 사치스럽고 옷에는 더러운 것이 묻어 있지 않으며, 성정이 음란한 것을 탐하여 일본에 오면 반드시 왜녀를 가까이하여 밤낮으로 탐닉하고 희롱한다. 장기(長碕)에 있는 창옥(倡屋)에 서는 매번 외국인을 접하며 진기한 재화를 얻는다고 한다. 내가,

"이 나라의 국법에는 외국인과의 교통(交通)을 금하는 법이 없으니 저들은 데리고 놀던 여인들을 간혹 데리고 가기도 합니까?"
하고 물었다. 통사가 말하기를,

"이 나라에 비록 교통을 금하는 법은 없지만 그러나 데리고 가게 하지는 않습니다. 태어난 아이들은 결국 일본인이 됩니다."
라고 하였다. 또 묻기를,

"서양에 있는 나라에서 온 이마두(利瑪竇)[77] 또한 외국인입니다. 그가 경험한 것과 기술(記述)한 것을 비록 다 믿을 수는 없지만 천지가 생긴 이래로 이러한 말을 한 이는 이마두밖에 없어서 내가 참으로 기이하게 여기었습니다. 이제 서양 사람들이 또한 장기도(長碕島)를 왕래한다고 하니 혹시 그 사람의 행적에 대해서 전하는 바가 없는지요?"
라고 하자,

"장기에 와서 물건을 파는 이들은 장사치들로 식별력도 없고 신빙성 있는 문답을 할만한 이들이 아닙니다. 다만 어떤 배 한 척이 일본의 남쪽 바다에 와서 정박한 적이 있는데 그 사람이 스스로를 서양국교(西洋國敎)의 교주라고 하면서 자기네 나라 군주의 명령으로 만국의 백성을 교도하고 있다고 말했답니다. 그들이 말하는 바의 가르침은 이마두를 성인(聖人)

으로 하는데 말에 윤기(倫紀)가 없습니다. 나라에서 금지령을 베풀어 사람들과 상통하지 못하게 하자 결국 화를 내고 돌아가 버렸다고 합니다.”라고 하였다.

○ 유구국(琉球國)은 대·소(大·小) 두 종류가 있는데 모두 일본의 서남쪽 바다 가운데에 있다. 작은 나라는 '중산왕(中山王)'이라고 하며 예로부터 일본에 조공을 바쳤다. 그 복색과 언어에 대해서 물어보니 왜와 대략 같은데, 다만 사신으로서 관직이 있는 자가 쓰는 오모(烏帽: 隱士가 쓰는 검

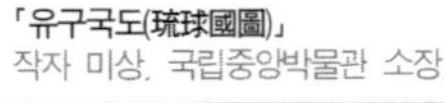

「유구국도(琉球國圖)」
작자 미상. 국립중앙박물관 소장.

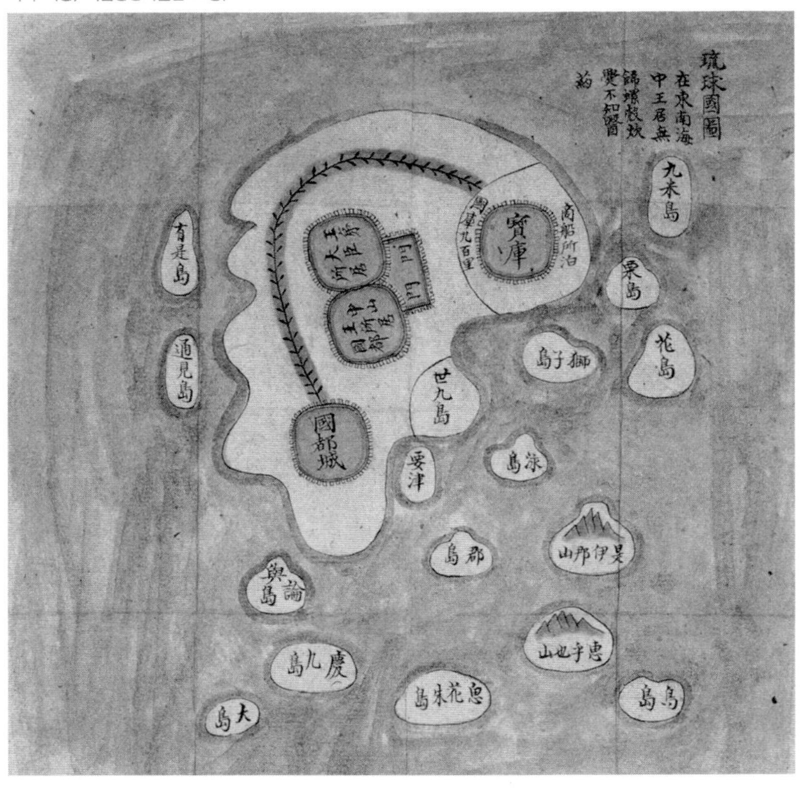

은 두건)는 우리나라의 사모(紗帽)와 같은데 조금 작다. 공복(公服) 또한 단령(團領)의 제도이다. 3년에 1번 조공을 바치는데 살마주에서 육지에 올라와 강호에 이르러 예를 행하고 간다.

내가 우삼동에게 유구의 풍토와 인물에 대해서 물으니 동이 말하기를,

"옛날에 대 명나라의 고황제(高皇帝 : 太祖)가 중국의 24성(姓)을 가진 사람들을 보내어 살게 하였습니다. 그들의 자손 가운데 이제 10여 개의 성이 남았는데 대대로 문학을 공부하여 관료가 되었습니다. 관료의 복색은 아직도 중화의 풍속을 보전하고 있는데 평민들의 복색은 일본의 것과 다름이 없으나 다만 윗옷이 길고 바지를 입지 않습니다. 그들의 풍속이 기교를 숭상하며 백공(百工)들은 각각 한 구역에 모여서 거주하고 서로 섞여서 살지 않습니다. 그들이 만든 물건은 모두 정교하니 지금 일본에서 사용하는 대모(玳瑁) 빗과 띠 풀로 엮은 자리는 유구에서 나온 것이 많다고 합니다."

그리고는 관소 안에 있는 어떤 자리를 가리키며,

"이것이 유구인들이 손으로 짠 것입니다."

라고 하였다. 자리를 만든 제도를 보니 왜인들이 만든 자리와 길이는 차이가 나지 않으나 짙은 황색으로 부드러우면서도 질기고 견고하고 면밀하여 오랜 세월이 지나도 헤지지 않을 것 같았다. 내가 고국에 있을 때 어떤 베옷을 입은 미천한 사나이가 이야기하는 것을 들은 적이 있는데, 그가 일찍이 제주 해상에서 회오리바람을 만나 유구에 이르게 되었다고 한다. 백공들이 거주하는 곳을 보게 되었는데 그들은 각기 부락을 이루어 거주하였으며, 가죽을 다루는 공인의 구역에서 1년을 머물렀는데 남녀의 의복과 음식 및 언어가 일본의 것과 똑같고 그 나라에서는 일본에 조공을 바치기 때문에 국군(國君)이 일본까지 가고 이에 동래로 돌아올 수 있었다고 하였다. 이 이야기는 내가 우삼동과 함께 이야기한 것과 그 내용이 동일하다. 또 우삼동에게,

"유구의 관리들 중에 글(漢文－옮긴이)을 아는 이가 지은 시문(詩文)이 혹

전하는 것이 없는지요?”
하고 물으니 우삼동이,

  “정총예(程寵乂)라는 이가 중국의 서호(西湖)78)에 이르러 지은 시를 남
겼다고 하니 다음과 같습니다.

　　서자(西子)79)의 호숫가80)에서 죽지사(竹枝詞)81)를 읊으니
　　지나간 일에 마음 얽매여 견딜 수 없어라.
　　하얀 대낮의 파도는 전왕(錢王)의 쇠뇌82)요,
　　비바람 치는 푸른 산은 육상(陸相)83)의 사당이라.
　　옷에는 삼축사(三筑寺) 가는 길의 구름 향기 스며들고
　　주머니엔 하교(下橋)에서 지은 시의 버들 빛 가득하네.
　　동쪽 바다 파신(波臣)84)의 뜻을
　　매화 심고 사는 처사85)가 알기는 어려우리.

　　西子湖頭唱竹枝　不堪往事繫人思
　　波濤白晝錢王弩　風雨蒼山陸相祠
　　衣濕雲香三筑路　囊餘柳色下橋詩
　　難將東海波臣意　說與栽梅處士知

  그리고 『설당연유초(雪堂燕遊草)』 1권이 있어서 세상에 전한다고 합니
다.”
라고 하였다.

  한 번은 우삼동이 강호에 있는 객관에서 나에게 조용히 일러 말하기를,

"제가 평소에 생각하던 바를 틈을 타서 말씀드리고자 합니다. 일본은 귀하의 나라와 바다를 사이에 두고 이웃이 되어 신의로써 서로 믿고 있습니다. 우리나라의 백성들은 모두 조선의 국왕이 우리의 군주와 대등한 예로 문서를 교환한다고 알고 있기 때문에 공적인 문서나 사적인 장부에 반드시 높임을 다합니다. 그런데 귀국에서 엮어낸 문집 중에 쓰인 말을 가만히 보면 우리나라를 반드시 '왜적'이니 '오랑캐 추장'이니 하며 추하게 여기고 멸시하여 차마 입에 올릴 수 없는 말이 낭자합니다. 우리 문조왕(文照王)께서 말년에 우연히 조선의 문집을 보시고는 매번 여러 신하들에게,

'조선이 우리를 이렇게까지 모욕할 줄 어찌 알았겠는가?'
라고 말씀하시며 종신토록 한(恨)스럽게 여기셨습니다. 오늘날 여러 공들께서는 이러한 뜻을 알고 계십니까?"
라고 하는데 말과 얼굴빛이 심히 불만에 가득 차있어 노한 기운이 밖으로 드러났다. 나는 말하기를,

"이것은 쉽게 알 수 있는 것으로 참으로 귀국에서 양해하지 못하는 것입니다. 그대가 보았다는 우리나라의 문집이 누구의 저술인지는 알 수 없지만, 그러나 이것은 모두 임진왜란 후에 간행된 문집입니다. 평수길(平秀吉)은 우리나라에 있어서는 원한이 하늘에까지 사무치는 원수입니다. 종묘사직의 치욕과 백성들의 피와 살이 진실로 만고에 없었던 변고였으니, 우리나라의 신하와 백성이 되어서 누가 찢어 먹고 싶지 않겠습니까? 그러므로 위로는 진신대부(搢紳大夫)[86]에서부터 아래로는 종에 이르기까지 '노(奴)'니, '적(賊)'이니 하며 문자에 의거하지 않은 말을 하는 것이 참으로 이와 같은 것입니다. 오늘날 우리 성조(聖朝)에서는 자애로 백성을 기르고 관문(關門)과 저자에서 물건을 유통하고 있습니다. 또 일본의 산하에 이제는 수길의 잔당이 없는 것을 알기 때문에 사신을 보내어 친목을 닦는 것입니다."
라고 말해주었다.

○ 국서가 서로 연달아 크고 작은 신하와 백성들이 모두 덕의(德意)를 우러르니 어찌 감히 묵은 원한을 다시 끄집어내어 말로 내보이겠는가. 그러나 근자에 대판에 이르러 평씨 집안의 옛 터를 목격하게 되니 아직도 머리카락이 쭈뼛했다. 우삼동은 말하기를,

"이는 그럴 법도 합니다. 그러나 오늘날 여러 시종하는 이들이 우리나라 사람을 부를 때 꼭 '왜인(倭人)'이라고 하는 것은 또한 바라는 바가 아닙니다."

라고 하였다. 내가,

"귀국이 '왜'라는 이름을 가지게 된 지 오래 되었는데 그대는 어찌 그에 대하여 원망을 갖고 계십니까?"

라고 하자 우삼동은,

"『당사(唐史)』에 이미 "왜가 국호를 고쳐서 일본이라고 하였다"는 말이 있습니다. 이제 이후로는 아랫사람들이 우리를 '일본인'이라고 부르도록 신칙해주시면 감사하겠습니다."

라고 하였다. 그래서 내가 또 묻기를,

"귀국의 사람들은 우리를 '당인(唐人)' 즉 '당나라 사람'이라고 부르고 우리나라 사람들의 필첩(筆帖 : 옛사람들의 필적을 모은 서첩)에도 '당인의 필적[唐人筆蹟]'이라고 표제를 하는데 이것은 또한 무슨 뜻입니까?"

라고 하자 우삼동이,

"나라에서 명령하기를 '손님'이나 '조선인'이라고 부르라고 하였으나 일본의 크고 작은 민속이 예로부터 귀국의 문물이 중화와 같다고 하여 '당인'이라고 지칭하곤 하였으니, 이것은 흠모하는 뜻입니다."

라고 대답하였다.

○ 내가 우삼동에게 물었다.

"수길은 이미 귀국의 고군(故君 : 옛날에 섬긴 군주. 先君)이 되었습니다. 그대도 또한 그의 이름을 휘(諱)하고 그의 악을 은폐하려는 뜻이 있습니

까?"

　그러자 우삼동이 대답하기를,

　"그렇지 않습니다. 그는 승냥이와 살무사의 성품이 하늘과 사람의 액운에 감응하여 태어난 자입니다. 그러므로 그가 참혹하게 도륙(屠戮)한 것이 비단 귀국뿐만 아니니 일본인들도 일가를 멸족 당한 이를 이루 다 기록할 수가 없습니다. 저 같은 경우도 고·증조(高曾祖) 윗대가 대대로 우삼(雨森)의 태수를 지내어서 관직의 이름으로 성을 삼은 것인데 또한 멸족 당하고 한두 명의 잔약한 자손만이 민간으로 도망쳐 다행히 후손을 보존하였습니다. 매번 그를 생각할 때마다 심장이 썩는 것 같은 아픔을 느낍니다."

라고 하였다. 그래서 내가,

　"그러면 수길은 일본에 어떠한 공덕이 있습니까?"

라고 물으니 대답하기를,

　"조금의 공덕도 없습니다. 다만 수길 이전에 일본의 66주 가운데 각각 나라를 세워 다스리며 서로 공격하는 자들이 많았습니다. 그래서 명대(明代)에 일본의 여러 섬에서 중국을 침범하여 소요를 일으키는 일들이 종종 그치지 않고 일어났으니 여러 공들께서는 명나라 역사에서 보실 수가 있을 것입니다. 그런데 수길이 전쟁을 일삼아서 이것을 다 진정시켰으니 만약에 그의 공을 논한다면 이것이 있을 따름입니다."

라고 하였다. 내가 또 묻기를,

　"임진년에 서쪽을 공격할 때(임진왜란을 이른다―옮긴이)에 가등청정(加藤淸正)이 가장 흉악하였습니다. 우리나라의 원수는 반드시 그 사람이 으뜸이니, 만약에 그의 자손이 관리나 일반 백성으로서 사신들이 수작(酬酢 : 筆談이나 詩文을 주고받는 것)하는 곳에 와서 참여한다면 얼굴을 마주대고 이야기를 나눌 수가 없습니다. 그대는 나를 위하여 그 사람을 꼭 가르쳐 주십시오"

라고 하였다. 우삼동은,

"하늘의 도는 매우 밝아서 당시에 사람을 많이 죽인 여러 장수들은 모두 자손이 없습니다. 청정에게 어찌 후손이 있을 수 있겠습니까?"
라고 대답하였다.

○듣자 하니 원여(源璵)[87]라는 이는 본래 한미한 품등으로서 가선(家宣)의 총애를 받아 관직이 축후주의 태수에까지 이르렀다. 그는 빛나는 재주를 믿고 제도를 변경하였으며, 신묘년(1711년－옮긴이)에는 답서를 보내면서 우리의 어휘(御諱 : 國書에 쓰는 임금의 이름)를 범하여 다투었는데[88] 그때 원여가 일을 주관하였으므로 임신독(林信篤)의 무리는 감히 그의 잘못을 바로잡을 수가 없었다. 무릇 주장하는 바가 남과는 다른 의견을 고집하는 것이 많아서 종실과 대신들이 모두 원한을 품었는데 지금의 관백이 들어가 지위를 계승한 후에 곧 원여를 내쫓고 신독을 가까이 하였다. 그러므로 원여의 무리들이 일시에 폐고(廢錮 : 일생 동안 벼슬을 하지 못하게 하는 처분) 당하여 유관(儒官)들이 사신과 수작하는 자리에는 감히 드러내 놓고 참여할 수가 없게 되었고, 우삼동도 원여와 동문수학한 이로서 아직도 절해고도의 기실로 있다. 일찍이 말하기를,

"백석공(白石公 : 源璵)이 만약에 지금까지 권력을 잡고 있었다면 우리들도 또한 벼슬길에 나아갈 수 있다는 희망이 있을텐데……"
라고 한 적이 있다. 내가 우삼동에게 묻기를,

"백석은 어째서 벼슬을 하지 않습니까?"
라고 하자 늙어서 병이 들었기 때문이라고 대답하였다. 그래서 어디에 사냐고 묻자 강도(江都)에 살면서 문을 닫고 세상일은 여의고 산다고 대답하였다. 우삼동이 비록 이 일이 군주의 정사와 관련되어 있기 때문에 말을 조심하기는 하지만 그의 기색을 보니 편치 않은 빛이 저절로 전해졌다.

○국서를 전달한 후에 밖으로 나와서 우삼동에게 이르기를,

"귀국의 대군(大君 : 관백)께서는 성품이 까다롭지 않고 검소하고 소탈하여 참으로 군주 된 이의 도량이 있습니다. 나라가 잘 다스려져 태평할 것으로 기대됩니다."

라고 하였다. 대답하기를,

"군주의 덕은 그렇습니다. 예로부터 나라에서 어진 신하를 등용하면 나라가 잘 다스려지고 간사한 신하를 등용하면 어지러워진다고 했습니다."

라고 하였다. 그의 뜻이 가리키는 바가 있는데 다 말하지 않는 것 같았다.

돌아오는 길에 역참에서 어떤 문사가 다가와 필담을 보이며 말하기를,

"공께서는 강호에 이르러 몇 명의 문인을 보셨습니까?"

라고 하였다. 내가,

"임봉강(林鳳岡 : 林信篤)의 제자 수십 인을 보았소"

라고 하자 그 객이 또 글을 보이며 말하기를,

"내가 듣기에 임봉강은 시문을 짓는 것이 졸렬하다고 들었는데 제자들은 어찌 그렇게 많은가요?"

라고 하였다. 내가 이미 그 눈치를 채고 곧 종이 끝에다가 써서 말하기를,

"말을 이와 같이 해서는 안 됩니다."

라고 하였다. 객이 손으로 앉은 자리에다 획을 그어 글자를 쓰며 말하기를,

"그들은 모두 가소롭고 가소로운 자들입니다."

라고 하며 글 쓴 종이를 스스로 찢고서는 가버렸다. 대개 그 또한 원여의 무리로서 나에게 그의 뜻을 알리고 싶었던 것 같았다.

○내가 일본인들의 인물을 보니, 국군(國君) 이하 대소 신료와 각종 백성들이 수천만일 뿐이 아닌데 그 사람됨이 모두 날래고 굳세며 빠르고 민첩하다. 체격은 왜소한 이가 않고, 외모는 살빛이 흰 이가 많고, 기품은 연약한 이가 많으며, 말과 행동은 거칠고 천박한 이가 많아 한 사람도 빼어나게 걸출하여 바라보면 외경스러운 마음이 드는 사람이 없다.

지위가 집정 정도에 이르고 식읍이 풍부하여 해마다 수천, 수만 석의 녹미를 자손에게 전하는 자라면 비록 관상법으로 논한다고 해도 반드시 이마의 명(命)과 녹(祿)을 나타내는 부분이 높고 두텁고 빛이 환하게 나서 한 번 보면 곧 구별할 수가 있다. 그러나 이제 보건대 쇠잔하고 졸렬하며 어리석고 누추하여 하나도 비슷하지 않은 것이 열에 여덟아홉이다.

또 그 성정을 논해보면 대개 속마음은 거칠고 겉으로는 경박스러워서 자기에게 유리하면 기뻐하여 펄쩍펄쩍 뛰며 심중을 다 드러내고 조금이라도 마음에 거슬리는 것이 있으면 시끄럽게 떠들고 펄펄 뛰며 삶과 죽음을 구별 못한다. 마주 대하여 이야기하면 여우가 얼음장 아래 물소리를 듣는 것 같고89) 어떤 일을 당하면 사마귀가 수레바퀴에 맞서는 것 같이90) 한다. 모두 새나 쥐 같은 마음 씀씀이로 마치 벌과 전갈 같은 분노를 떨치니 한 사람도 넓은 도량을 온축하여 두터운 신망을 받을만한 이가 없다.

저들은 덕천가강 이후로 강역(疆域)이 줄어든 바가 없고, 군사가 날래고 굳세며, 나라에 변란이 일어난 적이 없고, 백성이 많으며, 창고에 물건이 풍부한 것이 이즈음보다 융성한 적이 없다. 그리하여 이른바 군주와 신하가 비록 어리석은 어린아이라고 할지라도 편안히 높은 지위에 있으면서 높은 궁궐과 아름다운 정자, 비단 옷과 화려한 음식 등이 대대로 끊이지 않는다. 그 마음이 안락한 데 익숙해져서 사변이 생길까 두려워하니 무슨 계책을 도모할 수 있겠는가. 내가 살펴보건대 천상(天象)과 인사(人事)가 재앙을 만나 풍신수길이나 가등청정 같은 도적이 다시 그 땅에 태어나지만 않는다면 우리나라는 변경에 대한 근심은 절대 없을 것이다. 다만 관문(關門)과 시장을 교통한 이후로 대마도인들이 교활하게 속이기가 한량이 없으며 관역(關譯)들이 여러모로 수모를 당하는데도 조정에서는 매번 두터운 은혜를 베풀어 조그만 한 섬의 우두머리(대마도 태수—옮긴이)로 하여금 반드시 터럭 한 올 만한 것을 가지고 다투어 힘써 이긴 이후에야 그만두게 만들었으니, 실무를 아는 자는 마땅히 소견이 있을 것이다.

회진(會津)의 제후 원정용(源正容)이 보낸 심부름꾼이 멀리서 왔는데 정용의 조부인 정지(正之)가 엮은 「이정치교록(二程治敎錄)」 2권과 「삼자전심록(三子傳心錄)」 3권과 「옥강부록(玉講附錄)」 3권을 보내어 나에게 서문을 부탁하였다. 또 조부의 신도비문(神道碑文)을 기록하여 평생의 사적을 보여주었는데 그 글은 대략 다음과 같다.

공(公)의 성은 원(源)씨요, 휘(諱)는 정지(正之)니 동조대신군(東照大神君 : 덕천가강)의 손자요, 태덕대군(台德大君)의 다섯 번째 아들이며 대유대군(大猷大君)의 아우이다. 경장(慶長) 16년 강도(江都)에서 태어났는데 어려서부터 총민(聰敏)하고 선량하였으며 글씨를 잘 쓰고 배운 것을 암송하였다. 어려서 섭렵한 것을 늙을 때까지 잊지 않았으며 평생 게으른 모습을 보인 적이 없고 기거동작이 상도(常度 : 영원히 변치 않는 바른 법도)에 맞았다. 비록 지독한 추위나 맹렬한 더위에도 감히 시원하거나 따뜻함을 찾지 않았으며 음식은 검소하여 절제를 잃지 않았고, 매번 식사를 마친 뒤에는 경전을 해석하고 역사서와 제자백가류(諸子百家類)를 평론하였으며 혹 방 안에 정좌하거나 또는 정자가 있는 동산을 이리저리 산보하기도 하였다. 사람을 대할 때에는 귀하고 천함을 가리지 않고 한결같이 성심을 다하였으며, 멀리서 바라보면 엄숙해 보이나 가까이 다가가면 온화하고 너그러웠다. 다른 사람의 선함을 말하고 악함을 일컫지 않았으며, 진실과 거짓을 훤히 꿰뚫어 보되 좋아하고 싫어하는 기색을 겉으로 드러내 보이지 않았다. 사람을 널리 사랑하여 한 사람도 포기하지 않았다.
학문에 있어서는 처음에 사서(四書 : 『논어』·『맹자』·『대학』·『중용』)를 읽었는데 그 요체를 터득하지 못한즉 도가와 불가를 공부한 이후에 『소학(小學)』91)을 얻어서 독파하고 성(誠)과 경(敬)에 온 마음을 다하여 『대학(大學)』92)의 도를 알게 되었다. 이단의 학문을 배척하니 공부가 나날이 진보하여 온후(溫厚)해져서 드디어 염(濂)·락(洛)·관(關)·민(閩)93)의 저서를 전공하였다. 일찍이 「호학론(好學論)」을 보고는 「정성서(定性書)」94)의 요체를 터득하였다. 그리하여 정좌(靜坐)하여 경(敬)을 익히지 않으면 어떻게 이 도에 입문할 수가 있겠냐고 하였으며, 도를 보지 못한다면 비록 학문을 하여도 소용이 없다고 말하였다. 또 말하기를,

"마음을 한 군데에 집중하여 잡념을 버리면[主一無適] 아직 겉으로 발현되지 않은 기상[未發之氣象]을 보존할 수가 있어서 움직여도 또한 안정되고 고요할 수가 있다. 성인(聖人)은 정(情)이 없이 성(性)에 따라 사는 사람이니 여기에 가장 가까운 사람이다."

라고 하였다. 또 이르기를,

"정자(程子) 문하의 정좌(靜坐)의 법을 양구산(楊龜山)[95]과 나예장(羅豫章),[96] 이연평(李延平)[97]이 서로 전수하였으니 이로 인하여 『삼자전심록(三子傳心錄)』을 엮었다. 또 일찍이 『주자옥산강의(朱子玉山講義)』를 열람하고 이론의 정밀함을 보아 손수 『주자어류(朱子語類)』와 『주자대전(朱子大全)』에 실려 있는 의론을 추리고 여기에서 생길 수 있는 질문을 하여 순서에 따라 저술하여 부록 3권으로 만들어서 태극(太極)·음양(陰陽)·사덕(四德)[98]·오상(五常)[99]·이기(理氣)·생사(生死)의 설을 밝혔다. 대개 강의의 내용이 예전에 언급하지 않았던 것으로서 성명설(性命說)의 상세함은 다시 더할 것이 없을 정도이다."

라고 하였다. 평상시에 거할 때 항상 홀로 고인의 뜻을 보이며 말하기를,

"인(仁)의 생의(生意)의 가장 절실한 의미는 곧 아직 발현되지 않은 사랑[未發之愛]이라고 할 수 있으니, 일의일리(一意一理)로서 만물이 그로 인하여 하나가 되는 연유이다."

라고 하였다. 또 말하기를,

"'지혜를 감추고 자취를 없이 한다[智藏而無跡]'는 것의 의미를 안 연후에야 도체(道體)를 이야기할 수 있고 귀신(鬼神)이 무엇인지 깨달을 수 있다."

고 하였으며 또,

"인(仁)과 지(智)가 사귀는 곳이 바로 만물이 나고 자라는 기축(機軸 : 긴요한 중심)이니 이것이 바로 천인지도(天人之道 : 하늘과 인간에게 상통하는 우주간의 근본 원리)가 합하는 곳이다."

라고 하였다. 아! 말은 간략하면서 요점을 터득한 사람은 주자(朱子) 문하의 채계통(蔡季通)[100]·채중묵(蔡仲默)[101]·진희원(眞希元)[102] 외에 이와 같은 사람이 없다고 할 수 있을 것이다.

임금을 섬김에 있어서는 항상 대의(大義 : 인류의 중대한 의리)를 마음에 품고 잊지 않았으며 세상을 평안히 하는 것을 자신의 뜻으로 삼아 터럭 한 올 만큼도 속임이 없었다. 자신이 충성을 다하지 않을까 두려워하였지 다른 사람이 자기를 기쁘게 해주기를 바라지 않았다. 자신의 생각을 서술한 것과 임금의 하

문(下問)에 자신의 의견을 피력한 대문(對文)103) 등을 다 태워버려서 다른 사람들이 알 수가 없었다. 주공(周公)이 자기 몸에 행한 것을 또한 의론하였고, 백이(伯夷)·숙제(叔齊)104)의 원망이 없는 인(仁)을 얻고자 하였으며, 탕(湯) 임금과 무왕(武王)의 혁명의 의리105)를 듣기 싫어하였다. 항상 말하기를, 주(周)나라 문왕(文王)의 지극히 높은 덕은 공자 이래로 한유(韓愈)와 정자, 주자가 명백히 밝혀내었고 태백(泰伯)106)의 지극히 높은 덕은 공자 이래로 오직 주자가 밝혀내었으니, 무릇 그러한 이후에야 군신(君臣)의 관계가 정립되었다고 하였다. 또 항상 정명도(程明道)107)를 일컬으면서 '시민여상(視民如傷)'108) 네 글자를 부끄러워하였고 범희문(范希文)109)의 '선우후락(先憂後樂)'110)이라는 말을 사랑하였다. 역사책을 전수하고 읽어서 흥망의 자취를 보고 이 땅에 적합한가를 살피며 이 시대에 옳은가를 질정하게끔 하고, 「이정치교록(二程治敎錄)」을 엮어서 그 안에 자신의 뜻을 깃들게 하였다.

　회진(會津)으로 갔을 때에는 관리들을 나누어 파견하여 국경을 순찰하게 하고 성곽과 성지(城池 : 성을 빙 둘러 판 濠. 垓字)를 견고하게 닦았다. 산과 숲과 시내와 못이 험한 것을 알고 「회진지(會津志)」를 지었으며, 퇴락한 사당을 일으켜 세우고 부정(不正)한 귀신을 모시는 사당을 헐어버리고는 「신사기(神祠記)」를 지었다. 절을 허물고 승려를 멀리하였으며 장지(葬地 : 시체를 매장하는 땅)를 설치하고 화장(火葬)을 금하고 사창(社倉)111)을 건설하였으니, 한결같이 문공(文公)112)이 남긴 법을 본받은 것이었다. 또 상평(常平)113)을 행하고 조세(租稅)를 너그럽게 하였으며 배로 화물을 운반할 수 있는 제도를 처음으로 시작하였다. 송사를 들을 때에는 윤리에 근본하고 사정을 살피었으며 감사(監司)를 보내어 순찰케 하여서 아랫사람들의 실정을 윗자리에 있는 사람들에게 전하게 하였다. 90세가 넘은 사람들에게는 해마다 구량(口糧 : 사람 수대로 내어주는 양식)을 지급하였고 효자·절부는 포상하였으며 충성하지 않고 공경하지 않는 사람에게는 벌을 주었다. 곤궁한 백성으로서 어디 고할 데가 없는 자는 구휼하고, 떠돌이와 병든 자는 구제하였으니, 관내에서 한 사람도 굶어죽은 사람을 볼 수가 없었다고 한다.

기록은 여기서 끝나 있었으며 끝을 다 마치지 못하였다. 다만 첫머리에 '고 호분중랑장 회진후 신도비문(故虎賁中郞將會津侯新道碑文)'이라고 써 있었는데, 간략하고 또 찬술자의 이름도 없었다. 그러나 글을 읽어보면 그 사람은 반드시 군자이며, 또 편찬한 바 3종의 책에 담긴 학력이 매우 깊음을 짐작할 수 있었다. 죽은 지 몇 기(紀 : 12년을 1紀라 한다)가 지났는데 손자가 있어 작록(爵祿)을 계승하였으며 식름(食廩)은 22만 석이라고 한다. 3종의 책이 간행된 지 이미 오래되었으나 본래 서문이 없어서 내가 서문을 지어 주었다. 심부름 온 자가 그 책을 내 주머니 안에 넣고 가면서 말하기를,

"제후께서 그렇게 하라고 명령하셨습니다."

라고 하였다. 아마도 계림(鷄林 : 新羅의 이칭으로 우리나라를 일컫는 용어)의 군자가 일본에도 이미 정주의 학문이 있음을 알아주기를 바란 것 같다.

『일본록』 권1 – 일본 사행일기

사상기^{槎上記} 1 – 사행을 떠나며

1 삼사신(三使臣) : 외국에 나가는 사신 가운데 상사(上使), 부사(副使), 종사관(從事官)을 가리킨다.

2 관백(關白) : 일본의 막부대장군(幕府大將軍)에 대한 관습상의 호칭. '관백(關白)'이란 말은 본래 임금에게 아뢰기 전에 그에게 고한다는 뜻으로 중국의 한선제(漢宣帝)가 국가의 만기(萬機)를 대장군에게 고하였던[關白] 고사에서 나왔다. 일본에서는 주작천황(朱雀天皇, 930~946년 재위) 때 등원충평(藤原忠平)이 관백이란 호칭으로 천황을 보필한다는 명분을 내세워 정권을 좌우하게 되면서 처음 쓰이기 시작했는데, 일본의 관직상 대신에게 임명하는 최고의 직위로 모든 조칙과 상주(上奏)에 반드시 관백을 거치게 하여 상징적 존재인 천황 대신 사실상 실권을 장악하였다.

3 서명응(徐命膺) : 1716(숙종 42)~1787(정조 11). 조선 후기의 문신·학자. 본관은 달성(達城). 자는 군수(君受). 보만재(保晩齋)라는 호를 정조로부터 내려 받았다.

4 남옥(南玉) : 1722(경종 2)~1770(영조 46). 본관은 의령(宜寧). 자는 시온(時韞), 호는 추월(秋月). 의령부원군(宜寧府院君) 충경공(忠景公) 재(在)의 13대손으로 증조부 명핵(溟翮) 때부터 서계(庶系)가 되었다. 가난에 시달린 데다가 정치적으로도 불우하여 사행 전에만 이미 두 차례 유배를 당하였고, 사도세자(思悼世子)와 관련하여 투옥된 지 5일 만에 죽었다. 영조 39년(1763)에 제술관으로 통신사행에 참여해서 문명(文名)을 떨치고 돌아왔으며 그 공으로 한 때 수안(遂安) 군수에 제수되었으니 이때가 그의 생애 중 가장 득의한 시절이었다. 사행의 면면을 기록으로 남긴 『일관시초(日觀詩草)』·『일관창수(日觀唱酬)』·『일관기(日觀記)』가 전한다.

5 원중거(元重擧) : 1719(숙종 45)~1790(정조 14). 본관은 원성(原城). 자는 자재(子才). 호는 현천(玄川)·물천(勿川)·손암(遜菴). 1750(영조 26)년에 사마시에 급제하여 장흥고 봉사(長興庫奉事), 목천(木川) 현감 등을 역임하였다.

6 김인겸(金仁謙) : 1707(숙종 33)~1772(영조 48). 조선시대의 문인. 본관은 안동. 자는 사안(士安), 호는 퇴석(退石). 57세 때인 1763년에 통신사행(通信使行)의 종사관인 김상익(金相翊)의 서기(書記)로 뽑혀 정사 조엄(趙曮)과 함께 일본에 다녀왔다. 1764년 일본에 다녀온 기행사실을 가사 형식의 「일동장유가(日東壯遊歌)」로 지었으며 역시 일본기행을 한문으로 지은 『동사록(東槎錄)』이 있다.

7 조엄(趙曮) : 1719(숙종 45)~1777(정조1). 조선 후기의 문신. 본관은 풍양(豊壤). 자는
   명서(明瑞), 호는 영호(永湖). 문장에 능하고 경사(經史)에 밝았을 뿐만 아니라 민생문
   제에 많은 관심을 가져 남긴 업적이 적지 않다. 특히 경상도 관찰사로 재임할 당시
   창원의 마산창(馬山倉)과 밀양의 삼랑창(三浪倉) 등 조창을 설치하여 전라도까지만
   미치던 조운을 경상도 연해지역에까지 통하게 함으로써 세곡납부에 따른 종래의 민
   폐를 크게 줄이고 동시에 국고수입을 증가하게 하였던 점과, 통신사로 일본에 갔을
   때 대마도에서 고구마의 종자를 가져오고 그 보장법(保藏法)과 재배법을 아울러 보
   급함으로써 구황의 재료로 널리 이용하게 하였던 점은 커다란 공덕으로 기려지고 있
   다. 저서로 통신사로서 일본을 내왕하며 견문한 바를 적은『해사일기』가 전하고 있
   다. 시호는 문익(文翼)이다.

8 김상익(金尙翊) : 1721(경종 1)~? 조선 후기의 문신. 본관은 광산(光山). 자는 중우(仲
   祐). 왕실과 혼인한 배경으로 사헌부・홍문관의 청요직(淸要職)을 두루 거쳐 1763년
   통신사의 종사관에 발탁되어 일본에 다녀왔다. 그 후 당상관에 올라 대사성・부제
   학・도승지 등을 역임하였으나, 한 때 부정과 탐학으로 탄핵을 받았고 정조 즉위년
   에 홍인한(洪麟漢)・정후겸(鄭厚謙) 등의 역모에 가담하였다는 것으로 양사(兩司)의
   집요한 탄핵을 받아 결국 1777년(정조 1) 지도(智島)에 유배되어 그곳에서 죽었다.

9 심염조(沈念祖) : 1734(영조 10)~1783(정조 7). 조선 후기의 문신. 본관은 청송(靑松).
   자는 백수(伯修), 호는 함재(涵齋). 관서암행어사・강화어사를 거쳐, 사은 겸 진주사
   (謝恩兼陳奏使) 채제공(蔡濟恭)의 서장관(書狀官)이 되어 청나라에 다녀온 뒤『서장
   문견록(書狀文見錄)』을 지어 정조에게 바쳤다. 그 후 홍문관 교리, 규장각 직제학, 이
   조참의, 황해도 관찰사 등을 역임하였다.

10 서유린(徐有隣) : 1738(영조 14)~1802(순조 2). 조선 후기의 문신. 본관은 달성(達城).
   자는 원덕(元德). 사간원 정언, 대사헌, 병조판서, 판의금부사, 한성부 판윤, 수원부 유
   수 등을 지냈다. 시호는 문헌(文獻)이다.

11 서유방(徐有防) : 1741(영조 17)~1798(정조 22). 조선 후기의 문신. 본관은 달성(達城).
   자는 원례(元禮), 호는 봉헌(奉軒). 서유린(徐有隣)의 동생이다. 삼사의 장(長)을 여러
   차례 역임했고, 전관(銓官)을 맡아보는 이조와 병조의 판서를 거치면서 정조 때 권력
   의 중추부에 있었다. 시호는 효간(孝簡)이다.

12 이의철(李宜哲) : 1703(숙종 29)~1778(정조 2). 조선 후기의 문신. 본관은 용인(龍仁).
   자는 원명(原明), 호는 문암(文菴). 영조에 의해 대사헌에 임명되었고 그 후 예조판서
   를 거쳐 대제학(大提學)을 지냈다.

13 유달원(柳達源) : 본관은 진산(晉山). 자는 효백(孝伯). 전임 영장(營將)이었으며 일방
   소속의 일공(日供) 담당 명무군관(名武軍官)으로 사행에 참여하였다.

14 관왕묘(關王廟) : 관우(關羽)를 신앙하기 위하여 건립된 묘당(廟堂). 관성묘(關聖廟)라
   고도 한다. 중국에서는 명나라 초부터 관왕묘를 건립하여 일반 서민에까지도 그 신
   앙이 전파되었는데 우리나라에서는 임진・정유의 왜란 때에 명나라 군사들에 의해
   관왕묘가 건립되었다. 서울에는 남대문인 숭례문 밖의 남관왕묘(南關王廟)와 동대문
   인 흥인문 밖의 동관왕묘(東關王廟)가 있으며 지방에는 강진・안동・성주・남원 등
   네 곳에 관왕묘가 건립되었다.

15 김효대(金孝大) : 1721(경종 1)~1781(정조 5). 조선 후기의 문신. 본관은 경주. 자는 여
   원(汝原). 숙종의 계비 인원왕후(仁元王后)의 조카이다. 성천부사, 수원부사 등을 거

쳐 영조 때 총융사(摠戎使)를 지내고 형조·공조판서에 이르렀다. 시호는 효정(孝貞)이다.

16 김상철(金尙喆) : 1712(숙종 38)~1791(정조 15). 조선 후기의 문신. 본관은 강릉. 자는 사보(士保), 호는 화서(華西). 대사간, 한성부 판윤을 거쳐 이조·형조·병조의 판서를 역임하고 우의정에 이어 좌의정·영의정에 올랐다. 학덕이 뛰어나 영조의 신임을 받았으며, 우의정 때 우리나라의 문물·제도를 부문별로 망라한 문헌의 필요성을 느껴 1770년 『동국문헌비고(東國文獻備考)』를 편찬하게 하였다. 시호는 충익(忠翼)이다.

17 마상재(馬上才) : 말을 타고 달리며 부리는 기병무예(騎兵武藝). 혹은 일본의 막부 대장군(幕府大將軍) 앞에서 마상재를 시범하기 위하여 뽑혀 가는 군인을 지칭하기도 한다. 말놀음[馬戲]·곡마(曲馬)·말광대라고도 한다. 고려 때 시작되어 임진왜란 이후에는 각 영문의 군마(軍馬)에서 시행되었는데 대략 8가지 종목이 있다. 곧 말을 달리며 삼혈총(三穴銃) 쏘기, 말 등 좌우로 넘기, 말 등 위에 죽은 듯이 가로 눕기, 말 다리 밑으로 몸 숨기기, 말 등에서 물구나무서기, 머리를 말꼬리로 향하고 세로로 눕기, 말의 몸통 좌우로 몸 감추고 넘나들기, 쌍마(雙馬) 타고 서서 총 쏘기 등이 있으며 때에 따라 약간의 변동이 있기도 하다. 1635년(인조 13) 일본 정부의 간청에 의해 마상재에 뛰어난 장효인(張孝仁)과 김정(金貞)이 사절단을 따라 일본에 건너가서 재주를 보였으며 그 뒤로는 사절단에 반드시 마상재가 동행하게 되었다. 일본인들은 마상재에 경탄한 나머지 이것을 모방하여 '다이헤이본류[大坪本流]'라는 승마기예의 한 유파를 만들기도 하였다.

18 포은(圃隱) : 정몽주(鄭夢周). 1337(충숙왕 복위 6)~1392(공양왕 4). 고려 후기의 문신·학자. 본관은 영일(迎日). 초명은 몽란(夢蘭) 또는 몽룡(夢龍), 자는 달가(達可), 호는 포은(圃隱). 당시 왜구로 인한 피해가 심해 일본에 건너가 왜구의 단속을 요청하였고 잡혀갔던 고려 백성 수백 명을 귀국시켰다. 1380년에는 조전원수로 이성계를 따라 왜구를 토벌하기도 하였다.

19 시온(時韞) : 시온은 제술관 남옥(南玉)의 자이다. 자세한 내용은 주 4를 참조

20 김유신(金庾信) : 595(진평왕 17)~673(문무왕 13). 신라의 삼국통일에 중심적인 역할을 담당한 장군. 그가 죽자 왕은 성대한 의장을 갖추어 금산원(金山原 : 지금의 경주시 충효동 송화산 기슭)에 장사지내게 하고 비를 세워 공적을 기록하게 했다 한다. 뒤에 흥덕왕(『삼국유사』에는 경명왕 때라 함)은 그를 흥무대왕(興武大王)으로 추봉하였다.

21 신유한(申維翰) : 1681(숙종 7)~?. 조선 후기의 문신·문장가. 본관은 영해(寧海). 자는 주백(周伯), 호는 청천(靑泉). 1719년 제술관으로 통신사 홍치중(洪致中)을 따라 일본에 다녀왔으며 봉상시첨정(奉常寺僉正)에 이르렀다. 문장으로 이름이 났으며, 특히 시에 걸작품이 많고 사(詞)에도 능하였다. 저서로 『해유록(海遊錄)』·『청천집(靑泉集)』·『분충서난록(奮忠紓難錄)』 등이 있다.

22 송충렬공(宋忠烈公) : 송상현(宋象賢). 1551(명종 6)~1592(선조 25). 조선 중기의 문신. 본관은 여산(礪山). 자는 덕구(德求), 호는 천곡(泉谷). 동래부사로 부임한 이듬해인 1592년 4월 13일에 임진왜란이 일어나 14일 부산진성을 침범한 왜군이 동래성으로 밀어닥쳐 남문 밖에 목패(木牌)를 세우고 "싸우고 싶으면 싸우고, 싸우고 싶지 않으면 길을 빌려주어라[戰則戰矣 不戰則假道]"고 하자 "싸워 죽기는 쉬우나 길을 빌리기는 어렵다[戰死易 假道難]"고 하여 항전할 뜻을 천명하였다. 그 뒤 적군이 성을 포위하기 시작하였고 15일에 전투가 시작되었는데 군사를 이끌고 항전하였으나 중과

부적으로 성이 함락 당하자 조복(朝服)을 덮어 입고 단좌(端坐)한 채 순사하였다. 이에 왜장 히라요시(平義智) 등이 그의 충렬을 기려 동문 밖에 장사지내주었다 한다. 후에 이조판서, 좌찬성에 추증되었고, 부산 충렬사, 개성 숭절사(崇節祠), 청주 신항서원(莘巷書院), 고부 정충사(旌忠祠), 청원 충렬묘(忠烈廟) 등에 제향되었다. 시호는 충렬(忠烈)이다.

23 황창(黃昌) : 신라시대 화랑으로 본국검법(本國劍法)의 시조『무예도보통지(武藝圖譜通志)』및『동경잡기(東京雜記)』「풍속(風俗)」조에 의하면, 7살 때 백제에 들어가 시중에서 칼춤을 추자 백제왕이 이를 듣고 마루에 올라가 칼춤을 추게 하였는데 이 기회를 타서 왕을 찔러 죽이고 자신도 백제인들에 의해 살해되었다고 한다. 신라 사람들이 이를 슬퍼하여 이로부터 황창랑의 모습을 그린 가면을 쓰고 검무를 추는 풍속이 생겨났으며, 또 황창의 검술에서 본국검이 생겨났다고 한다.

24 망궐례(望闕禮) : 궁궐이 멀리 있어서 직접 궁궐에 나아가서 왕을 배알하지 못할 때 멀리서 궁궐을 바라보고 행하는 예. 망궐례를 행하는 경우는 대체로 세 가지로 구분된다. ① 외직으로 근무하는 관찰사·목부사·군수·첨사·만호·우후·절도사·통제사 등이 왕이나 왕비의 탄신일을 비롯하여 정월 초하루·한식·단오·추석·동지 등 명절날에 왕과 왕비, 세자의 만수무강을 축복하면서 근무지에서 궁궐을 향해 절을 한다. ② 선비들이 회시(會試)나 정시(庭試)를 치르기 위해 서울에 왔다가 낙방하고 돌아갈 때 서울의 경계를 떠나면서 궁궐을 바라보고 하직인사를 올린다. ③ 고려시대나 조선시대에 설날과 동짓날, 그리고 중국황제의 생일에 왕을 비롯한 문무관원, 종친 등이 중국의 궁궐이 있는 쪽을 향해서 예를 드린다. 1896년에 대한제국이 창건되면서 망궐례도 폐지되었다.

25 신익경(申翊卿) : 본서 6월 23일조에 의하면 이름이 '후(珝)'인 것으로 보이며 나머지는 자세하지 않다.

26 수영(水營) : 조선시대에 수군절도사(水軍節度使)가 주재하던 병영(兵營)을 수영이라고 하니 경기도 남양 화량만, 충청도 보령, 경상도 동래와 가배량, 전라도 순천 오동포와 해남에 수영이 있었다. 여기서의 수영은 동래 수영을 말한다.

27 비장(裨將) : 조선시대 감사·절도사 등 지방장관이 데리고 다니던 막료(幕僚)로 장관이 임의로 임명하는 무관이다.

28 원자재(元子才) : '자재'는 원중거(元重擧)의 자이다. 자세한 내용은 주 5를 참조

29 서유대(徐有大) : 1732(영조 8)~1802(순조 2). 조선 후기의 무신. 본관은 달성(達城). 자는 자겸(子謙). 총융사 4번, 어영대장 7번, 훈련대장 3번, 금위대장 7번을 지내는 등 5군영의 지휘관을 두루 역임한, 정조 때의 군권을 장악한 핵심 인물이다. 시호는 무익(武翼)이다.

30 물계(勿溪) : '물계(勿稽)' 혹은 '물계자(勿稽子)'라고도 한다. 신라 상대의 지사(志士)로 생몰년은 미상이다. 209년에 아라가야국(阿羅加耶國)을 도와 팔포상국(八浦上國)을 물리쳤을 때나, 골포(骨浦)·칠포(柒浦)·고사포(古史浦)의 세 나라가 신라의 갈화성(竭火城)을 침입하였을 때 많은 공을 세웠으나 왕손 내음(㮈音)과의 사이가 좋지 않아 공을 인정받지 못하였다. 그러나 물계자는 이를 원망하지 않고 오히려 자신의 충정을 다하지 못하였음을 부끄러워하면서 "전일의 싸움은 가히 위험하고 어려운 것이 있었는데 능히 목숨을 내놓고 몸을 버리지 못하였다는 말을 듣게 될 것이니 장차 무슨 면목으로 거리로 나가 사람들을 대하겠는가"라고 하며 머리를 풀고 거문고를 메고 사

체산(師巡山)으로 들어가 다시는 세상에 나오지 않고 노래를 지으면서 살았다고 한다. 이에 관한 이야기가 『삼국사기(三國史記)』 및 『삼국유사(三國遺事)』에 전한다.

31 비선(飛船) : 작고 속력이 빠른 배로 여기서는 대마도(對馬島) 및 관왜(館倭)의 서신을 전달하기 위해 왕래하던 일본의 연락선을 말한다. 매 1척마다 우두머리[頭倭] 1명에 곁군[格倭] 6~7명이 타며 항상 노인(路引)을 지니고 왕래하며 공궤(供饋)는 없다. 『증정교린지(增正交隣志)』 「차왜(差倭)」조 참조.

32 두공부(杜工部) : 두보(杜甫). 712~770. 중국 성당시대(盛唐時代)의 시인. 자는 자미(子美). 호는 소릉(少陵). 중국 최고의 시인으로 '시성(詩聖)'이라 불렸으며 역시 중국 최고의 시인인 이백(李白)과 쌍벽을 이루었다. 그의 시는 사회성 짙은 장편 고체시(古體詩)가 많아 시로 표현된 역사라는 뜻으로 '시사(詩史)'라고도 불렸다.

33 대마도주(對馬島主) : 종의성(宗義成, 1604~1657)을 가리킨다. 종의성은 제20대 대마도주로서 1615년에 도주의 자리에 올라 40여 년 동안 재임하였다. 1611년에 조선 정부로부터 도서(圖書)를 지급받아 수도서인(受圖書人)이 되었으며, 4차례에 걸쳐 통신사행을 강호(江戶)에 호행(護行)하였고 7차례의 문위행(問慰行)을 맞이하였다. 죽은 뒤 광운원(光雲院)의 법호(法號)를 받았으며 현 대마도 엄원(嚴原) 만송원(萬松院)에 그의 묘가 있다.

34 이정암(以酊菴) : 대마도에 있는 절의 이름. 대마도주가 조선의 국왕과 일본의 막부장군(幕府將軍) 사이에서 국서(國書)를 고쳐 쓰는 등 간계(奸計)를 부리는 일이 많자, 인조 2년(1624)의 통신사행 이후 전부터 막부에서 교린(交隣)의 고문으로 삼던 경도(京都) 오산승(五山僧)을 돌아가며 이곳에 주재시켜 외교 사무를 맡아보게 하였다. 경도 오산승이란 경도에 있는 임제종(臨濟宗)의 다섯 큰 절인 천룡사(天龍寺)·상국사(相國寺)·건인사(建仁寺)·동복사(東福寺)·만수사(萬壽寺)에서 차출한 문자를 아는 승려를 말한다. 이것이 이른바 이정암 윤번승(輪番僧)이니 임진왜란 이후 조선과 일본 사이의 국교 재개에 이바지한 일본 중 현소(玄蘇)가 이 절의 처음 주지(住持)로 있었다.

35 장로(長老) : '장로'는 중에 대한 존칭으로, 특히 일본의 선종(禪宗)에서 주지승(住持僧)을 부를 때 붙이는 존칭이다.

36 부복선장(副卜船將) : 복선(卜船)은 짐을 싣는 배이니, 부복선장은 부선(副船)에 달린 짐배의 선장을 말한다.

37 연막(蓮幕) : '막부(幕府)'의 미칭. 남제(南齊) 때 왕검(王儉)의 막부를 '연화지(蓮花池)'라고 일컬은 고사에서 비롯하였다. 여기서 연막의 제공은 민혜수(閔惠洙), 유진항(柳鎭恒) 등의 명무군관(名武軍官)을 가리킨다.

38 이마(理馬) : 조선시대에 말[馬]을 관장하던 관직으로 사복시(司僕寺)의 정6품 잡직(雜職)이다.

39 망하례(望賀禮) : 도성 밖에 있는 신하가 경절(慶節)에 궁궐을 향하여 절하는 예식이다.

40 식당(食堂)에서의 예 : 성균관(成均館)에서 밥 먹을 때 반중(泮中)의 식사의 예.

41 우삼동(雨森東) : 1668~1755. 성은 귤(橘)이고 우삼은 씨(氏)이다. 자는 백양(伯陽). 호는 방주(芳洲)·동오랑(東五郎) 혹은 원장(院長)이라고도 부른다. 기이주(紀伊州) 사람으로 박식(博識)하고 글을 잘하여 대마주의 서기가 되어 문학을 담당하였다. 1711년 신묘사행 및 1719년 기해사행 때 우리 사신을 맞아 교유하고 강호까지 배행하였으며, 조선에 관련된 일에 다양하게 종사하고 많은 조선 관련 서적을 남겼다.

42 창려(昌黎): 한유(韓愈). 768~824. 중국 당(唐)나라의 문학가 및 사상가. 자는 퇴지(退
之). 시호는 문공(文公).

43 퇴석(退石): ‘퇴석’은 김인겸(金仁謙)의 호이다. 자세한 내용은 주 6을 참조.

44 사자관(寫字官): 승문원(承文院)에 소속되어 사대교린(事大交隣)의 문서 및 관청의
문서를 정서(正書)하는 관원.

45 금도(禁徒): 왜관(倭關) 안에서 왜인들의 불법행위를 단속하는 자체 경찰로 일본에서
는 횡목(橫目) 혹은 목부(目付)라고 한다. 그 지위와 소속·소관 범위에는 차등이 많
으며 우리나라 왜관(倭館)에도 금도가 1년 교대로 나와 있었다. 여기서 말하는 금도
왜는 사신 일행을 호행하는 왜인들을 단속하는 자이다. 자세한 내용은 『증정교린지
(增正交隣志)』「차왜(差倭)」조를 참조.

46 삼대해(三大海): 세 곳의 큰 바다. 여기서는 부산·대마도 사이, 대마도·남도 사이,
남도·적간관 사이의 세 바다를 일컫는데 파도가 매우 험하여 통행하기 어렵기로 이
름난 곳이다.

47 송운대사(松雲大師): 1544(중종 39)~1610(광해군 2). 조선 중기의 승려 유정(惟政). 풍
천 임씨(豊川任氏). 속명은 응규(應奎). 자는 이환(離幻), 호는 사명당(四溟堂) 또는
송운(松雲), 별호는 종봉(鍾峯). 1592년에 임진왜란이 일어나자 의승도대장(義僧都大
將)이 되어 혁혁한 전공을 세웠고, 전후에는 네 차례에 걸쳐 적진에 들어가 가등청정
(加藤淸正)과 회담을 하면서 적의 무리한 요구를 하나하나 논리적인 담판으로 척파
하였다. 1604년에 일본과의 강화를 위한 사신으로 임명받아 임무를 완수하였으며 전
란 때 잡혀간 3,000여 명의 동포를 데리고 1605년 4월에 귀국하였다. 그 해 6월 국왕
에게 복명하고 10월에 묘향산으로 들어갔다. 밀양의 표충사(表忠祠)와 묘향산의 수
충사(酬忠祠)에 제향되었으며, 저서로 『사명당대사집』 7권과 『분충서난록(奮忠紓難
錄)』 1권 등이 있다. 시호는 자통홍제존자(慈通弘濟尊者)이다.

48 안덕이 바다에 빠지고~보인다: 원뇌조(源賴朝)의 변란을 말하는 것이다. 일본의 고
창(高倉)·안덕(安德) 천황 때 외척인 평청성(平淸盛)이 안덕 천황의 조모 백하후(白
河后)와 간통하고 권력을 제멋대로 하자 안덕 천황의 중부(仲父) 이인왕(以仁王)이
원뇌조에게 명하여 평씨(平氏) 일파를 토벌하게 하였다. 이에 원뇌조가 군사를 일으
켜 평청성을 죽인 후 그의 땅을 소유하여 실권을 잡았고 백하후는 당시 8살이었던
안덕 천황을 안고 바다에 몸을 던져 죽었다. 이로부터 군국 정사(軍國政事)가 모두
원씨에게 돌아가 왜황은 사실상 실권을 잃는 계기가 되기도 하였다.

49 하관(下官): 왜인들이 통신사 일행을 차서에 따라 5등급으로 나누어 부르는데 그 가
운데 마지막 등급의 관원을 가리킨다. 참고로 5등급은 대략 다음과 같다. 상상관(上
上官)은 정사·부사·종사관·당상역관(堂上譯官), 상관(上官)은 상통사(上通事)·제
술관(製述官)·차상통사(次上通事)·사자관(寫字官)·의원(醫員)·화원(畵員)·군관
(軍官)·서기(書記)·별파진(別破陣) 등, 차관(次官)은 마상재(馬上才)·전악(典樂)·
이마(理馬)·기선장(騎船將) 등, 중관(中官)은 복선장(卜船將) 이하, 하관(下官)은 격
군(格軍) 등이다. 『증정교린지(增正交隣志)』「통신사행(通信使行)」조 참조

50 김동명(金東溟): 김세렴(金世濂). 1593(선조 26)~1646(인조 24). 조선 중기의 문신. 본
관은 선산. 자는 도원(道源), 호는 동명(東溟). 1636년 병자사행 때 부사로 선발되어
일본에 다녀왔다. 저서로 『동명집(東溟集)』과 일본 왕환 기록인 『해사록(海槎錄)』 등
이 있다.

51 서경(西京) : 경도(京都)의 이칭(異稱). 막부장군이 있는 강호(江戸)는 '서경의 동쪽에
   있는 무가(武家)'라는 뜻으로 '동무(東武)'라고 부르고, 일본 천황(天皇)이 있는 경도
   (京都)는 강호의 서쪽에 있으므로 '서경(西京)'이라 불렀다.

52 풍신수길(豊臣秀吉 : 도요토미 히데요시) : 1536~1598. 일본 안토도산(安土桃山)시대
   의 무장. 천민에서 출세하여 직전신장(織田信長 : 오다 노부나가)의 뒤를 이어 일본을
   통일하고 근세 봉건사회의 기초를 확립하였다. 1582년 본능사(本能寺)의 변으로 직
   전신장이 횡사한 후 후계자가 되어, 명나라를 치기 위해 길을 빌린다는 명목 아래
   1592년 조선을 침략하여 임진왜란을 일으켰고 재차 조선을 침략하여 정유재란을 일
   으켰으나 뜻을 이루지 못하였다. 1598년 전쟁과 후계자 문제 등 혼란 속에서 병사하
   였다.

53 북미춘륜(北尾春輪) : 의관(醫官) 북미춘포(北尾春圃)의 아들로 의술을 업으로 하면서
   문학을 하였다. 아버지 춘포(春圃)를 비롯하여 춘죽(春竹)·춘륜(春倫)·도선(道仙)·
   춘을(春乙)·춘달(春達) 등 다섯 형제 모두 의술(醫術)을 업으로 하면서 문학을 하였
   는데, 특히 그 가운데서도 춘륜이 지은 시가 가장 많고 또 좋은 평가를 받았던 것 같
   다. 신유한(申維翰)의 『해유록(海游錄)』 9월 15일(갑신) 참조

54 금절하(金絶河) : 병자사행(1636) 때 사신(使臣) 임광(任絖)·김세렴(金世濂)·황호(黃
   㦿)가 금을 던진 곳. 일본 사람들이 조선의 사신이 먹고 남긴 쌀과 찬을 예의상 도로
   받을 수 없다며 금 1백 70정(錠)으로 바꾸어 보내자 어떤 이는 일행이 나누어 가져야
   한다 하고 어떤 이는 대마도주를 시켜 강호로 돌려보내는 것이 마땅하다고 하였다.
   이에 김세렴 등이 "일행에게 나누어준다면 받는 것이 되니 결코 그럴 수 없으며 도
   주를 시켜 돌려보낸다면 필경 전해 주지 않을 것이니, 만약 잘 처리하는 방편을 찾는
   다면 강물에 던지고 가는 것이 좋을 것이다"라고 하여 북하(北河)에 이르러 던져 버
   렸다고 한다. 이에 하수 가에 사는 사람들이 그 의로움을 사모하여 하수 이름을 금절
   하(金絶河)라고 부르게 되었다고 한다. 금절하(今絶河), 투금하(投金河)라고도 하며
   일본에서는 보통 금절천(今切川)이라 부른다고 한다.

55 원가강(源家康) : 덕천가강(德川家康 : 도쿠가와 이에야스). 1542~1616. 일본 강호(江
   戸) 막부의 초대 장군. 처음에는 직전신장(織田信長)과 연합하여 삼하(三河)·준하
   (駿河)·원강(遠江) 등지를 점령하고 풍신수길(豊臣秀吉)과 맞섰으나 나중에는 연합
   전선을 형성하여 풍신수길의 천하통일을 도왔다. 그러나 수길이 죽은 뒤에 석전삼성
   (石田三成) 등 대항세력을 일소하고, 1603년 정이대장군(征夷大將軍)이 되어 강호 막
   부를 열었다. 1605년에는 장군직을 아들 원수충(源秀忠)에게 물려주고 태정대신(太政
   大臣)이 되었다.

56 집정(執政) : 일본의 대중신(大重臣) 급 막부직(幕府職)인 대로(大老)와 노중(老中)의
   중국식 호칭.

57 숙공(熟供) : 접대하는 왜인들이 음식을 장만하여 식사를 제공하는 것을 말한다. 반면
   에 건공(乾供)은 왜인들로부터 건량(乾糧)을 받아 사행(使行) 측에서 스스로 음식을
   장만하는 것이다. 사신의 등급에 따라 숙공을 대접하는 회수(回數)와 음식의 가지 수
   가 다르며, 정해진 법식을 따른다.

58 태학두(太學頭) : 원래는 율령제 관사(官司)로 중앙의 관리를 양성하는 기관인 대학료
   (大學寮)의 우두머리를 가리킨다. 그러나 실제로는 막부(幕府)의 직제로 유학의 경전
   (經典)을 진강(進講)하고 문학(文學)에 관한 일을 주관하는 관직을 말하며 모두 세습

미주　277

한다.

59 좨주(祭酒) : 옛날에 회동향연(會同饗醼)에서 존장자가 먼저 술로 땅에 제사 지내던
   일에서 비롯한 이름으로, 후에 전하여 학정(學政)의 장관을 일컫는 말이 되었다. 여기
   서 '임 좨주'는 임신언(林信言)을 가리킨다.
60 임 태학이~글자를 고쳤다 : 일본 조정으로부터 받은 답서가 무진년의 답서에 비해
   미진한 점이 많으므로 고쳐줄 것을 요구하였다. 즉, '흥거가승(興居佳勝)'은 '기거안
   녕(起居安寧)'으로, '흔위(欣慰)'는 '가경(嘉慶)'으로, '칭경(稱慶)'은 '서환(敍歡)'으로,
   '지성(之誠)'의 '성' 자는 '의(誼)' 자로 고쳤는데, 이때 조엄 등은 "지극히 존경하는
   답서를 얻는다 해도 기쁠 것이 없거늘, 더구나 이처럼 고친 글 또한 평범한 어구에
   불과한데 도리어 다행하다고 하는 것은 어찌 애통하고 슬픈 일이 아니겠는가?"라며
   탄식하였다. 자세한 내용은 조엄의 『해사일기』를 참조.
61 조신(曹信) : 본관은 창녕. 자는 입중(立中). 전 만호(萬戶)로 일방 소속의 장사군관(壯
   士軍官)이다.
62 임춘흥(林春興) : 본관은 나주(羅州). 자는 사빈(士賓). 전 내금위(內禁衛)로 이방 소속
   의 장사군관(壯士軍官)이다.

사상기(槎上記) 2—서경(西京)에 이르러

1 이좌국(李佐國) : 본관은 완산(完山). 자는 성보(聖輔). 일방 소속 양의(良醫).
2 성호(成灝) : 본관은 창녕(昌寧). 자는 대심(大心). 전 부사맹(副司猛)으로 삼방 소속
   의원(醫員).
3 창포도(菖蒲刀) : 양쪽에 날이 있고 가운데에 혈조(血漕)가 나 있어 창포 잎 같은 모양
   을 한 칼을 말한다.
4 어영(魚永) : 본문에는 '겸영(兼永)'이라고 되어 있으나 '어영(魚永)'의 잘못이다.
5 삼수역(三首譯) : 수역은 역관의 우두머리를 말하니 삼수역은 각각 삼사상에 속한 역
   관들의 우두머리를 가리킨다.
6 김학봉(金鶴峰) : 김성일(金誠一). 1538(중종 33)~1593(선조 26). 조선 중기의 문신. 본
   관은 의성(義城). 자는 사순(士純). 호는 학봉(鶴峰). 안동 출신으로 이황(李滉)의 문인
   이다. 1590년에 통신부사(通信副使)로 일본에 파견되었는데 이듬해 돌아와 일본의
   국정을 복명할 때 '왜가 반드시 침입할 것'이라는 정사 황윤길(黃允吉)과는 달리 민
   심이 흉흉할 것을 우려하여 왜가 군사를 일으킬 기색은 보이지 않는다고 상반된 견
   해를 밝힌 것으로 유명하다. 후에 임진왜란이 일어나자 전일의 복명에 대한 책임으
   로 항왜전을 펼치다가 병으로 죽었다. 저서로 『해사록(海槎錄)』·『상례고증(喪禮考
   證)』·『학봉집』이 있다. 이조판서에 추증되었으며 시호는 문충(文忠)이다.
7 김학봉(金鶴峰)이 사행을~이르렀어도 : 1590년 우리 사행이 일본에 갔을 때 풍신수길
   이 국도(國都)로 돌아온 지 이미 오래되었는데도 왕명을 받지 않고 있다가 왕명을 받
   은 지 4일 뒤에 사람을 시켜서 '서계(書契)는 짓는 대로 뒤따라 보낼 것이니 사신은
   계빈(堺濱)에 가서 기다리라'고 하였다. 계빈에서 반 달을 머문 뒤에야 서계가 왔는
   데 서계의 말투가 매우 오만하여 '전하(殿下)'를 '각하(閣下)'라 하고, '소송예폐(所送
   禮幣)'를 '방물영납(方物領納)'이라 하였으며, 또 '단번에 곧바로 대명국에 들어갈 테
   니 귀국은 앞장서서 입조하라[一超直入大明國 貴國先驅入朝]'는 따위의 말이 있었

다. 김성일이 이를 보고 의리에 의거하여 즉각 물리친 다음 수길의 측근인 현소(玄蘇)에게 글을 보내어 "만약 이러한 말들을 고치지 않는다면 사신에게는 죽음이 있을 뿐 의리상 감히 돌아갈 수 없다"라고 하니 현소가 각하(閣下)와 방물영납(方物領納)의 6자는 고칠 것을 허락하였으나 '단번에 곧바로 대명국에 들어갈 테니. 귀국은 앞장서서 입조하라'는 말은 '대명국에 입조한다[入朝大明]'는 뜻이라고 핑계 대면서 끝내 고치지 않았다.

8 황신(黃愼) : 1562(명종 17)~1617(광해군 9). 조선 중기의 문신. 본관은 창원(昌原). 자는 사숙(思叔), 호는 추포(秋浦). 1596년 통신사로 명나라의 사신 양방형(楊邦亨)·심유경(沈惟敬)을 따라 일본에 다녀오고 화의가 결렬된 뒤 조정으로 하여금 명나라의 내원을 청하게 하여 가선대부에 승진하였다. 이어 위유사(慰諭使)·찬획사(贊畵使)를 거쳐 전라감사가 되어 전쟁으로 피폐해진 남원의 복구에 공을 세워 동지중추부사가 되었다. 1609년(광해군 1) 호조참판으로 진주부사(陳奏副使)가 되어 이덕형(李德馨)과 함께 명나라에 다녀왔다. 저서로는 『일본왕환일기(日本往還日記)』·『막부삼사수창록(幕府三使酬唱錄)』·『추포집』·『대학강어』 등이 있다. 시호는 문민(文敏)이다.

9 황추포(黃秋浦)가~이르지 않은 바가 없었다 : 1596년(선조 29)에 황신이 통신사로 중국 사신을 따라 일본에 건너갔을 때를 말한다. 일본이 중국에 조공을 바치겠다면서 왕을 봉해줄 것을 요구하자 중국의 심유경(沈惟敬)과 황신 등이 통신사로 일본에 가약 1년 동안 머물렀는데, 이때 수길(秀吉)은 공의 벼슬이 낮다고 하여 공을 만나주지도 않고 국서(國書)도 받지 않았으며 온갖 공갈 협박을 하였으니 적이 공을 살해할 것이라는 소문이 끊임없이 돌았다. 이에 황신은 "본 사신은 국경을 나설 때 세 가지 계획을 세웠다. 강화(講和)의 일이 순탄하게 이루어지면 조사를 따라서 갔다 돌아온다는 것이 하나이고, 성사되지 않으면 1~2년이 아니라 10년이 지나더라도 그대로 머물러 있는다는 것이 하나이고, 만약 횡포를 부리고 화를 내면 죽음도 불사한다는 것이 하나이다"라고 하며 사명(使命)을 욕되게 하기보단 차라리 죽겠다고 하면서 절조를 고수하였다. 화의가 결렬된 뒤에는 조정으로 하여금 명나라의 내원을 청하게 하여 가선대부에 승진하였다. 신흠(申欽), 『상촌선생집(象村先生集)』 권27 「추포 황공 신도비명(秋浦黃公神道碑銘)」 병서 참조.

10 현태익(玄泰翼) : 자는 중거(仲擧). 천녕인(川寧人). 신사(辛巳) 생.

11 그 동생 : 역관 현태심(玄泰心)을 가리킨다. 자는 자정(子定). 천녕인(川寧人). 계사(癸巳) 생.

12 역산(嶧山) : 중국 강소성(江蘇省) 비현(邳縣)에 있는 산. 혹은 산동성(山東省) 추현(鄒縣)에 있는 산.

13 화산(華山) : 중국 섬서성(陝西省) 화음현(華陰縣)에 있는 산 이름으로 오악(五嶽)의 하나.

14 중관(中官) : 왜인들이 통신사 일행을 차서에 따라 5등급으로 나누어 부르는데 그 가운데 넷째 등급의 관원을 가리킨다. 자세한 내용은 「사상기 1—사행을 떠나며」, 주 49를 참조.

15 봉행(奉行) : 일본 무가시대(武家時代)의 직명(職名). 군장(君長)의 명을 받아 한 국부(局部)의 일을 전담(專擔)하는 우두머리로 중앙과 지방에 다 이 벼슬이 있다.

16 동무(東武) : 막부장군(幕府將軍), 즉 관백이 있는 강호(江戶). 또는 그곳에 있는 관백의 별칭이다. 일본 천황(天皇)이 있는 경도(京都)는 강호의 서쪽에 있으므로 '서경(西

京)’이라 하고, 막부장군이 있는 강호는 ‘서경의 동쪽에 있는 무가(武家)’라는 뜻으로 ‘동무(東武)’라고 불렀다.

17 비국(備局) : 비변사(備邊司). 조선 중·후기에 의정부를 대신하여 국정 전반을 총괄한 실질적인 최고의 관청. 묘당(廟堂)·주사(籌司)라고도 하였다.

18 관문(關文) : 공문(公文)의 일종. 관청 사이의 왕복 문서에 관문(關文)·자문(剌文)·이문(移文)의 세 종류가 있는데, 관문은 상관이 하관에게, 또는 상급관청이 하급관청에게 보내는 공문서 또는 허가서를 말한다.

19 족3리(足三裡) : 다리에 있는 혈(穴) 자리. 정강이뼈 머리에서 약간 바깥쪽 아래에 위치한다. 정강이뼈를 따라 올라가면 무릎 아래에 튀어나온 곳이 있는데, 바로 이 밑에서부터 3~4cm쯤 바깥쪽에 굵은 힘줄이 있는 부분이다. ‘다리에 있는 삼리(三裡)’라는 뜻이며, 삼리는 위장과 관계가 깊은 곳이다.

20 어목부(御目付) : 강호막부(江戶幕府)가 파견한 목부(目付). 목부는 비리를 검찰하여 군장에게 고하는 일을 맡은 관원이다.

21 영기(令旗) : 군중(軍中)에서 명령을 내릴 때 전령(傳令)이 가지고 가는 기로서 ‘영(令)’ 자가 쓰여 있다. 그 깃발을 드는 사람을 지칭하기도 한다.

22 동무에서~처리했기 때문에 : 조선의 사신 일행이 죄인의 처형을 참관해도 된다는 허락을 동무에서 아직 받지 못한 것을 이른다.

23 좌권(左券) : 우권(右券)에 대한 좌방(左方). 약속한 사람이 갖는 증신(證信). 전하여 약속의 증거.

24 성안(成案) : 완성된 문서. 곧 관계된 관리의 서명 등이 들어 있고 내용과 격식이 잘 갖추어진 문서를 말한다.

25 여우길(呂祐吉) : 1567(명종 22)~1632(인조 10). 조선 중기의 문신. 본관은 함양(咸陽). 자는 상부(尙夫), 호는 치계(稚溪, 痴溪). 임진왜란이 끝난 다음 전쟁을 마무리 짓는 사신으로 일본에 내왕하면서 포로 쇄환 등에 공이 많았고, 1614년(광해군 6)에는 진위사(陳慰使)로 명나라에 다녀왔다. 탁월한 외교가로 전란 이후의 처리를 담당하였을 뿐만 아니라 지방관으로서도 선정을 베풀었다. 여기서는 1607년(선조 40)에 경섬(慶暹)·정호관(丁好寬)과 함께 회답 겸 쇄환사(回答兼刷還使)로 일본에 가 포로로 잡혀간 조선인 1,240여 명을 데리고 왔을 때를 말하는 것이다.

26 오윤겸(吳允謙) : 1559(명종 14)~1636(인조 14). 조선 중기의 문신. 본관은 해주(海州). 자는 여익(汝益). 호는 추탄(楸灘) 또는 토당(土塘). 1617년 첨지중추부사가 되어 회답 겸 쇄환사(回答兼刷還使)의 정사로서 사행 400여 명을 이끌고 일본에 가서 임진왜란 때 잡혀갔던 포로 150여 명을 쇄환했으며 이때부터 일본과의 수교가 다시 정상화되었다. 저서로『추탄문집』을 비롯해『동사일록(東槎日錄)』·『해사조천일록(海槎朝天日錄)』등이 전한다.

27 오자서(伍子胥)는~있었습니다 : 오자서(伍子胥)는 초(禁)나라 평왕(平王)의 태자 건(建)의 태부(太傅)인 오사(伍奢)의 아들이다. 건의 소부(少傅)였던 비무기(費無忌)가 오사를 참소하여 평왕이 오사와 큰 아들 오상(伍尙)을 죽이고 자서까지 죽이려 하자 이에 오자서가 오(吳)나라로 망명하여 군대를 이끌고 초나라를 쳐부순 후 그때는 이미 죽은 평왕의 무덤을 파헤치고 시체에 철장(鐵杖) 300대를 쳐 분을 풀었다. 오자서의 친구 신포서(申包胥)가 이 소문을 듣고 “그대의 복수는 너무 심하지 아니한가”라고 하였다고 한다.

28 종계변무(宗系辨誣) : 조선 건국 초기부터 선조 때까지 200여 년 간 명나라에 잘못 기록된 태조 이성계(李成桂)의 세계(世系)를 시정해 달라고 주청했던 사건. 고려 말인 1390년(공양왕 2)에 이성계의 정적이던 윤이(尹彝)·이초(李初)가 명나라로 도망가서 이성계는 고려의 권신 이인임(李仁任)의 후손으로 공양왕 역시 고려 왕실의 후손이 아니고 이성계의 인척이라 하면서 이들이 공모해 명나라를 치려 한다고 모함하였다. 명나라는 이 이야기를 믿고 『태조실록』과 『대명회전(大明會典)』에 그대로 기록하였는데, 조선에서는 이러한 종계(宗系)의 기록이 잘못되었다는 사실을 알게 되었으나 (태조 3) 별 진전이 없다가 선조 때 대사간 이이(李珥)가 국군(國君)이 모욕을 당한 지 200여 년이 지났는데도 고치지 못해서는 안 된다고 하여 인재를 주청사로 보내어 강력하게 주청하도록 하였다. 그리하여 1581년(선조 14)에는 김계휘(金繼輝)를, 1584년에는 황정욱(黃廷彧)을 주청사로 보내어 황정욱이 중찬된 『대명회전』의 수정된 조선 관계 기록의 등본을 가지고 돌아옴으로써 종계변무의 목적이 달성되게 되었다. 이어 1587년에는 주청사 유홍(兪泓)을 명나라에 보내어 이번에는 『대명회전』의 반사(頒賜)를 요청하였는데, 우여곡절 끝에 명제의 칙서와 함께 중수된 『대명회전』 중에서 조선 관계 부분 한 질을 받아왔고 선조는 이것을 종묘·사직·문묘에 친히 고하였다. 그 뒤 1589년에 성절사 윤근수가 『대명회전』 전질을 받아 옴으로써 200년을 끌어온 종계변무의 외교상 문제가 완전히 해결되었다.

29 김황강(金黃岡) : 김계휘(金繼輝). 1526(중종 21)~1582(선조 15). 조선 중기의 문신. 본관은 광산(光山). 자는 중회(重晦), 호는 황강(黃岡). 1581년 종계변무(宗系辨誣)를 위한 주청사(奏請使)로 중국에 다녀왔다.

30 소자경(蘇子卿)은~바쳤는데 : 소자경은 한(漢)나라의 충신 소무(蘇武)이니 자경(子卿)은 그의 자이다. 무제(武帝) 때 중랑장(中郞將)으로 흉노(匈奴)에 갔다가 억류되어 추위와 굶주림 등 온갖 고초를 겪으면서도 항복을 거절하다 19년만에야 풀려 돌아왔는데, 사신으로 갈 때에는 한창 나이였으나 돌아올 때에는 수염과 머리카락이 다 셌다고 한다.

31 조정의 감죄(勘罪)를~한다며 : 최천종 살해 사건이 일어났기 때문에 책임을 다하지 못한 죄로 조정의 처분을 받아야 함을 말하는 것이다.

32 유장흥(柳長興) : 유진항(柳鎭恒). 본관은 진산(晉山). 자는 정수(靜壽). 전임 장흥 부사로, 이방 소속 병방(兵房) 담당 명무군관(名武軍官)으로 사행에 참여하였다.

33 사증의~기록하였다 : 본 책 1권 말미에 「일본의 두 재자(才子)에 대해서 쓰다[書日本二才子事]」라는 제목으로 구정로와 나파사증에 대해서 특별히 자세하게 기록하였다.

34 소서행장(小西行長 : 고니시 유키나카) : ?~1600. 일본 안토도산(安土桃山)시대의 무장. 임진왜란 때 가등청정(加藤清正)과 함께 조선에 침입하여 평양(平壤)까지 진격하였다가 명나라 이여송(李如松)에게 대패하고, 정유재란 때 다시 침입하여 한산도(閑山島)·순천(順天)·남원(南原)·울산(蔚山) 등지를 전전(轉戰)하였다. 풍신수길이 죽은 뒤 석전삼성(石田三成) 등과 함께 덕천가강(德川家康)의 세력을 제거하려 하였으나 관원(關原)의 싸움에서 패하였다. 이때 주위에서 자살을 권하였지만 그리스도교 신자인 까닭에 거절하고 붙잡혀 참수되었다.

35 현천(玄川) : 현천은 원중거(元重擧)의 호이다. 자세한 내용은 「사상기 1—사행을 떠나며」, 주 5를 참조.

36 봉창(篷窓) : 뜸을 걸어놓은 배의 창. 뜸은 대오리·띠·부들 같은 것을 엮어서 배나

수레 등을 덮는 거적 비슷한 물건을 말한다.

37 공억(供億) : 어려운 사람에게 의식(衣食)을 주어 편안하게 생활케 하는 것.

38 사인보(私印譜) : 개인의 여러 가지 인영(印影 : 찍어놓은 도장의 형적)을 모아 실은 책.

39 동파(東坡) : 소식(蘇軾). 1036~1101. 중국 북송 때의 시인. 자는 자첨(子瞻). 호는 동파거사(東坡居士). 파공(坡公)·파선(坡仙)이라는 애칭으로 불리기도 한다. 소순(蘇洵)의 아들이며 소철(蘇轍)의 형으로, 대소(大蘇)라고 불렸다. 송나라 제일의 시인이며 문장에 있어서도 당송팔대가(唐宋八大家)의 한 사람이다. 폭넓은 재능을 발휘하여 시문서화(詩文書畵) 등에 훌륭한 작품을 남겼으며 대표작인 『적벽부(赤壁賦)』는 불후의 명작으로 널리 애창되었다.

40 다섯 가지 기운[五氣] : 한(寒)·열(熱)·풍(風)·조(燥)·습(濕)의 병증(病症)의 다섯 가지 기운.

41 순양(純陽) : 순전한 양기(陽氣). 강건하여 계속 활동하는 기. 불.

42 작년에 있었던 일 : 배를 예인하러 오지 않았던 잘못을 가리킨다.

43 쌍륙 놀이 : 주사위를 써서 말이 먼저 궁에 들어가기를 겨루는 놀이.

44 이언진(李彦瑱) : 1740(영조 16)~1766(영조 42). 조선 후기의 역관(譯官)·시인. 본관은 강양(江陽). 자는 우상(虞裳), 호는 송목관(松穆館)·창기(滄起). 세거지는 서울이며 대대로 역관을 지낸 집안에서 태어났다. 이용휴(李用休)에게 수학하였는데 어려서부터 시문과 서예에 재주가 뛰어나 영이(靈異)한 천재로 인정받았다. 성당(盛唐)의 시풍에서 많은 영향을 받았으며 자연·영물·회고·풍자·변새(邊塞)·궁원(宮怨) 등 다양한 내용을 소재로 다루었다. 27세로 요절하면서 죽기 전 모든 초고를 직접 불살라버려 남아 있는 것이 별로 없으나, 초고를 불사를 때 그의 아내가 빼앗아둔 일부의 유고가 『송목관신여고(松穆館燼餘稿)』라는 이름으로 편집되어 전한다.

45 오 선전(吳宣傳) : 오재희(吳載熙). 본관은 해주(海州). 자는 경집(敬緝). 전 선전관(宣傳官)으로 삼방 소속의 일공(日供) 담당 명무군관으로 사행에 참여하였다.

46 장무(瘴霧) : 장기(瘴氣), 즉 열병의 원인이 되는 산천에서 생기는 나쁜 기운을 품은 안개.

47 단령(團領) : 깃을 둥글게 만든 포(袍)로, 4~5세기 무렵 몽고·서역 지방에서 입기 시작하여 수(隋)·당(唐)을 거쳐 우리나라에는 신라시대 때 김춘추(金春秋)에 의하여 전래되었다. 648년(진덕여왕 2)에 공복(公服)으로 채택되어 관직에 있는 사람이나 귀족층이 공청(公廳)에 나갈 때 입는 옷이 되었으며 특히 조선조에는 공복·상복·시복(時服)에 착용하여 관복 중 가장 중요한 자리를 차지하게 되었다. 품계에 따라 홍·청·녹·조(皂)·토황(土黃)·초록 등으로 구별하였고 품계가 없는 사람도 부서에 따른 색의 구별이 있었다. 그러나 복색이 정제대로 되지 않아 여러 번 변천을 겪다가 1884년(고종 21) 의제개혁 이후 흑단령 위주가 되었다. 지금도 혼인 때 신랑의 관대로 입고 있다.

48 고공묘(篙工廟) : '고공(篙工)'은 '뱃사공'이니 고공묘는 뱃사공의 혼을 모신 사당을 말한다. 고공묘의 유래는 본 책의 「일본록―일본의 역사지리적 고찰」 '대마주', "포구의 앞에는 현두항(懸頭港)이 있는데 절벽이 양쪽으로 높이 솟고 좁은 길이 가운데로 뚫려 있어 뱃머리가 조금만 동쪽을 향하면 꼬리가 반드시 서쪽으로 부딪친다. 옛말에 이르기를, 적 수길이 이곳을 지나가려고 하자 뱃사공이 불가능하다고 고하였다. 수길이 노하여 그의 목을 베어서 머리를 항구의 남쪽에 걸어 놓았는데, 그곳을 지날 때

과연 배가 부서져 장사 지내고 사당을 세우니 지나가는 사람들이 제사를 지냈다고 한
다" 부분을 참조한 것임.

49 조감(趙瞰) : 정사 조엄의 사촌 동생. 조엄의 『해사일기(海槎日記)』에는 '조철(趙瞰)'
   이라고 되어 있다.

50 황감제(黃柑製) : 조선시대 관학(館學 : 성균관과 四學) 유생의 사기를 높이고 학문을
   권장하기 위하여 그들만을 응시대상으로 실시한 과거. 1564년(명종 19)에 처음 시행
   되었는데, 매년 제주도의 특산물인 감귤이 진상되어올 때 성균관의 명륜당(明倫堂)
   에 관학유생들을 모아놓고 감귤을 나누어준 뒤 시제(試題)를 내려 유생들을 시험하
   였다. 이때 시험과목은 시(詩) · 부(賦) · 표(表) 가운데 하나를 택하게 하였으며 시험
   시간은 매우 짧았고 합격자 역시 당일에 결정하였다. 합격자수는 일정하지 않았으나
   처음에는 1인을, 영조 이후에는 대체로 2인을 뽑아 직부전시(直赴殿試) 혹은 직부회
   시(直赴會試)하였다. 조선 후기에는 성균관 밖의 유생에게도 응시자격을 부여하는
   통방외(通方外)가 적용되었으며, 시험장소도 성균관이 아닌 명정전(明政殿)에서 실
   시하는 것이 상례가 되어 결국 정시(庭試)와 다름이 없게 되었다.

51 인일제(人日製) : 절일제(節日製) 중에서 매년 인일(人日)에 보는 시험. 절일제란 조선
   시대 성균관, 지방 유생을 대상으로 인일(人日 : 정월 7일) · 상사(上巳 : 3월 3일) · 칠
   석(七夕) · 중양(重陽)에 실시한 시험으로 절제(節製)라고도 하였다. 시험과목은 증광
   전시(增廣殿試)의 예와 같이 대책(對策) · 표(表) · 전(箋) · 잠(箴) · 송(頌) · 제(制) · 조
   (詔) · 논(論) · 부(賦) · 명(銘) 가운데 1편을 선택하여 제술(製述)하게 하였으며 합격자
   수는 일정하지 않았다. 시험절차는 시험관인 의정부 · 육조 · 제관(諸館)의 당상관이
   성균관에서 시취(試取)한 뒤에 과시(科試)의 성적 순위를 왕에게 보고하였다. 특명으
   로 시험을 실시할 때에는 대제학을 불러 승지, 성균관 당상관과 함께 실시한 뒤 시권
   (試卷)을 거두어 입궐하여 입직한 옥당(玉堂)이나 춘방(春坊) 관원 2인으로 하여금 과
   시의 순위를 대독(對讀)하게 하였다.

52 갑진 : 원문에는 '갑오'라고 되어 있으나 '갑진(甲辰)'의 오기이다.

53 을사 : 본문에는 '을(乙)' 자가 빠졌다.

54 성복제(成服祭) : 상을 당한 뒤 초종(初終) · 습(襲) · 소렴(小斂) · 대렴(大斂) 등을 마
   친 뒤 상복으로 갈아입는 절차. 대렴의 다음날, 즉 상을 당한 지 4일 만에 행하는 것
   을 원칙으로 한다.

55 매학정(梅鶴亭)과 노자정(鸕鶿亭) : 경상도 선산도호부(善山都護府)에 있는 누정들이
   다. 자세한 내용은 『신증동국여지승람(新增東國輿地勝覽)』 권29 「경상도 선산도호
   부(善山都護府)」조를 참조.

56 겸관(兼官) : 고을의 원이 비었을 때에 이웃 원이 그 고을 일을 임시로 아울러 맡아보
   는 것, 또는 그 원을 가리킨다.

57 조진관(趙鎭寬) : 1739(영조 15)~1808(순조 8). 조선 후기의 문신. 본관은 풍양(豊壤).
   자는 유숙(裕叔), 호는 가정(柯汀). 사행의 정사 조엄의 아들이다.

58 쇄마(刷馬) : 쇄마법(刷馬法)에 의해 지급되는 말. 쇄마법이란 사신(使臣)의 왕래에 따
   른 물자의 운송이나, 세폐 · 진상물의 운반 및 지방관의 교체에 따른 영송 · 접대를
   위해 마련한 제도이다. 조선 전기 역참에서는 역마를 마련하여 분양마 등 관마(官馬)
   를 이용하도록 하였는데 광해군 · 인조 대를 거치면서 민간인의 말을 돈으로 사서 이
   용하는 쇄마제도로 바뀌게 되었다.

59 이관(李灌) : 1712(숙종 38)~1791(정조15). 조선 후기의 문신. 본관은 덕수(德水). 자는
   습지(習之), 호는 만은(晩隱).

60 조정(趙珽) : 정사 조엄의 아우. 호는 인서(寅瑞). 원문에는 조정(趙畋)이라고 되어 있
   으나 조정(趙珽)이 맞다.

61 유후(柳逅) : 1692(숙종 18)~1780(정조 4). 자는 자상(子相). 호는 취설(醉雪). 이덕무(李
   德懋)의『청비록(淸脾錄)』2권에 유후에 관한 기록이 보인다. 서얼로서 진사에 급제
   하고 정묘사행(1747~1748) 때 통신서기(通信書記)로 일본에 갔는데 장중하고 위의
   넘치는 그의 태도에 일본 인사들이 모두 공경하고 조심스러워했다고 한다. 사행 당
   시의 벼슬은 봉사(奉事)였으며 북부참봉, 안기(安奇) 찰방을 지냈다. 용모가 청수하고
   성품이 청한한데다 수염이 아름다워 훤칠한 선인(仙人)의 기상이 있었으며 그의 시
   는 맑고 순조로워 걸리고 막히는 데가 없다고 하였다.

62 물무경(物茂卿) : 물부쌍백(物部雙柏). 1666~1728. 호는 조래(徂徠)이며 적생조래(荻
   生徂徠 : 오규우 소라이)라는 이름으로 널리 알려져 있다. 무경(茂卿)은 그의 자이다,
   육오주(陸奧州) 사람이며, 불교 수용을 반대하였다가 성덕태자에게 죽임을 당한 물
   부대련의 후손이다. 일본의 고학파(古學派) 유학자로 정주(程朱)의 학문을 배척하고
   실증적인 경세제민을 주장하여 유학의 정치화를 꾀하였고, 시문(詩文)은 중국 명(明)
   대의 고문사파(古文辭派)인 왕세정(王世貞)과 이반룡(李攀龍)을 추종하였다. 그의 학
   문이 널리 퍼져 일본 내에서 해동부자(海東夫子)라 일컬어졌으며 전국 문장가의 종
   사(宗師)가 되었으니, 강호(江戶)의 강효선(岡孝先)과 서경(西京)의 파마청현(播磨淸
   絢), 대판(大阪)의 영부봉(永富鳳), 장문주(長門州)의 농장개(瀧長凱), 태재순(太宰純)
   등은 그 제자 가운데 이름난 이들이다.『논어징(論語徵)』·『논어변(論語辨)』·『조래
   집(徂徠集)』등의 저술이 있다.

63 범저(范雎) : 전국시대의 위(魏)나라 출신의 종횡가로, 원교근공책(遠交近攻策)을 진
   (秦)의 소양왕(昭襄王)에게 진언하여 재상이 되고 응후(應侯)에 봉해진 인물이다. 젊
   었을 때 제(齊)나라에 사신으로 가는 중대부(中大夫) 수가(須賈)의 종자가 되어 그를
   수행하였는데, 제나라에서 범저의 인기가 수가보다 더 좋았다. 이에 기분이 상한 수
   가가 귀국한 뒤에 '범저가 제나라와 내통하고 있다'고 참언(讒言)하여 모진 고문을
   당한 끝에 거적에 말려 변소에 버려졌는데, 범저가 거짓으로 죽은 체 하고 있다가 옥
   졸을 설득하여 탈옥한 뒤 진나라로 망명하였다.

64 대미(大米) : 미불(米芾). 1051~1107. 중국 북송대의 서화가. 자는 원장(元章). 호는 녹
   문거사(鹿門居士)·양양만사(襄陽漫士)·해악외사(海岳外史). 양양(襄陽) 사람이라 미
   양양(米襄陽)이라고도 불렀다. 문장이 기험(崎險)하고 서화에 능하였는데 특히 글씨
   는 입신(入神)의 경지에 이르렀다 하며 채양(蔡襄)·소식(蘇軾)·황정견(黃庭堅)과 함
   께 송의 4대서가로 불렸다. 그림은 산수·인물을 잘 그렸으며 '미법산수(米法山水)'
   라는 새로운 화법을 낳아 후세에 남화가의 종(宗)으로 추앙받았다. 대표적인 글씨로
   『촉소첩(蜀素帖)』·『진적삼첩(眞跡三帖)』등이 있고 저서에『보진영광집(寶晉榮光
   集)』·『서사(書史)』·『화사(畫史)』·『해악명언(海岳明言)』등이 있다.

65 임지(臨池) : 후한의 장지(張芝)가 못가에서 붓글씨를 배울 때 못물이 온통 까맣게 변
   했다고 하는 고사에서 비롯하여, 습자(習字)의 뜻으로 쓰인다.

66 전당(錢塘) : 강의 이름. 중국 절강성(浙江省)에 있는 절강 하류로서 항주만(杭州灣)으
   로 흐른다.

67 사백(思白) : 동기창(董其昌). 1555~1636. 중국 명나라 말기의 서화가. 호는 사백(思白)·향광(香光)·사옹(思翁). 그림에서는 오파문인화(吳派文人畵)의 남종화풍을 계승·발전시켜 명말 화단(畵壇)의 지도적 역할을 하였고, 서예에서는 미불과 조자앙(趙子昻)을 배워 일가를 이루었으니 행서(行書)·초서(草書)에 빼어났다. 저서에 『화선실수필(畵禪室隨筆)』·『용태집(容台集)』이 있다. 시호는 문민(文敏).
68 봉조하(奉朝賀) : 조선시대 공신, 공신적장(功臣嫡長), 동서반 당상관 등이 치사(致仕)한 뒤에 임명되는 관직. 이 제도는 전직 고급관료를 대우하던 일종의 훈호(勳號)로서 직사(職事)는 없다. 다만 정조(正朝)·동지(冬至)·탄일(誕日) 등의 하례식에만 참석하고, 재직 시의 품계에 따라 소정의 녹(祿)이 지급되는 은급(恩給)제도이다.

『일본록』 권2 - 일본견문록

일본록^{日本錄} - 일본의 역사지리적 고찰

1 『삼재도회(三才圖會)』 : 일종의 백과사전. 중국 명나라의 왕기(王圻)가 1607년에 저술한 『삼재도회』가 그 시조로 천지인(天地人) 삼재(三才)에 걸쳐 사물을 설명하였다. 일본에서도 이 체제에 따라 지은 동명의 책이 있으니 『화한삼재도회(和漢三才圖會)』가 그것으로 일본인 사도량안(寺島良安)이 지었다. 중국의 『삼재도회』를 본떠 천·지·인 삼재로 부(部)를 나누고 그림을 모아 실은 후 그림에 의하여 사물을 설명하였다. 여기서의 『삼재도회(三才圖會)』는 『화한삼재도회(和漢三才圖會)』를 말하는 것이다.
2 신숙주(申叔舟) : 1417(태종 17)~1475(성종 6). 조선 전기의 문신. 본관은 고령(高靈). 자는 범옹(泛翁), 호는 희현당(希賢堂) 또는 보한재(保閑齋). 전농시(典農寺) 직장(直長)·집현전(集賢殿) 부수찬을 역임하였고 1443년 통신사 변효문(卞孝文)의 서장관(書狀官)으로 일본에 다녀왔다. 뛰어난 학식과 문재(文才)로서 6대 왕을 섬겼고 『국조오례의(國朝五禮儀)』·『동국정운(東國正韻)』·『국조보감(國朝寶鑑)』·『세조실록(世祖實錄)』·『영모록(永慕錄)』 등을 찬수(撰修)하였다. 세종 때는 왕의 총애를 가장 많이 받은 학자였으나 수양대군의 왕위찬탈(王位簒奪)에 가담한 점에서 후세에 비난을 받았다. 성종의 묘정(廟庭)에 배향되었고, 저서에 『보한재집(保閑齋集)』·『북정록(北征錄)』·『해동제국기(海東諸國記)』·『사성통고(四聲通攷)』 등이 있다.
3 『해동제국기(海東諸國記)』 : 원문에는 '해외제국기(海外諸國記)'라고 되어 있으나 '해동제국기'의 오기이다.
4 오잡조(五雜俎) : 중국 명나라의 사조제(謝肇淛)가 저술한 수필집으로 전체 16권이다. 전체를 천(天)·지(地)·인(人)·물(物)·사(事)의 5부로 나누고 자연과 인사(人事)의 넓은 범위에 걸쳐서 저자의 견문과 의견을 항목별로 정리하였다. 그 무렵 유행한 소품(小品)에 가까운 스타일을 취했고 전체적으로 문인 취향의 영역을 벗어나지 못했으나, 음양·풍수라는 미신사상을 부정하고 합리적 시각으로 당시의 사회가 가진 여러 모순을 날카롭게 꿰뚫어본 면이 있다. 명대의 정치·경제·사회·문화에 관한 귀중한 자료이다.
5 달단(韃靼) : 몽고족의 한 갈래. 원나라가 망한 뒤 몽고족의 일부가 흥안령(興安嶺) 서남 지방으로 북진하여 북원국(北元國)을 수립하였는데 '달단'이라 불리어졌으며, 후일 몽고 전체의 이름이 되었다.

6 유구(琉球) : 옛날에 지금의 유구 열도(琉球列島 : 현재 일본의 오키나와현)에 있었던
  나라.

7 진랍(眞臘) : 옛날에 지금의 캄보디아에 있었던 나라.

8 일각모(一角帽) : 모난 모자라는 뜻으로 예사 의식 때에 쓰는 '오모자(烏帽子)'를 보통
  가리킨다. 그 모양이 앞뒤로 길고 중간은 평평하며 앞뒤가 뿔이 돋친 듯 뾰족하게 솟
  아 있다.

9 범문호(范文虎) : 원나라의 장수. 1258년(고종 45) 고려가 원나라에 굴복하게 되자 원
  나라는 고려를 통하여 여러 차례 일본에게 조공할 것을 요구하였다. 그러나 일본은
  이를 거부하였을 뿐만 아니라 중국의 사신 두세충(杜世忠)을 살해하기까지 하였다.
  이에 원나라에서 일본행성(日本行省) 우승상 아자한(阿刺罕)과 범문호, 정동원수(征
  東元帥) 홍다구(洪茶丘) 등에게 명하여 군사 10만을 이끌고 가서 일본을 정벌하게
  하였다. 그러나 태풍을 만나 배가 모두 가라앉고 범문호 역시 물에 빠져 하루 낮밤을
  표류하다가 구사일생으로 부서진 판자를 붙들고 살아 돌아왔다.

10 김방경(金方慶) : 1212(강종 1)~1300(충렬왕 26). 고려시대의 명장. 본관은 안동(安東).
  자는 본연(本然). 시호는 충렬(忠烈). 신라 경순왕의 후손이다. 1274년(충렬왕 1) 원나
  라가 일본을 정벌할 때 중군장(中軍將)으로 출정하여 2만 5000여 명의 여·원(麗·
  元) 연합군과 함께 대마도를 공략하고 일본 본토로 향하던 도중 구주(九州) 앞바다에
  서 태풍을 만나 실패하고 돌아왔다. 1281년(충렬왕 7) 원나라가 다시 일본을 정벌할
  때 고려군 도원수로 종군하여 일기도를 공략하고 박다(博多)에 이르러 승리를 거두
  었으나 이번에도 태풍과 전염병으로 실패하고 돌아왔다. 1283년 삼중대광 첨의중찬
  판전리사사 세자사(三重大匡僉議中贊判典理司事世子師)로 치사(致仕)하였으며, 이
  어서 첨의령(僉議令)이 가직되고 상락군 개국공 식읍 일천호 식실봉 삼백호(上洛君
  開國公食邑一千戶食實封三百戶)에 봉해졌다. 시호는 충렬(忠烈)이다.

11 이종무(李從茂) : 원문에는 '이종생(李從生)'이라고 되어 있으나 '이종무(李從茂)'의
  오기이다. 이종무는, 1360(공민왕 9)~1425(세종 7). 조선 초기의 무신. 본관은 장수(長
  水). 좌군총제, 남양(南陽)·수원(水原) 조전절제사(助戰節制使) 등을 거쳐 1419년(세
  종 1) 삼군도체찰사로 숭록대부에 올랐다. 이 해에 왜선 50여 척이 비인현의 도두음
  곶[都豆音串]에 침입해 병선을 불태우고 약탈하며 절제사 이사검(李思儉)을 해주,
  연평곶에서 포위하는 등 침입이 잦았다. 이에 조정에서 왜구의 소굴인 대마도(對馬
  島)를 공격하기로 결정하고 전함 227척, 군량 65일분, 군졸 1만 7285명을 거느리고 대
  마도를 정벌하도록 하였다. 이에 정벌군을 지휘해 대마도를 공략, 대소 선박 129척과
  가호(家戶) 1,940여 호를 소각했으며, 적 114급(級)을 참수하는 등 대승을 거두었다.
  귀국한 뒤 찬성사로 승진하였다. 시호는 양후(襄厚)이다.

12 도서(圖書) : 조선시대에 왜인의 출입을 통제하기 위하여 예조에서 대마도주에게 준
  동제(銅製)의 도장을 말한다. 조선은 이 도서가 찍힌 서계(書契)를 가져오는 수도서
  인(受圖書人)이나 수도서선(受圖書船)에 한하여 각 포소(浦所)에서의 통상을 허락하
  였다.

13 평조흥(平調興) : 유천조흥(柳川調興). 1603~1684. 1613년 아버지 유천지영(柳川智永)
  의 뒤를 이어 대마도주 종가(宗家)의 가로직(家老職)을 이어받아 1635년 국서개작 폭
  로사건으로 쫓겨날 때까지 강호에 있으면서 조선과의 외교 관계를 담당하였다.

14 민광(閩廣) : 중국 동남 지방의 인종 및 그 인종이 살던 땅의 이름. 지금의 복건성(福

建省)과 광동(廣東) · 광서(廣西) 양 성을 총괄한 지방.

15 송포의(松浦儀) : 1676~1728. 성은 원(源)이고 송포는 씨이다. 자는 이첨(爾瞻). 호는
하소(霞沼). 의좌위문(儀左衛門)이라고도 부른다. 목하순암(木下順庵)의 문하에서 수
학하였는데 시문에 재능이 있어 대마주의 서기가 되었다.

16 우삼동(雨森東) : 자세한 내용은 「사상기 1—사행을 떠나며」, 주 41을 참조.

17 목정간(木貞幹) : 1621~1698. 자는 직부(直夫). 호는 순암(順菴). 목하순암(木下順菴)
이라고 보통 부른다. 이학(理學)으로 이름이 났으며 시(詩)에 능하였다. 나라의 풍속
을 고쳐 머리를 깎지 않고 화장(火葬)을 하지 않는 등 중국의 제도를 따르게 하려 하
였으나 행해지지 않고 귀양 가서 죽었다. 신정백석(新井白石) · 실구소(室鳩巢) 등 많
은 제자를 길렀다.

18 원여(源璵) : 1657~1725. 일본 강호(江戶)시대 중기의 주자학자(朱子學者)이자 정치
인. 호는 백석(白石)이며 보통 신정백석(新井白石)으로 불린다. 원가선(源家宣)이 사
저에 있을 때 함께 수학한 인연으로 원가선이 관백이 되었을 때 유신(儒臣)으로서 막
부 장군의 막신(幕臣)이 되어 많은 사적을 남겼다. 그러나 원가선의 급작스런 죽음과
함께 영락하였다. 『번한보(藩翰譜)』 · 『독사여론(讀史餘論)』 · 『서양기문(西洋紀聞)』과
같은 저술을 남기기도 하였다.

19 정운십재자(停雲十才子) : 신정백석(新井白石 : 源璵) · 실구소(室鳩巢) · 우삼동(雨森
東) · 지원남해(祗園南海) · 신원황주(榊園篁洲) · 남부남산(南部南山) · 송포하소(松
浦霞沼) · 삼택관란(三宅觀瀾) · 복부관재(服部寬齋) · 향정창주(向井滄洲). 목하순암
의 문하에서 수학하였다 하여 '목문십철(木門十哲)'이라고도 한다.

20 물무경(物茂卿) : 자세한 내용은 「사상기 2—서경에 이르러」, 주 62를 참조.

21 기실(記室) : 표장(表章)을 올리거나 글을 기록하는 일을 맡은 관직명. 지금의 서기(書
記) 또는 비서관(秘書官) 에 해당한다.

22 동청(冬靑) : 감탕 나무과에 속하는 상록 교목. 여름에 황백색 꽃이 핀다. 감탕나무.

23 종려나무 : 야자과에 속하는 상록 교목. 큰 잎은 부채 살처럼 째졌으며 노르스름한 잔
꽃은 종어(棕魚)라 하여 요리에 쓴다.

24 소철 : 소철과에 속하는 상록 교목. 수꽃은 솔방울 모양이며 관상용으로 심는다.

25 비파나무 : 장미과에 속하는 상록 교목. 꽃은 황백색이며 비파 모양의 둥근 장과(漿
果)는 식용한다.

26 종 대수(宗對守) : '종(宗)씨 성의 대마도 태수'라는 뜻으로 일본에서 대마도 태수를
일컫는 호칭.

27 원가광(源家光) : 원가강, 즉 덕천가강의 아들인 원수충(源秀忠)의 아들로서 1623년부
터 1651년까지 정권을 잡았다. 호는 대유원(大猷院)이다.

28 권현(權現) : 권현(權現)은 보살이 중생을 제도하기 위하여 이 세상에 나타나는 일, 또
는 그 화신을 가리키는 말인데 여기서는 덕천가강을 지칭한다. 가강의 호가 동조대
권현(東照大權現)이기 때문이다.

29 홍희남(洪喜男) : 생몰년 미상. 조선 후기의 역관(譯官). 본관은 남양(南陽). 자는 자열
(子悅). 임진왜란 이후 대일 관계가 난관에 봉착하면 반드시 일본에 파견되었다. 일본
에 6차례, 대마도에 여러 차례 다녀왔고 명나라에도 2번 사신으로 다녀왔다. 1649년
인조의 국상(國喪)때 일본의 조제사(弔祭使)가 서울로 와서 진향(進香)하려고 하자
이 문제로 부산에 내려가서 그 절차를 정하였으며 그것이 그 뒤 일본 사신의 전례가

되었다. 1657년(효종 8) 영의정 정태화(鄭太和)에게 일본에서 본 유황(硫黃)의 위용을 말하여 왕에게 그 필요성을 진언하게 하고 1659년 문위사(問慰使)를 수행하여 일본에 가서 유황의 산화법(酸化法)을 배워와 우리나라에 전파하였다.

30 김세렴(金世濂)의~복종시켰다 : 왜인들에게 받은 금을 금절하에 던져버린 일을 말한다. 자세한 내용은 「사상기 1-사행을 떠나며」, 주 54를 참조.

31 남호곡(南壺谷) : 남용익(南龍翼). 1628(인조 6)~1692(숙종 18). 조선 중기의 문신·학자. 본관은 의령(宜寧). 자는 운경(雲卿), 호는 호곡(壺谷). 1655년(효종 6) 을미사행의 종사관으로 일본에 다녀왔는데 관백(關白)의 원당(願堂)에 절하기를 거절하여 음식 공급이 중지되고 여러 가지 협박을 받았으나 굴복하지 않았다. 효종·현종·숙종 3대에 걸쳐 홍문관·예문관 및 대사간·대사성을 거쳐 이·호·예·병·형조의 참판, 경상·경기 감사 등 청화요직을 두루 역임하고 문명(文名)을 날렸으나 늘 근신하고 근면하였다고 한다. 1689년 소의(昭儀) 장(張)씨가 왕자를 낳아 숙종이 그를 원자로 삼으려 하자 극언으로 반대하다가 명천으로 유배되어 3년 뒤 그곳에서 죽었다. 저서로는 신라 시대부터 조선 인조대까지의 명인 497인의 시를 모아 엮은 『기아(箕雅)』와 『부상록(扶桑錄)』, 그리고 자신의 시문집인 『호곡집』을 남겼다. 시호는 문헌(文憲)이다.

32 윤지완(尹趾完) : 1635(인조 13)~1718(숙종 44). 조선 후기의 문신. 본관은 파평(坡平). 자는 숙린(叔麟), 호는 동산(東山). 1682년 임술사행의 통신사로 일본에 파견되었는데 이때 일행은 부사 이언강(李彦綱) 등 475인이었다.

33 옹정제(雍正帝) : 1678~1735. 중국 청(淸)나라의 제5대 황제(1722~35). 이름은 윤진. 강희제(康熙帝)의 넷째 아들. 치세는 13년에 불과했으나 강희제 60년의 방만정치(放漫政治)를 물려받아 관료의 기강을 확립하고 황제의 독재권을 강화하였으며 재정을 개혁하고 청나라의 지배권을 확립하였다. 묘호는 세종(世宗).

34 『도서집성(圖書集成)』 : 정식 명칭은 『흠정고금도서집성(欽定古今圖書集成)』. 청나라 때 편찬된 중국 최대의 백과사전으로 총1만 권의 방대한 분량이다. 강희제(康熙帝)의 칙령에 의해 진몽뢰(陳夢雷) 등이 편찬에 착수하고 다시 장정석(蔣廷錫) 등이 옹정제(雍正帝)의 칙명을 받아 증보·개정하여 1725년에 완성했다. 역상(曆象)·방여(方輿 : 地球)·명륜(明倫)·박물(博物)·이학(理學)·경제의 6휘편(彙編)으로 나누고 그것을 다시 32전(典) 6,109부(部)의 항목으로 세분하여 각 항목마다 고금의 문헌을 망라하였으니 모든 사항의 연혁과 변천을 아는 데 매우 편리하다. 동활자판인 옹정판(雍正版) 외에 상하이 도서집성국에서 간행한 1884년판 유포본(流布本)이 현재 이용되고 있다.

35 여지(荔枝) : 무환자과(無患子科)에 속하는 상록 교목. 깃털 모양에 겹잎이고 열매는 용안(龍眼)의 열매 비슷하며 식용한다. 남방이 원산지이다.

36 용안(龍眼) : 무환자과에 속하는 열대산의 상록 교목. 흰 꽃이 피고 핵과(核果)가 열리는데 그 살을 용안육(龍眼肉)이라 하여 약재로 쓴다.

37 마테오 리치(Matteo Ricci) : 1552~1610. 이탈리아 예수회 선교사. 1582년 마카오에 내항하여 이듬해 조경(肇慶)에 정주하도록 허가받아 가톨릭 포교를 시작했다. 소주(韶州)·남창(南昌)·남경(南京)을 거쳐 1601년 북경(北京)에 들어가 명(明)나라의 신종(神宗)에게 자명종·서양금(琴) 등을 바치고 북경(北京)에 정주하도록 허락받았다. 구태소(瞿太素)·이지조(李之藻)·서광계(徐光啓) 등의 지식인이 개종하여 전도에 진전을 보았으며 아울러 그들의 협력으로 서양과학기술서와 기타 서적을 번역·저술

했다. 번역서『기하원본』, 근대 삼각법서인『측량법의』, 동심천구설을 소개한『건곤체의』, 그리스도교 교의를 설명한『천주실의』등과 최초의 세계지도『곤여만국전도』가 유명하다.

38 박제상(朴堤上) : 생몰년 미상. 신라의 충신. 내물왕 때부터 눌지왕 때까지 활동한 인물이다. 김제상(金堤上)이라고 하기도 한다. 고구려에 인질로 가있었던 내물왕의 둘째아들인 복호(卜好)를 구출하고 다시 일본에 인질로 가있었던 셋째아들인 미사흔(未斯欣)을 구출하다가 붙잡혀 왜왕의 앞에 끌려갔다. 왜왕은 그를 신하로 삼기 위하여 온갖 감언이설과 협박으로 회유하려 하였으나 그는 차라리 신라의 개나 돼지가 될지언정 결코 왜의 신하가 될 수가 없다고 하며 끝까지 충절을 지키다가 마침내 유형에 처해져 불태워지는 참형을 받아 죽었다. 이러한 사실이 신라에 알려지자 눌지왕은 그의 죽음을 애통해하며 아찬으로 추증하고 부인을 국대부인(國大夫人)으로 책봉하였으며 박제상의 둘째딸을 미사흔의 아내로 삼게 하였다.

39 정포은(鄭圃隱)이~곳이다 : 정포은은 곧 정몽주(鄭夢周)이다. 당시 왜구의 침해가 심해 나흥유(羅興儒)를 일본에 보내어 화친을 도모했으나 그 주장(主將)에게 붙잡혔다가 겨우 죽음을 면하고 돌아온 일이 있었다. 이러한 때에 정몽주에게 앙심을 품었던 권신들의 추천으로 구주(九州)지방의 패가대(覇家臺)에 가서 왜구의 단속을 요청하게 되었는데, 사람들이 모두 위험하게 여겼으나 두려워하는 기색 없이 건너가 교린(交隣)의 이해(利害)를 설명하여 맡은 임무를 수행하고 왜구에게 잡혀갔던 고려 백성 수백 명을 귀국시켰다.

40 문자성(文字城) : 적관 건너편에 있던 성(城)의 이름으로 파수(把守)를 보던 곳이다. 일본어로 '모지'라고 읽으며 지금의 '문사(門司)'이다.

41 원수충(源秀忠) : 일본의 관백. 덕천가강의 셋째 아들로 가강을 이어 덕천막부(德川幕府)의 제2대 대장군(大將軍)이 되었으며 제3대 대장군인 가광(家光)의 아버지이다. 1607년부터 1623년까지 재위하였다.

42 원의조(源義朝) : 1123~1160. 평안조(平安朝) 후기의 무장.

43 뇌조(賴朝) : 원뇌조(源賴朝). 1147~1199. 원의조(源義朝)의 셋째 아들. 겸창막부(鎌倉幕府)의 초대 장군으로서 무가정치(武家政治)의 창시자이다.

44 의경(義經) : 원의경(源義經). 1159~1189. 원의조의 아홉째 아들.

45「곽광전(霍光傳)」:『한서(漢書)』「곽광전」을 말한다. 곽광(霍光)은, ?~BC 68. 중국 전한(前漢)시대의 정치가. 자는 자맹(子孟). 전한의 무제(武帝)·소제(昭帝)·선제(宣帝)를 섬겼다. 곽거병(瞿去病)의 이복동생으로, 어릴 때부터 궁중에서 일하며 무제를 섬겼고 소제가 8세의 나이로 즉위하자 그를 보필하여 정사를 집행했다. 후에 선제의 즉위에 힘썼으므로 선제는 모든 일을 그와 먼저 의논하였으며 즉위한 후에는 그의 딸을 황후로 맞이하였다. 그로부터 일문(一門)이 영달하여 존귀를 누리는 듯하였으나 그가 죽은 후 선제는 반역죄로 몰아 그의 일족을 몰살하였다.

46 뇌조는~의경은 성제(成濟)입니다 : 사마소(司馬昭)와 성제(成濟)는 중국 삼국시대의 위(魏)나라 사람이다. 사마소가 대장군(大將軍)이 되어 국정을 마음대로 단행하자 당시 황제이던 조모(曹髦)가 그의 전횡을 미워하여 황제의 몸으로 직접 칼을 빼들고 수백 명의 부하를 데리고 치러 나갔는데, 성제는 위나라의 태자사인(太子舍人)으로서 사마소에게 붙어 조모를 찔러 죽였다. 그런데 사마소는 성제의 손을 빌려 조모를 죽였으면서도 황제를 죽인 죄를 성제에게 돌려버리고, 결국 위나라를 빼앗고 진왕(晉

王)에까지 봉해졌다.

47 서불(徐市) : 서복(徐福, ?~?). 중국 진(秦)나라의 도사. 서불(徐巿)이라고도 한다. 제
(齊)나라 출신으로 그곳에서 전해 내려오는 신선설로 진시황의 환심을 사 거액의 원
조를 받고 수천 명의 동남·동녀와 함께 동해 가운데 있는 삼신산(三神山)으로 신선
과 불로장생의 신약을 찾아 나섰다. 나중에는 바다신과 싸운다고 하여 군사적 지원
도 받았다. 일설에 바다에서 어떤 넓은 육지를 발견하고 그 지역의 왕이 되었다고 전
한다.

48 물부대련(物部大連) : 물부쌍백, 즉 적생조래(荻生徂徠)의 조상. '물부'는 성이고, '대
련'은 '대신(大臣)'과 함께 임금을 보좌하는 최고의 신직(臣職)이다.

49 성덕태자(聖德太子) : 573~622. 쇼토쿠 태자. 용명(用明) 천황의 둘째 아들로 아스카
[飛鳥]문화의 중심인물이다. 593년에 황태자로 책봉된 이후 섭정이 되어 정치·문화
에 큰 업적을 남겼으나 즉위하지 못하고 죽었다. 총명하고 어질었다 하며 그에 관한
전설적인 일화를 많이 남겼다. 태자로 있는 동안 특히 불교를 적극 진흥하여 595년
고구려의 중 혜자(惠慈)로부터 오계(五戒)를 받았고 혜자와 백제의 중 혜총(惠聰) 두
사람을 스승으로 모시고 흥법사(興法寺)·웅응사(熊凝寺)·법륭사(法隆寺)를 창건하
는 등 일생을 불교 진흥에 진력했다. 성덕(聖德)은 시호(諡號)이며 백제의 아좌 태자
가 그린 그의 초상화가 유명하다.

50 왕인(王仁) : 생몰년 미상. 백제 근초고왕 때의 학자. 당시 일본 태자 토도치랑자(兎道
稚郞子)의 스승으로 있던 아직기가 임기를 마치고 돌아오게 되자 일본왕이 학덕 높
은 학자를 보내주기를 청하였다. 이에 왕인이 추천을 받아 『논어』 10권, 『천자문』 1
권을 가지고 일본에 건너가 일본 태자의 스승이 되었는데 경서에 통달하였으므로 왕
의 요청에 의해 군신들에게도 경전(經傳)과 사서(史書)를 가르쳤다. 그의 자손들은
대대로 가와치[河內]에 살면서 기록을 맡은 사(史)가 되었고 일본 조정에 봉사하여
일본 고대문화 발전에 크게 기여하였다.

51 아직기(阿直岐) : 생몰년 미상. 백제의 학자. '아지길사(阿知吉師)'라고도 하는데 '길
사'는 귀인 또는 대인을 의미한다. 근초고왕에서 아신왕대 사이에 왕명으로 좋은 말
두필을 가지고 일본에 가서 왜왕에게 선물하고 말 기르는 일과 승마술을 전하였는데,
왜왕은 그가 경서에 조예가 깊은 것을 알고 태자 토도치랑자(兎道稚郞子)의 스승으
로 삼았다.

52 강항(姜沆) : 1567(명종 22)~1618(광해군 10). 조선 중기의 문신. 본관은 진주. 자는 태
초(太初), 호는 수은(睡隱)·사숙재(私淑齋). 정유재란 때 가족을 거느리고 해로로 탈
출하려다 포로가 되어 일본으로 압송되었다. 대진성(大津城)에 유폐되었을 때 출석
사(出石寺)의 중 호인(好仁)과 친교를 맺고 그로부터 일본의 역사·지리·관제 등을
알아내어 『적중견문록(賊中見聞錄)』에 수록, 조선으로 보내기도 하였다. 1598년 경도
(京都)의 복견성(伏見城)으로 이송된 후에는 등원성와(藤原醒窩)·적송광통(赤松廣
通) 등과 교유하며 그들에게 학문적 영향을 주었는데 특히 등원성와는 우리나라의
과거절차 및 춘추석전(春秋釋奠)·경연조저(經筵朝著)·공자묘(孔子廟)와 상례·제
례·복제 등을 배워 후에 일본 주자학의 개조가 되었다. 일본에 억류 중 두 사람에게
많은 도움을 받았으며 또한 그들의 노력으로 1600년에 포로생활에서 풀려나 가족과
함께 귀국하였다. 일본에 억류되었을 때 사서오경의 화훈본(和訓本) 간행에 참여하
여 몸소 그 발문을 썼고 『강항휘초(姜沆彙抄)』를 남겨 일본의 내각문고(內閣文庫)에

소장되었다. 전남 영광의 용계사(龍溪祠)·내산서원(內山書院)에 제향되었고 일본 병고현(兵庫縣)에 있는 용야(龍野) 성주 적송광통(赤松廣通)의 기념비에 이름이 새겨져 있다. 저서로『운제록(雲堤錄)』·『강감회요(綱鑑會要)』·『좌씨정화(左氏精華)』·『간양록(看羊錄)』·『문선찬주(文選纂註)』·『수은집』 등이 있다.

53 임도춘(林道春) : 임나산(林羅山). 1583~1657. 도춘은 그의 승명(僧名)이다. 강호막부 초기의 유학가·문인으로 주자학을 연구하였으며, 덕천가강에게 등용되어 덕천 막부의 통치를 공고하게 하는 데 기여하였다. 그의 학설은 후에 관학(官學)이 되었다.

54 원가선(源家宣) : 1709년에 원강길(源綱吉)의 뒤를 이어 관백이 되었으나 1712년에 갑자기 죽어 원길종(源吉宗)이 관백의 자리를 물려받았다.

55 이등유정(伊藤維禎) : 1617~1705. 호는 인재(仁齋). 고학파(古學派) 유학자. 처음에는 주자학을 신봉하였으나 나중에는 주자학설이 공맹(孔孟) 본래의 뜻에 배치된다 하여 고학(古學)을 제창하고 '고의당(古義堂)'을 열어 후진을 양성하였다.『논어고의(論語古義)』·『맹자고의(孟子古義)』·『대학정본(大學定本)』·『중용발휘(中庸發揮)』·『동자문(童子問)』등의 저술이 있다.

56 육학(陸學) : 중국 남송(南宋)시대 육구연(陸九淵 : 象山)의 학문. '성즉리(性卽理)'를 주장한 정자와 주자의 이학(理學)에 대항하여 '심즉리(心卽理)'를 주장하는 심학(心學)을 정립했다. 이는 인간 본래의 '마음'을 밝혀서 성인(聖人)이 되려고 하는 실천적인 학문으로, 후에 그의 학설을 왕수인(王守仁 : 陽明)이 집대성하여 양명학(陽明學)을 수립하였다.

57 물무경(物茂卿) : 자세한 내용은 「사상기 2－서경에 이르러」, 주 62를 참조

58 왕세정(王世貞) : 1526~1590. 중국 명대 후기 고문사파(古文辭派)의 문인. 자는 원미(元美). 호는 봉주(鳳州)·엄주산인(弇州山人). 젊을 때부터 문명이 높아 가정칠재자(嘉靖七才子)의 한 사람으로 꼽혔고 이반룡(李攀龍)과 함께 왕·리(王·李)라고 불리며 명대 후기 고문사파의 지도자가 되었다. 격조를 소중히 여기는 의고주의(擬古主義)를 주장하였으나 이반룡보다는 상당히 유연한 태도를 취하였다고 한다. 저서로『엄주산인사부고(弇州山人四部考)』 및 『속고(續稿)』 등이 있고 희곡 「명봉기(鳴鳳記)」가 유명하다. 중국 사대기서(四大奇書)의 하나로 알려진 「금병매(金甁梅)」가 그의 작품이라는 설도 있다.

59 이반룡(李攀龍) : 1514~1570. 중국 명대 후기 고문사파(古文辭派)의 문인. 자는 우린(于鱗). 호는 창명(滄溟). 어려서부터 시문(詩文)에 미쳤다는 소리를 들었고 장성한 뒤에는 관직을 사임하고 은거하면서 찾아오는 사람을 만나지 않아 대범하고 오만하다는 평을 들었다. 이몽양(李夢陽)·하경명(何景明) 등 전칠자(前七子)의 복고설을 계승하여 '고문사설(古文辭說)'을 제창하였는데, 진·한(秦·漢)의 고문(古文)을 모범으로 삼고 한·위·성당(漢·魏·盛唐) 시의 격조를 중시하였으며 송·원(宋·元)의 시를 배척하였다. 그의 문장은 힘차고 수사학에 뛰어나지만 난해하고, 시는 격조가 높지만 지나치게 의고적이라는 평을 들었다. 저서로『이창명선생전집(李滄溟先生全集)』·『고금시산(古今詩刪)』 등이 있다.

60 탕목읍(湯沐邑) : 그 읍에서 거두는 구실로 목욕의 비용에 충당하는 읍이라는 뜻으로 천자나 제후의 사유(私有) 영지, 곧 채지(采地)를 이른다.

61 평신장(平信長) : 1534~1582. 직전신장(織田信長 : 오다 노부나가). 일본 전국시대의 무장(武將). 평청성의 서파(庶派)로서 대대로 미주(尾州)에 살면서 직전(織田)으로 성

씨를 삼았다. 원의정(源義政) 이래로 국도와 군현이 소란하자 정친정황(正親町皇) 영
록(永祿) 11년에 군대를 출동하여 30여 개의 주현(州縣)을 통합하여 차지하고 강주
(江州)에 살면서 원씨를 대신하여 정권을 잡았다. 천정(天正) 11년에 그의 부하 명지
삼수(明智三秀)에게 시해 당하면서 그의 통일사업은 중단되었다.

62 제(齊)나라 환공(桓公)과 진(晉)나라 문공(文公) : 둘 다 춘추시대의 국군(國君)으로서
제후를 통일하여 패업(霸業)을 달성하였다.

63 환무황(桓武皇) : 백원황(柏原皇)이라고도 부르며 이름은 산부(山部)이다. 광인황(光仁
皇)의 태자이며 어머니는 고야씨(高野氏). 782년부터 807년까지 다스리면서 도읍을
산주(山州) 장강성(長岡城)으로 옮겼다가 다시 산주 평안성(平安城)으로 정하였으며,
당나라에 사신을 파견하기도 하였다. 남용익(南龍翼)의 『문견별록(聞見別錄)』「왜황
대서(倭皇代序)」 참조.

64 공락(鞏洛) : 중국의 지명으로, 본래 동주(東周)에 속했다가 후에 한나라의 고을이 되
었는데 유명한 요새지이다.

65 존씨(尊氏) : 족리존씨(足利尊氏). 1305~1358. 일본 실정(室町 : 무로마찌) 막부의 초대
장군. 1333년 원홍(元弘)의 변란을 진압하는데 공을 세워 새로 선 건무(建武) 정부로
부터 무장수(武藏守)에 서임되고 천황으로부터 휘(諱)를 받아 존씨(尊氏)로 개명하였
다. 그러나 이듬해 광명(光明) 천황을 옹립하여 막부를 창설하였으니 이로부터 남북
조의 동란이 시작되었다.

66 정삭(正朔)을 받들 때 : 왕자(王者)가 새로 건국하면 반드시 달력을 고치고 고친 달력
을 반포하여 사용하므로 신민(臣民)이 되는 것을 '정삭을 받든대[奉正朔]'고 한다.

67 소주(蘇州) : 중국 강소성(江蘇省)의 도읍. 양자강 삼각주의 요지를 차지하고 있으며
수상교통이 발달하여 강남 경제·문화의 중심이 되었다. 대표적인 수도(水都)로서 경
치가 아름답기로 유명하고 명승고적이 많으니, "하늘에는 천당이 있고 땅에는 소주
와 항주가 있대[上有天堂 下有蘇杭]"고 할 만큼 남송의 수도 항주(杭州)와 함께 지
상낙원으로 비유되었다.

68 항주(杭州) : 중국 절강성(浙江省)의 도읍. 전당강(錢塘江) 하구에 있으며 서호(西湖)
와 접하고 있다. 남쪽은 강서(江西)·복건(福建)과 연결되고 북쪽은 상당강(上塘
江)·하당강(下塘江)이라 불리는 운하로 소주(蘇州)까지 이른다. 수(隋)나라가 개척한
대운하의 종점이 되어 상업도시가 되었고 자연히 정치·경제·문화·교통의 중심지
가 되었다. 남송(南宋)시대에는 수도가 되어 인구 100만 명이 넘기도 하였다.

69 초계(苕溪) : 시내 이름. 절강성에 있으며 초수(苕水)라고도 한다. 가을이 되면 양 언
덕의 능소화가 눈처럼 하얗게 수면에 떠다니므로 '초계(苕溪 : '苕'는 '능소화'라는 뜻
임)'라는 이름이 지어졌다. 동초와 서초의 두 근원이 있는데 동쪽 근원은 절강성 천
목산(天目山) 남쪽에서 나와 삽계(霅溪)와 합하고, 서쪽 근원은 천목산 북쪽에서 나
와 오흥현(吳興縣)의 성 가운데 이르러 삽계와 합하여 태호(太湖)로 흘러 들어간다.

70 삽계(霅溪) : 시내 이름. 절강성 오흥현 남쪽에 있는 시내 이름으로 모든 물이 모이는
곳이다.

71 구의산(九疑山) : 중국 호남성(湖南省) 영릉현(零陵縣)의 북쪽에 있는 산 이름.

72 형산(衡山) : 중국의 옛 신앙에 나오는 5대 명산인 동악 태산(泰山), 남악 형산(衡山),
서악 화산(華山), 북악 항산(恒山), 중악 숭산(嵩山) 가운데 하나로, 중국 호남성 형산
현(衡山縣)에 있다.

73 상수(湘水): 광서성(廣西省) 흥안현(興安縣)에서 발원하여 호남성 동정호(洞庭湖)로 흘러 들어가는 강.

74 경관(京觀): 큰 구경거리라는 뜻으로, 전쟁에서의 공을 보이기 위하여 적의 시체를 높이 쌓고 크게 봉분한 것.

75 임진왜란 때~끝내 들어가지 않았다: 기해사행(1719~1720) 때 일본이 우리 사신들을 위하여 대불사에서 잔치를 베풀려고 하자 당시 정사였던 홍치중(洪致中) 등이 "대불사는 수길(秀吉)의 원당(願堂)이니 죽어도 그곳에서 술을 마실 수 없다"고 하였다. 이에 왜국의 경조윤(京兆尹)이 『일본연대기(日本年代記)』라는 책을 꺼내 보이면서 "이 책은 우리나라의 비사(秘史)인데 대불사는 원가광(源家光)이 관백이 되던 해에 지은 것이라고 쓰여 있으니 수길의 원당이란 말은 잘못된 것이다"라고 하였다. 이에 정사와 부사가 잔치를 허락하였으나 종사관이었던 이명언만은 홀로 옳지 않다고 여겨 병을 핑계하며 바로 정성(淀城)으로 나가버렸다고 한다. 신유한(申維翰), 『해유록(海遊錄)』 '11월 2일(경오)' 참조

76 청화천황(淸和天皇): 문덕(文德) 천황의 넷째 아들로, 이름은 유인(惟仁)이며 법명(法名)은 소정(素貞)이다. 천황의 자리에 올랐을 때 9살이었으므로(858) 충인공(忠仁公) 양방(良房)이 섭정하였다. 이듬해에 정관(貞觀)이라 개원하였고 19년 동안 재위한 뒤 양성(陽成) 천황에게 선위하였다. 재위 18년에 여섯째 황자(皇子) 정순 친왕(貞純親王)에게 원(源)이란 성을 주었으니 이때부터 원씨가 시작되었다.

77 청화천황(淸和天皇)~팔번대랑의가(八幡大郎義家): 이 책에는 '원(源)'씨의 시조가 된 '팔번대랑의가'가 청화천황의 '6세손'이라고 되어 있으나 사실은 '여섯 번째 아들'이다.

78 조취병(趙翠屛): 조형(趙珩). 1606(선조 39)~1679(숙종5). 조선 후기의 문신. 본관은 풍양(豊壤). 자는 군헌(君獻), 호는 취병(翠屛). 1655년 을미사행 때 정사의 신분으로 일본에 다녀왔다.

79 조취병(趙翠屛)과 남호곡(南壺谷): 곧 조형(趙珩)·유창(兪瑒)·남용익(南龍翼)이 삼사신이었던 을미사행(1655~1656)을 가리킨다.

80 박안기(朴安期): 1608(선조 41)~? 조선 중기의 천문학자. 본관은 밀양. 호는 나산(螺山). 1643년 계미사행의 독축관(讀祝官)으로 일본에 갔을 때 천문학자인 강야정현정(岡野井玄貞)이 열흘 동안 그를 찾아와 역법 '칠정산(七政算)'을 배워갔다. 후에 그의 제자인 삽천춘해(澁川春海)가 이 지식을 바탕으로 연구를 계속하여 일본에 맞는 최초의 역법을 완성하였으니 이것이 1683년에 채용된 '정향력(貞享曆)'이고 이 사실은 이 천문학자의 전기인 『춘해실기』에 기록되었다. 일본에는 그밖에도 박안기의 유적이 상당량 남아 있는데, 정강현(靜岡縣)의 청견사(淸見寺)에는 '瓊瑤世界(경요세계)'라고 쓴 현판이 걸려 있고 이 절의 경치를 노래한 친필 시 및 다른 글들이 남아 있다. 또 덕천가강(德川家康)의 스승이자 당시 일본 최고의 유학자였던 임나산(林羅山)이 그를 초청해 나눈 대화가 그의 문집에 남아 있다. 이 때문에 일본에서는 그의 이름이 널리 알려져 있는데 다만 용나산(容螺山)으로 잘못 쓰여진 경우가 많으니, 원래 '조선의 손님 나산[朝鮮の客螺山]'이라 쓰여진 것이 '조선의 용나산[朝鮮の容螺山]'으로 잘못 인쇄된 데서 비롯하였다. 국내에서의 활동은 아직 연구되지 않았다.

81 여우길(呂祐吉): 자세한 내용은 「사상기 2─서경에 이르러」, 주 25를 참조

82 경섬(慶暹): 1562(명종 17)~1620(광해군 12). 조선 중기의 문신. 본관은 청주. 자는 퇴

부(退夫), 호는 삼휴자(三休子)·석촌(石村)·칠송(七松). 임진왜란 후 첫 번째 사행인 정미사행(1607)의 부사가 되어 일본에 건너가 국교를 다시 열게 하고 포로 1,340명을 데리고 돌아왔다.

83 정호관(丁好寬) : 1568(선조 1)~1618(광해군 10). 조선 중기의 문신. 본관은 나주(羅州). 자는 희율(希栗), 호는 금이(琴易). 1607년 정미사행의 서장관으로 일본에 다녀왔다.

84 교룡(蛟龍) : 용의 일종으로 상상 속의 동물. 모양이 뱀 같고 꾸불꾸불하며 길이가 한 길이 넘고 큰물을 일으킨다고 한다.

85 이랑 : 지적(地積)의 단위. 사방 6척을 1보(步)라 하고 100보를 1이랑[畝]이라고 한다.

86 북조씨(北條氏) : 북조시종(北條時宗). 1251~1284. 겸창(鎌倉 : 가마꾸라) 막부의 제8 대 집권(執權).

87 제호황(醍醐皇)이 쫓겨났으며 : 여기서는 '후제호황(後醍醐皇)'을 가리킨다. 이름은 존치(尊治). 후우다원(後宇多院)의 둘째 아들이다. 제호황 때에 대각사(大覺寺) 계통 과 지명원(持明院) 계통 사이에 천황 계승 문제로 마찰이 있었는데 당시 실권을 쥔 겸창(鎌倉) 막부의 후원으로 지명원계에서 태자가 책립되자 제호황은 막부를 타도할 계획을 세웠다. 그러나 계획이 누설되어 제호황은 남쪽으로 달아나 나라[奈良]에 가 서 조정(朝廷)의 존속을 꾀하였으니 이것이 이른바 남조이고, 북쪽의 경도(京都)에서 는 지명원계의 광엄(光嚴)이 즉위하였으니 이것이 이른바 북조(北朝)이다. 그 뒤 1336 년에 족리존씨(足利尊氏)가 구주(九州)에서 입경(入京)하여 후제호를 잡아 가두고 북 조의 광명(光明) 천황을 즉위시키고 실정(室町) 막부를 열었다.

88 남정성(楠正成) : 남목정성(楠木正成). 1294~1336. 일본 남북조시대의 남조의 무장(武 將). 1331년 후제호황의 부름으로 병사를 일으켜 건무(建武) 정권의 수립에 공헌하였 으나, 1336년에 족리존씨에게 패하여 자살하였다.

89 제갈씨(諸葛氏)의 묘비를 보듯~ : 중국의 제갈씨(諸葛氏) 집안에는 인재가 많기로 유 명하였다. 한원제(漢元帝) 때 제갈풍(諸葛豊)은 인품이 뛰어나고 천성이 강직하여 사 예교위(司隸校尉)가 되어 비리를 지적하는 데 피하는 바가 없었다. 그의 후손인 제갈 량(諸葛亮)은 촉한(蜀漢)의 승상이 되어 나라의 중책을 맡았고, 제갈근(諸葛瑾)은 오 (吳)나라의 대장군이 되어 대정(大政)에 참여하였으며, 제갈탄(諸葛誕)은 위(魏)나라 의 사공(司空)이 되어 삼공(三公)에 참여하였다. 제갈량의 아들 첨(瞻)과 상(尙), 제갈 근의 아들 각(恪) 또한 재주가 있었으니 한 가문에 어진 선비가 많은 것이 제갈씨와 같은 가문이 드물다고들 하였다. 안정복(安鼎福)의 『순암집(順菴集)』 제12권 「잡저 (雜著)」 「상헌수필(橡軒隨筆) 상」 참조

90 구영(仇英) : ?~? 중국 명대의 화가. 자는 실부(實父). 호는 십주(十州). 당시 성행하던 절파(浙派)나 남종화파(南宗畵派)와는 달리 남송(南宋) 화원(畵院)의 주밀체(周密體) 와 이공린(李公麟)·조맹부의 선묘(線描)양식을 따른 고전적 화풍을 띠었다. 옛 그림 의 모사를 통해 습득한 정확하고 세밀한 선으로 산수와 인물을 그렸는데 특히 사녀 (士女) 풍속도는 후세에 수많은 영향을 미쳤다. 묘사가 세밀하고 사실적이며 농채(濃 彩)로 화려한 효과를 내는 것이 그의 특징이다.

91 정(町) : 지적(地積)의 단위. 3,000평. 약 9,930평방미터.

92 조조(曹操) : 후한(後漢) 사람. 자는 맹덕(孟德). 헌제(獻帝) 때 재상이 되었는데 한중 (漢中)에서 세력을 가진 오두미도(五斗米道)의 수령 장로(張魯)를 직접 정벌하고 216 년 위왕(魏王) 자리에 올라 사실상 황제가 되었다. 후에 그의 아들 비(丕)가 제위에

오르면서 무제(武帝)라 추존되었다.

93 환온(桓溫) : 동진(東晉)의 무인(武人)이자 정치가. 자는 원자(元子). 벼슬이 대사마(大司馬)에 이르렀는데, 황제 혁(奕)을 폐위하고 간문제(簡文帝)를 옹립한 후 찬탈의 음모를 꾸몄으나 이루지 못하고 병들어 죽었다.

94 풍절건(風折巾) : 풍절오모자(風折烏帽子). 모자 윗부분은 길고 위를 둥글게 만들어 꺾어 드리운 모양으로 되어 있다. 유상필(柳相弼)은 『동사록(東槎錄)』 「윤 3월 15일」 조에서 "저들이 쓰고 있는 풍절건(風絶巾)은 어피(魚皮)로 싸고 흑칠(黑漆)을 한 것 같으며, 형태는 굽이 없는 나막신 같았다"고 하였다.

95 『징비록(懲毖錄)』 : 조선 중기의 문신 유성룡(柳成龍)이 임진왜란 동안에 경험한 사실을 기록한 책. 16권 7책 목판본이며 국보 제132호이다. '징비'란 『시경』 「소비(小毖)」 편의 "내가 징계해서 후환을 경계한다[予其懲而毖後患]"는 구절에서 따온 것으로 임진 전란사를 연구하는 데 귀중한 사료이다.

96 『통문지(通文志)』 : 『통문관지(通文館志)』. 조선시대 사역원(司譯院)의 내력과 고대 이래 외국과의 통교(通交)에 관한 사적 및 의절(儀節) 등의 사실을 수록한 책으로 12권 6책으로 이루어져 있다. 숙종 때의 역관 김지남(金指南)이 그의 아들 경문(慶門)과 함께 편찬하여 1720년(숙종 46)에 간행한 이래 여러 차례 증보 및 중간되었다.

97 금오(金吾) : 옛날 한(漢)대 천자의 호위병이었던 집금오(執金吾)의 관리가 가지고 다녔던 몽둥이.

98 목오(木吾) : 몽둥이 이름. 한(漢)대에 어사(御使), 교위(校尉)·군수(郡守)·도위(都尉)·현장(縣長) 등이 가지고 다니면서 비상시를 대비하였다.

99 차왜(差倭) : 조선 후기에 조·일 양국간에 외교적인 문제가 있을 때마다 대마도에서 수시로 파견한 임시사절. 대차왜(大差倭)·소차왜(小差倭)·도주차왜(島主差倭)·호송차왜(護送差倭) 등이 있다.

100 윤지완(尹趾完) : 1635(인조 13)~1718(숙종 44). 조선 후기의 문신. 본관은 파평(坡平). 자는 숙린(叔麟). 호는 동산(東山). 경상도 및 함경도, 평안도 관찰사, 어영대장, 좌참찬, 우의정 등을 역임하였으며 1682년에 통신사로 일본에 다녀왔다. 숙종의 묘정에 배향되었고 시호는 충정(忠正)이다.

101 남구만(南九萬) : 1629(인조 7)~1711(숙종 37). 조선 후기의 문신. 본관은 의령. 자는 운로(雲路). 호는 약천(藥泉) 또는 미재(美齋). 당시 정치 운영의 중심인물로서 정치·경제·형정·군정·인재등용·의례 등 국정 전반에 걸쳐 경륜을 폈을 뿐 아니라 문장에도 뛰어났다. 숙종의 묘정에 배향되었으며 시호는 문충(文忠)이다.

102 장한상(張漢相) : 생몰년 미상. 조선 후기의 무신. 1694년(숙종20) 경상좌도 병마절도사로 있을 때 탐학한 죄로 한 때 파직되었다가 삼척포진영장(三陟浦鎭營將)으로 기용되어 울릉도를 수색 토벌하였다. 1712년 함경북도 병마절도사로 왕명을 따라 백두산 남쪽 지대의 지형을 그려 바쳤으며, 이어 국경을 넘어가 남벌하고 행패부린 자들을 즉시 보고하지 않은 죄로 다시 파직 당하였다. 1716년 경기도 수군절도사에 이어 영변부사를 지내고 1723년(경종 3) 함경북도 병마절도사를 거쳐 황해도 병마절도사가 되었다.

103 김용겸(金用謙) : 1702(숙종 28)~1789(정조 13). 조선 후기의 학자·문신. 본관은 안동. 자는 제대(濟大), 호는 효효재. 영의정 수항(壽恒)의 손자이며 창즙(昌緝)의 아들이고 창집(昌集)·창협(昌協)·창흡(昌翕)의 조카이다. 동지돈녕부사(同知敦寧府事)와 공

조판서를 역임하였으며 학문과 전교(典敎)에 깊어 사류로부터 인망이 높았다.

104 『춘관지(春官志)』: 조선시대 예조의 관장 사항에 관한 준거가 되는 법례와 사례를 모아 편찬한 책으로 1744년(영조 20) 왕명에 따라 예조좌랑 이맹휴(李孟休)가 편찬하였다. 예조가 관장하는 길례(吉禮)·흉례(凶禮)·군례(軍禮)·빈례(賓禮)·가례(嘉禮)의 연혁·내용·법례에 관한 것뿐만 아니라 대외 관계, 특히 일본과의 교린에 관한 의례 절차, 외교 문서 등을 이해하는데 중요하다. 후에 내용이 너무 소략하다 하여 1781년(정조 5)에 이맹휴의 조카 가환(家煥) 등이 다시 증보해 완성했다.

105 이맹휴(李孟休): 1713(숙종 39)~1750(영조 26). 조선 후기의 문신. 본관은 여주(驪州). 자는 순수(醇叟). 실학자 익(瀷)의 아들이다. 1742년(영조 18)에 영조가 양역(良役)·학교·군제·용인(用人)·전화(錢貨) 등 5조의 책문으로 정시(庭試)를 실시하였을 때 수석으로 합격하여 영조의 특명으로 한성부 주부에 제수되었다. 1744년에는 예조정랑으로서 예조판서 이종성(李宗城)의 천거로 착란(錯亂)이 심한 예조의 등록(謄錄)을 분류·정리하여 인출(印出)하는 일을 전담하게 되었는데 이 책이 곧 예조에서 소장한 『춘관지(春官志)』이다.

신유한申維翰의 『해유록』을 요약하다[靑泉海遊錄요약] ─일본의 종합적 고찰

1 조타(趙佗)가 황옥(黃屋)을 탄 것: 남월(南越) 왕 조타(趙佗)가 자기 본국에서 황제라 칭하고 황옥대독(黃屋大纛)을 탔다. 황옥대독은 황제만이 타는 수레로서 참월하는 것을 가리킨다.

2 『산해경(山海經)』: 작자 미상의 중국 주(周)·진(晉)간의 지리책. 산천·초목·조수(鳥獸)에 관한 기괴한 이야기를 실었다.

3 「대황경(大荒經)」: 『산해경』의 편명. 「대황동경」·「대황서경」·「대황남경」·「대황북경」이 있다.

4 구양자(歐陽子): 구양수(歐陽修). 1007~1072. 중국 송대의 정치가이자 문인. 호는 취옹(醉翁) 또는 육일거사(六一居士). 송대 초기의 미문체(美文體)인 서곤체(西崑體)를 개혁하고 당대의 한유(韓愈)를 모범으로 하는 시문을 지어 후배들에게 많은 영향을 주었다. 특히 고문(古文)의 위치를 확고부동한 것으로 만들었다. 전집으로 『구양문충공집(歐陽文忠公集)』153권이 있으며 『신당서(新唐書)』·『오대사기(五代史記)』의 편자이기도 하다. 『오대사령관전지서(五代史伶官傳之序)』를 비롯하여 많은 명문을 남겼다.

5 구양자(歐陽子)도~있습니다: 구양수(歐陽脩)의 「일본도가(日本刀歌)」 중에, "듣자니 그 나라가 바다 한가운데 있어 / 토지도 비옥하고 풍속도 좋다 하네. / 전조에 조공 바쳐 왕래가 잦았으니 / 그곳 선비 이따금 시문도 지어왔네 / 서복이 갈 적에는 시서가 타지 않아 / 백 편의 일서가 지금도 남았다오 / 중국에 전하지 말란 엄한 명령 내려 / 온 세상이 고문을 아는 사람 없다마다. / 선왕의 큰 법전이 오랑캐의 땅에 숨었는데 / 파도는 넘실넘실 통할 길이 아득하네……[傳聞其國居大海 土壤肥沃風俗好 前朝貢獻屢往來 士人往往貢詞藻 徐福行時書未焚 百篇逸書今尙存 令嚴不許傳中國 擧世無人識古文 先王大典藏夷貊 蒼波洗蕩無通津……]"라는 구절이 있다.

6 『고문상서(古文尙書)』가~하였고: 한대에 노(魯)나라의 공왕(恭王)이 궁을 넓히기 위하여 공자의 구택(舊宅)을 헐다가 벽 속에서 발견한 고문(古文)으로 된 『상서』를 말한

다. 진(秦)나라 때 공자의 9세손인 공부(孔鮒)가 진법(秦法)의 혹독함을 두려워하여 공자의 옛집 벽 속에다 고문으로 된『상서』·『효경』·『논어』등의 서적을 숨겨 놓았었는데 노 공왕(魯恭王) 유여(劉餘)가 궁실을 넓히기 위하여 공자의 구택을 헐다가 이 서적들을 발견했다고 한다.『한서예문지(漢書藝文志)』.

7 태진원(太眞院) : 당 현종이 양귀비를 사별한 뒤에 그를 그리워하여 한 번 보기를 소원하였는데 과연 감응이 있어 꿈속에서 만났다. 그때 양귀비가 거처하고 있던 곳이 '태일태진원상비원(太一太眞元上妃院)'이라고 하였다.

8 성여필(成汝弼) : 기해사행(1719~20) 때 서기로 사행에 참여하였다. 임술사행(1682) 때 제술관으로 참여했던 취허(翠虛) 성완(成琬)이 그의 백부(伯父)이다.

9 이십팔수(二十八宿) : 옛날 천문학에서 하늘을 사궁(四宮) 및 사신(四神)으로 나누고, 다시 각 궁마다 일곱 성수로 나눈 것을 일컫는다.

사궁	사신	이십팔수						
동(東)	청룡	각(角)	항(亢)	저(氐)	방(房)	심(心)	미(尾)	기(箕)
서(西)	백호	규(奎)	누(累)	위(胃)	묘(昴)	필(畢)	자(觜)	삼(參)
남(南)	주작	정(井)	귀(鬼)	류(柳)	성(星)	장(張)	익(翼)	진(軫)
북(北)	현무	두(斗)	우(牛)	여(女)	허(虛)	위(危)	실(室)	벽(壁)

10 성토(星土) : 별이 맡았다고 하는 땅. 천하를 그 위치에 응하는 하늘의 성좌에 배당하여 각 성좌는 그 땅을 각각 맡는다고 한다.

11 집안사람들 : 원문에는 '무덤 속의 사람[冢中人]'이라고 되어 있으나 의미가 통하지 않는다. 또 신유한의「부문견잡록(附聞見雜錄)」에 '가중인(家中人)'이라고 되어 있으니 '총(冢)'은 '가(家)'의 오기(誤記)이다.

12 단목(丹木) : 콩과에 속하는 열대산 상록 교목. 목재는 탄력이 있어서 활을 만들며 속의 붉은 부분은 깎아서 홍색의 염료로 쓴다. 다목 혹은 소방목(蘇方木)이라고도 한다.

13 민(閩) : 중국 동남 지방의 인종 및 그 인종이 살던 땅의 이름. 현재의 복건성(福建省) 지방을 일컫는다.

14 오획(烏獲) : 중국 진(秦)나라 무왕(武王)의 신하로 이름난 장사(壯士)이다.

15 맹분(孟賁) : 중국 전국(戰國)시대의 용사. 물가를 갈 때에는 교룡을 피하지 않았고 육지를 갈 때에는 호랑이와 무소를 피하지 않았으며, 화가 나서 기운을 토하면 그 소리가 울려 천지를 진동하였고 맨 손으로 살아 있는 소의 뿔을 뽑아냈다고 한다.

16 하육(夏育) : 중국 주(周)나라 때 위(衛)나라의 용사(勇士). 천균(千鈞), 즉 3만 근이나 되는 솥을 번쩍 들었다고 한다.

17 늑대[貙] : 맹수 이름. 모양이 범 비슷하며 크기가 개만한 맹수. 옛날에 전쟁에 사용하였다고 한다.

18 상화병(霜花餠) : 밀가루를 술로 반죽하여 발효시킨 다음 거피팥소를 넣고 쪄서 만든 음식. 고려시대 때 원나라에서 유입된 음식이다.

19 전약(煎藥) : 쇠가죽으로 만든 아교를 물에 녹이고, 씨를 뺀 대추, 마른 생강, 계피, 정향(丁香), 후추 등 한약재를 곱게 가루 내어 꿀과 함께 넣고 푹 끓인 다음 그릇에 담아 족편과 같이 굳힌 음식. 주로 궁중에서 보양식으로 만들어 먹었다.

20 천문동(天門冬) : 백합과에 딸린 다년초로 괴근(塊根)은 약용한다. 호라지좆이라고도 한다.

21 빙사과(氷沙果) : 강정을 만들고 남은 부스러기로 만든 유과(油果). 궁중에서는 '빙사
  과(氷沙果, 氷砂果)'라 하고 일반적으로는 '빈사과(賓砂果)'라고 하였다. 강정을 만들
  고 남은 잔 부스러기를 기름에 지진 다음 조청에 버무려 뭉쳐서 육각형으로 썰어 만
  든다. 조청에 붉은색·푸른색·노란색 등의 식용 색소를 넣어 색을 내기도 한다.
22 삼중(杉重) : 일본 발음으로 '스기주우'라고 하는 것이다.
23 영수목(靈壽木) : 대나무 비슷하고 마디가 있다.
24 식해 : 생선을 토막 친 뒤에 소금 등을 넣고 버무려 삭힌 음식. 생선젓. 어초.
25 세족(世族) : 대대로 작위(爵位)를 세습하며 국록(國祿)을 타 먹는 집안. 곧 제후나 왕
  등의 집안.
26 사모(紗帽) : 깁으로 만든 모자. 군주 또는 신분이 귀하고 현달한 이가 썼다.
27 심의(深衣) : 옛날 귀인의 제복(制服)의 한 가지. 윗도리와 아랫도리가 연결되어 있다.
28 부절(符節) : 글자를 적고 도장을 찍은 나뭇조각이나 두꺼운 종잇조각을 둘로 쪼개어
  서로 나누어 가졌다가 훗날 서로 맞추어서 증표로 삼던 물건.
29 중위(重闈) : 여러 겹으로 세운 문. 전(轉)하여 깊숙한 궁전, 혹은 부녀가 거처하는 규
  중을 주로 가리킨다.
30 설은(雪隱) : 뒷간. 변소. 당(唐)나라의 설봉선사(雪峰禪師)가 항상 변소 소제를 하다
  가 크게 깨달았다는 고사에서 지어진 이름이라고 한다. 일설에는 설두산(雪竇山)의
  명각선사(明覺禪師)가 설은사(雪隱寺)에서 변소 소제를 담당한 데서 유래하였다고도
  한다.
31 황문(黃門) : 환관(宦官)의 별칭. 후한 때 환관이 금문(金門)을 지켰으므로 이러한 이
  름이 생겼다.
32 별가(別駕) : 자사가 주를 순행할 때 수행하는 벼슬 이름으로 딴 수레에 타고 가기 때
  문에 이렇게 부른다.
33 천황이 시동(尸童)처럼~이후로는 : 옛날에 제사 지낼 때 신위(神位) 대신으로 앉혀놓
  던 동자를 '시동(尸童)'이라고 하였으니, 천황이 권력을 잃고 허수아비처럼 된 것을
  말한다.
34 삼종실(三宗室) : 미장주(尾張州), 기이주(紀伊州), 수호주(水戶州)가 일본의 삼대 종
  실이다. 자세한 내용은 본 책의 「일본록—일본의 역사지리적 고찰」 '명호옥', "미장
  주는 기이(紀伊)·수호(水戶) 두 주와 함께 삼대 종실(宗室 : 제왕의 종친)이다. 식록
  (食祿)이 70여 만 석이고, 만약에 관백에게 아들이 없으면 기이주나 미장주의 태수
  가운데서 골라 뒤를 잇게 하고 수호주의 태수는 가부(可否)를 결정한다. 원길종(源吉
  宗) 또한 미장주의 태수로서 계통을 이은 자이다" 부분을 참조한 것임.
35 임신독(林信篤) : 1644~1732. 자는 직민(直民). 호는 봉강(鳳岡) 혹은 정우(整宇). 대장
  경법인(大藏卿法印)·홍문원학사(弘文院學士) 등을 역임하였다. 덕천가강부터 덕천
  길종(德川吉宗)의 대에 이르기까지 5대에 걸쳐 벼슬하면서 유학가(儒學家 : 文人)의
  사회적 지위를 제고하는 데 많은 공헌을 하였다.
36 『도산집(鳥山集)』 : 신유한의 『부문견잡록』에는 『오산집(鳥山集)』이라고 되어 있는데
  어느 것이 옳은지는 자세하지 않다.
37 천승(千乘)의 국가 : 승(乘)은 병거(兵車)로서 1승에는 갑사(甲士) 3인, 보병(步兵) 72
  인, 거사(車士) 25인이 딸린다. 주대(周代)의 제도에 천자는 기내(畿內)의 땅 사방 천
  리를 영유하고 전시(戰時)에 병거 만승(萬乘)을 내놓으며, 큰 제후는 사방 백 리를 영

유하고 병거 천승을 내놓는다고 하였으니 천승의 국가는 큰 제후의 나라를 말하는 것이다.

38 수레바퀴에 대항하는 사마귀 :『장자(莊子)』「천지(天地)」편에 나오는 말로, 사마귀가 성을 내어 발로 차의 통로를 막는다는 것이다[螳螂怒臂當車轍]. 즉 제 힘은 생각지도 아니하고 대적(大敵)을 대항하는 것을 이른다.

39 녹로(轆轤) : 고패. 활차. 물건을 달아 높은 곳에 올렸다 내렸다 하는 줄을 걸치는 도르래나 고리.

40 천자총통(天字銃筒) : 조선 전기부터 후기에 이르기까지 사용하던 화기(火器)의 일종. 『융원필비(戎垣必備)』「지자총통(地字銃筒)」조에 의하면, 총통의 명칭을 천(天)·지(地)·현(玄)·황(黃)으로 구분하여 부른 것은 몸체의 크기와 화약의 중량, 탄환의 수, 그리고 사정거리를 구별하기 위한 것이라고 하였다. 천자총통은 그 중에서도 가장 크고 원거리에 발사할 수 있는 화포이다.

41 치 : 한 자의 10분의 1. 엄지손가락만큼의 길이.

42 자 : 열 치. 보폭만큼의 길이의 단위.

43 유막(帷幕) : 휘장과 막. 사방으로 둘러치는 것을 유(帷), 위를 가리는 것을 막(幕)이라고 한다.

44 손무(孫武) : 춘추(春秋)시대 오(吳)나라의 장군이자 병법가. 오나라 왕 합려를 섬기면서 서쪽으로는 초(楚)나라를 격파하고 북쪽으로는 제(齊)나라와 진(晉)나라를 위협하여 온 나라 안에서 용맹을 떨쳤다.『손자(孫子)』13편을 저술하여 병법가의 비조로 일컬어지며, 후일 '손자'라고 불려졌다.

45 사마양저(司馬穰苴) : 춘추시대 제(齊)나라 사람. 성은 전(田)씨인데 경공(景公) 때 연(燕)나라와 진(晉)나라의 군대를 물리쳐 대사마로 높여졌으므로 '사마양저'라고 불렀다. 그가 지은 사마법(司馬法)』은 손무(孫武)의 『손자(孫子)』, 오기(吳起)의 『오자(吳子)』, 울요의 『울요자』, 이정(李靖)의 『이위공문대(李衛公問對)』, 황석공(黃石公)의 『삼략(三略)』, 여망(呂望)의 『육도(六韜)』와 함께 중국 병법에 관한 7가지 책이라 하여 무경칠서(武經七書) 혹은 무학칠서(武學七書)라고 일컬어졌다.

46 관혼상제(冠婚喪祭)의 예 : 이 책에는 '冠婚喪制之禮'라고 되어 있으나 신유한의 「부문견잡록」에는 '冠婚喪祭之禮'라고 되어 있으니 '制'는 '祭'의 오기이다.

47 대모 : '대모'는 거북과에 속하는 열대 지방의 바다거북. 등 껍데기는 누른 바탕에 검은 점이 있는데, 별갑대(鱉甲瑇)라 하여 각종 장식용품의 재료로 쓴다.

48 철액수(鐵液水) : 무쇠[鐵]를 담가 우려낸 물. 무쇠를 물에 담가 오래 지나면 빛깔이 푸르게 되고 거품이 나오면서 검게 물드는데 이것을 철장(鐵漿)이라 한다. 마시면 뱃속에 들어간 모든 독기를 해독할 수 있다고 한다.

49 의협(義俠) : 강자를 누르고 약자를 도와주는 마음. 체면을 중하게 알고 의리가 있음을 말한다.

50 독(纛) : 쇠꼬리로 장식한 큰 기. 군중 또는 천자의 거가(車駕)의 왼쪽에 세운다.

51 홍법대사(弘法大師) : 773~835. 일본 승려 공해(空海)의 시호(諡號). 804년에 당나라에 들어가 혜과(惠果) 화상에게 유학한 후 많은 경전(經典)을 가지고 귀국하였다. 828년에 『비밀만다라 십주심론(秘密曼茶羅十住心論)』을 지어 일본 진언종(眞言宗)을 확립하고 전등대법사(傳燈大法師)라는 칭호를 받았다. 왜의 언문(諺文) 48자를 만든 장본인이기도 하다.

52 홍무(洪武)의 격：홍무는 중국 명나라 태조(太祖)의 연호로 그때 새로 나온 서체(書體)라는 뜻이다.

53 수압(手押)：서압(書押). 문서에 초서(草書)로 성명을 쓰는 기호. 일명 서자(署字)라고 도 하며 화압(花押)·화자(花子)·첨명(簽名)·영압(怜押)·오당운(五糖雲)이라고도 한다. 수압은 자신의 성명을 초서로 자필하여 위조할 수 없게 하는 자신만이 가지는 사인(sign)이라고 할 수 있다.

54 전청음(全淸音)：현대 음성학에 있어서 'ㄱ, ㄷ, ㅂ, ㅅ, ㅈ' 등과 같은 무성 자음을 말한다.

55 탁음(濁音)：소리 낼 때 목청을 울리어 내는 울림소리. 모든 모음과 비음(鼻音) 'ㄴ, ㅁ, ㅇ', 유음(流音) 'ㄹ'이 이에 속한다.

56 전탁음(全濁音)：'ㄲ, ㄸ, ㅃ, ㅆ, ㅉ' 등과 같은 된소리를 말한다.

57 양설힐(羊舌肹)：춘추시대 진(晉)나라의 대부(大夫). 박학다문(博學多聞)하고 예양(禮讓)으로 나라를 다스려 열국(列國) 사이에 명망이 있었으며 공자(孔子)가 "옛날 직신(直臣)의 풍도가 있다"고 평한 바 있다.

58 첩목아(帖木兒)：몽골의 미칭. 티무르

59 홍법대사(弘法大師)：자세한 내용은 앞의 주 51을 참조

60 조형(鼂衡)：조감(晁監) 혹은 조형(朝衡)이라고도 하였다. 당 현종(玄宗) 때 일본인으로 중국에 가서 비서감(秘書監)을 지냈으며, 753년에 귀국하다가 난파를 당하여 안남(安南)에 표박(漂泊)했다가 다시 당나라에 온 뒤 70세의 나이로 죽었다. 그가 귀국할 때 왕유(王維)가 「일본으로 돌아가는 비서 조감을 전송하며[送秘書晁監還日本]」라는 시를 지어주었고, 그가 죽었다는 소식을 듣고 이백(李白)은 「조형 경의 죽음을 애도하며(哭晁卿衡)」라는 시를 지었다고 하니 보통 사람은 아니었을 것으로 생각된다.

61 왕마힐(王摩詰)：왕유(王維). 699?~761. 중국 당(唐)나라의 시인이자 화가. 마힐(摩詰)은 그의 자이다. 이백·두보와 함께 당나라 최고의 시인으로 인정받았으며 그림에도 뛰어나 남종문인화의 시조이며 수묵산수화의 창시자로 일컬어졌다. 자연시의 일인자일 뿐 아니라 궁정시 분야에서도 뛰어났고 수려한 용모와 시·음악·미술 등 다방면의 재능으로 사교계의 인기를 얻었다. 『왕우승문집(王右丞文集)』이 남아 있다.

62 장문(狀聞)：장계(狀啓). 감사(監司) 또는 왕명을 받고 지방에 파견된 관원이 서면으로 임금에게 보고하는 계본(啓本).

63 전후칠대가(前後七大家)：중국 명대(明代)에 의고주의(擬古主義) 문학을 표방했던 이몽양(李夢陽)·하경명(何景明)·서정경(徐禎卿)·변공(邊貢)·왕정상(王廷相)·강해(康海)·왕구사(王九思) 등 전칠자와 이반룡·왕세정·사진(謝榛)·종신(宗臣)·양유예(梁有譽)·서중행(徐中行)·오국륜(吳國倫) 등 후칠자를 가리킨다. 왕세정과 이반룡에 대한 자세한 내용은 각각 「일본록—일본의 역사지리적 고찰」 주 58과 59를 참조.

64 당송팔대가(唐宋八大家)：부화(浮華)한 육조(六朝)시대의 문풍을 배격하고 실용적인 고문(古文)의 정신을 돌이킬 것을 주장한 당(唐)·송(宋)시대 고문의 대가 8명의 총칭. 즉 당대의 한유(韓愈)·유종원(柳宗元)과 송대의 구양수(歐陽修)·소식(蘇軾)·매요신(梅堯臣)·소순흠(蘇舜欽)·왕안석(王安石)·증공(曾鞏) 등을 가리킨다. 구양수와 소식에 대한 자세한 내용은 각각 앞의 주 4와 「사상기 2—서경에 이르러」, 주 39를 참조

65 호백구(狐白裘)를~아첨한 것 : 맹상군(孟嘗君)이 진(秦)나라에 가서 구금되었을 때
   진귀한 물건인 호백구를 진왕(秦王)의 총희(寵姬)에게 바치고 풀려 나왔다는 고사.
   즉 여기서는 일본인들이 중국 강남재자의 시구를 훔쳐 조선의 문사들에게 잘 보이려
   고 한 것이라는 비유로 쓰였다.

66 연석(燕石) : 중국 연산(燕山)에서 나는 옥(玉) 비슷하면서 옥이 아닌 돌. 송나라의 어
   리석은 사람이 진짜 옥으로 믿어 세상의 웃음거리가 된 고사에서 전하여 사이비(似
   而非)한 것, 가치가 없는 것을 비유한다.

67 존심양성(存心養性) : 본심(本心)을 보존하고 본성(本性)을 기름. 즉 본심을 잃지 않기
   위하여 착한 성품을 양성함을 말한다.

68 성리(性理) : 성명(性命 : 천부의 성질)과 이기(理氣).

69 순경(荀卿) : 순황(荀況). B.C.3세기경의 중국 사상가로 보통 순자(荀子)라고 부른다.
   공맹의 뒤를 잇는 유가(儒家)나 맹자의 성선설(性善說)에 반대하여 사람의 본성은
   악하지만 후천적으로 열심히 노력하면 성인(聖人)이 될 수 있다는 성악설(性惡說)을
   주창하였다. 또 재해를 하늘의 뜻이라고 생각하는 고대 중국의 사상을 부정하고, 선
   왕(先王)을 군주의 이상형으로 삼는 전통적인 사고방식에 반대하여 현재와 가장 가
   까운 곳에 있는 후왕(後王)이 정한 정책이나 제도에 당연히 복종해야 한다는 후왕사
   상을 주장하였다. 그러나 현실 및 현실 변화의 노력을 중시하는 순자의 주장은 이상
   론을 원칙으로 하는 유교에서는 이단시되어 오다 18세기에 들어서야 주목받기 시작
   하였다. 『순자』 20권 32편의 저작이 남아 있다.

70 흠명천황(欽明天皇) : 계체천황(繼體天皇)의 장자이다. 539년 천황의 자리에 오른 이
   듬해 동요(同要)라 개원하고 처음으로 문자(文字)를 만들었다. 551년에 불교를 처음
   으로 들여왔으며 554년에 백제에서 오경박사(五經博士)와 의박사(醫博士)가 들어왔
   다. 571년까지 32년 간 재위하였다.

71 성명왕(聖明王) : ?~554. 백제 제26대 왕(523~554)인 성왕(聖王). 이름은 명농이며 무
   녕왕의 아들이다. 중국 양(梁)나라와 빈번한 교류를 가지면서 모시박사(毛詩博士)·
   공장(工匠)·화사(畫師) 등을 초빙하고 열반등경의(涅盤等經義)를 수입하여 백제문
   화의 향상을 위해 힘썼다. 인도에서 산스크리트어로 된 5부율(五部律)을 가져온 겸익
   (謙益)을 우대하여 고승들을 모아 5부율을 번역시키고 백제신율(百濟新律)을 성립하
   였다. 달솔(達率) 노리사치계(怒唎思致契) 등을 일본에 보낼 때 석가불금동상 1구와
   번개(幡蓋)·경론(經論)을 전하고 그밖에 의박사·역박사 등의 전문가와 기술자를
   보내어 선진문물의 전수자 역할을 하였다.

72 법인(法印) : 불교를 외도(外道)와 구별하기 위한 표지로서 불법이 참되고 부동불변
   (不動不變)함을 나타내는 표지이다.

73 북미춘포(北尾春圃) : 의관(醫官)이면서 문학을 하였다. 그의 아들 춘죽(春竹)·춘륜
   (春倫)·도선(道仙)·춘을(春乙)·춘달(春達) 등 여섯 부자가 모두 의술(醫術)을 업으
   로 하면서 문학을 하였는데 춘륜이 가장 유명하다. 북미춘륜에 대해서는 「사상기 1
   -사행을 떠나며」, 주 53을 참조.

74 수(銖) : 무게의 단위. 양(兩)의 24분의 1이니 따라서 1수는 극소량을 말한다.

75 총각(總角) : 어린아이의 머리를 두 가닥으로 나누어 땋아서 머리의 양 쪽에 뿔 모양
   으로 잡아 맨 것.

76 사향(麝香) : 사향노루의 배꼽과 불두덩의 중간에 있는 포피선(包皮腺)을 쪼개어 말린

것. 흥분제, 회생약(回生藥), 또는 향료로 쓴다.

77 이마두(利瑪竇) : 마테오 리치(Matteo Ricci)에 대한 자세한 내용은 「일본록—일본의 역사지리적 고찰」, 주 37을 참조

78 서호(西湖) : 절강성 항주시의 성 밖 서쪽 고산(孤山) 곁에 있는 유명한 호수. 명성호(明聖湖)·상호(上湖)·전당호(錢塘湖)·외호(外湖) 등의 별칭이 있다.

79 서자(西子) : 오(吳)나라 임금 부차(夫差)의 총희였던 월(越)나라의 미인 서시(西施).

80 서자(西子)의 호숫가 : 서호(西湖)를 미인 서시로 의인화하여 표현한 것이다.

81 죽지사(竹枝詞) : 가사(歌詞)의 한 체. 당나라 때 유우석(劉禹錫)이 '죽지(竹枝)'라는 민가를 '죽지사'라는 작품양식으로 재정비하여 문단에 부각시킨 이래 남녀의 정사(情事)나 지방의 풍속을 읊는 데 많이 쓰였다.

82 쇠뇌 : 여러 개의 화살이나 돌을 잇달아 쏘게 되어 있는 큰 활. 오월왕 전류(錢鏐)가 쇠뇌로 항주(杭州)의 조수(潮水)를 쏘았더니 조수가 물러나서 후일에 수환(水患)이 없어졌다고 한다.

83 육상(陸相) : 육수부(陸秀夫). 남송(南宋) 말기의 충신. 원(元)나라의 침략을 받아 위왕 조병(趙昺)을 황제로 세우고 항쟁하다가 애산(厓山)에서 원군(元軍)에게 패하자 칼을 들고 가족들을 바다로 몰아넣은 다음 자신도 황제를 업고 바다에 몸을 던져 자결하였다.

84 파신(波臣) : 파도의 졸개라는 뜻으로 어류(魚類)의 별칭이다.

85 매화를 심고 사는 처사 : 송(宋)나라 때 항주 서호(西湖)의 고산(孤山)에서 매화를 처로 삼고 학을 자식으로 삼아 숨어 살던 임포(林逋)를 말한다.

86 진신대부(搢紳大夫) : '진신(搢紳)'은 홀(笏)을 조복(朝服)의 큰 띠에 꽂는다, 곧 의관속대(衣冠束帶)를 한다는 뜻으로 '진신대부'는 높은 벼슬아치를 가리킨다.

87 원여(源璵) : 자세한 내용은 「일본록—일본의 역사지리적 고찰」, 주 18을 참조

88 신묘년에는~다투었는데 : 1711년에 덕천가선(德川家宣)의 막부장군 즉위를 축하하기 위해 우리 조정에서 조태억(趙泰億)·임수간(任守幹)·이방언(李邦彦) 등 신묘사행을 파견하였는데, 관백으로부터 받은 국서(國書)가 조선의 어휘(御諱)를 범하고 외봉(外封)을 쓰는 방식에 있어 전례를 위반하는 일이 있었다. 즉 중종(中宗)의 어휘(御諱)를 범하고, 외봉을 쓰는 데 있어 어명(御名)을 쓰지 않고 어보도 찍지 않았으며 '근봉(謹封)'이라고 쓰지도 않아 여러 차례 도주를 통해 고쳐서 보내주도록 요구하였다. 임수간(任守幹)의 『동사일기(東槎日記)』 「건(乾)」 신묘년 11월 11일부터 19일 참조

89 여우가~듣는 것 같고 : 견식이 좁음을 말한다.

90 사마귀가~맞서는 것 같이 : 제 힘은 생각지도 아니하고 무모하게 행동함을 말한다.

91 『소학(小學)』 : 유서(儒書)의 하나로 6편으로 이루어져 있다. 송나라 주희(朱熹)의 문인인 유자징(劉子澄)이 저술한 것으로 경서(經書)나 고금의 전기(傳記) 중에서 수신(修身) 도덕에 관한 이야기를 모아 놓았다.

92 『대학(大學)』 : 원래는 『예기(禮記)』의 편명이었으나 성리학자들에 의해 사서(四書)의 하나로 주목받았다. 세 개의 강령과 여덟 개의 조목으로 윤리·정치의 이념을 설명하고 있다.

93 염(濂)·락(洛)·관(關)·민(閩) : 염계(濂溪)의 주돈이(周敦頤), 낙양(洛陽)의 정호(程顥), 그 아우 정이(程頤), 관중(關中)의 장재(張載), 민중(閩中)의 주희(朱熹)가 제창한 유교. 곧 송학(宋學), 정주학(程朱學), 성리학(性理學).

94 「정성서(定性書)」: 정호(程顥)가 자신의 사상을 피력한 글의 제목. 『이정전서(二程全書)』에 수록되어 있다.

95 양구산(楊龜山): 양시(楊時). 1053~1135. 중국 북송(北宋) 때의 학자. 자는 중립(中立), 호는 구산(龜山). 정이·정호 문하의 사선생(四先生) 가운데 한 사람이다. 『이정수언(二程粹言)』을 편집하였으며, 저서로 『구산어록(龜山語錄)』·『구산문집(龜山文集)』 등이 있다. 고향으로 돌아가는 양시를 배웅한 정호가 "나의 학문이 남쪽으로 간다.(吾道南矣)"라고 탄식하였던 것은 유명한 이야기로 전해오고 있는데, 그 말대로 양시에 의하여 이정(二程)의 학설이 화중(華中)·화남(華南) 지방으로 퍼져 남송(南宋)의 주자(朱子)와 장식에게 계승되었다.

96 나예장(羅豫章): 나종언(羅從彦). 1072~1135. 중국 북송 때 학자. 자(字)는 중소(仲素). 호(號)는 예장(豫章). 양시(楊時)의 수제자로 문하(門下)에 이통(李侗)이 있고 이통 문하에서 주희(朱熹)가 나왔다. 스승의 학설을 계승하여 '정(靜)'의 연구에 중점을 두었다.

97 이연평(李延平): 이통(李侗). 1093~1163. 중국 남송(南宋) 때의 사상가. 자는 원중(愿中). 보통 연평(延平) 선생이라고 불렀다. 나종언(羅從彦)으로부터 배운 도학(道學)을 심화시켰으며 이것을 주희(朱熹)에게 전한 공적이 매우 크다. 벼슬에 임하지 않고 청빈하게 일생을 보냈다. 남긴 저술이 없으며 주희가 펴낸 스승의 언행록인 『연평답문(延平答問)』만이 전한다. 시호는 문정(文靖).

98 사덕(四德): 천지자연의 네 가지 덕. 곧 원(元)·형(亨)·이(利)·정(貞).

99 오상(五常): 사람으로서 항상 지켜야 할 다섯 가지의 도리로 곧 인(仁)·의(義)·예(禮)·지(智)·신(信).

100 채계통(蔡季通): 송나라 학자 채원정(蔡元定). 계통(季通)은 그의 자이며 호는 서산(西山)이다. 주자의 정맥이라고 할 수 있으며 『서경집전(書經集傳)』을 저술한 채침(蔡沈)이 그의 아들이다. 후에 '문절(文節)'이라는 시호를 추증받았다.

101 채중묵(蔡仲默): 원문에는 '오중묵(吳仲默)'이라고 되어 있으나 '채중묵(蔡仲默)'의 오기인 것으로 보인다. 채중묵(蔡仲默)은 송나라 건양(建陽) 때 학자인 채침(蔡沈)이니 중묵(仲默)은 그의 자이다. 주자의 정맥인 채원정(蔡元定)의 아들이며 주희(朱熹)의 사위로서, 주희의 학문을 이어 『서경집전(書經集傳)』을 저술하였다. 만년에 구봉(九峯)에 은거하여 구봉선생이라고 불렀고 명대에 이르러 '문정(文正)'이라는 시호를 추증받았다.

102 진희원(眞希元): 진덕수(眞德秀). 1178~1235. 중국 남송(南宋) 때의 학자. 자는 경원(景元) 또는 경희(景希). 희원은 그의 호이며 보통 서산(西山) 선생이라고 불렀다. 한탁주가 주희의 학문을 위학(僞學)이라 탄압하였으나 주자 학문의 재흥을 위해 힘을 쏟았고 주돈이·호안국(胡安國)·주희·장식(張栻) 등의 학문을 장려하였다. 주희의 학통을 이어받아 천하에 이(理)가 없는 기(氣)와 기가 없는 이는 존재할 수 없다고 한 이기이원론(理氣二元論)을 견지하였다. 1234년에 후세 사람들이 제왕의 필독서라고 일컫는 『대학연의(大學衍義)』를 지어 올렸고 그밖에 『서산선생문집』·『서산독서기』 등의 저서가 있다. 시호는 문충(文忠)이다.

103 대문(對文): 문체 이름. 상소(上疏)의 한 체(體)로 천자의 하문(下問)에 대하여 의견을 진술하는 것이다.

104 백이(伯夷)·숙제(叔齊): 은(殷)나라 고죽군(孤竹君)의 아들인 형 백이와 아우 숙제를 말한다. 주(周)나라 무왕(武王)이 은나라를 칠 때 이를 막으려 하였으며, 무왕이 천하

를 손에 넣자 주(周)나라의 곡식을 먹을 수 없다며 수양산(首陽山)으로 도망가 고사
리를 캐어 먹고 살다가 마침내 굶어 죽었다.

105 탕(湯) 임금과 무왕(武王)의 혁명의 의리 : 은나라의 탕왕과 주나라의 무왕 모두 자기
가 섬기던 임금을 방벌(放伐)하여 나라를 얻은 임금이다.

106 태백(泰伯) : 주(周)나라 태왕(大王)의 장자(長子)로, 태왕이 은나라를 정벌할 때 그 뒤
를 따르지 않아 결국 막내아우의 아들인 창(昌)에게 왕위를 물려주어 주나라의 문왕
(文王)이 되게 하였다. 뿐만 아니라 자취를 감추어 사람들이 그의 덕을 칭송조차 하
지 못하게 하였으니, 공자가 그를 일러 '지덕(至德)'이라 하였고 주자는 『논어』 집주
에서 이러한 의미를 밝혔다.

107 정명도(程明道) : 정호(程顥). 1032~1085. 중국 북송(北宋)시대의 성리학자. 자는 백순
(伯淳). 명도선생(明道先生)이라고도 일컬어졌으며 동생 정이와 함께 '이정(二程)'이
라고 불렸다. '주장이정(周張二程)' 즉 '주돈이·장재·정이·정호'라고 병칭되듯이
성리학 형성기의 주요 인물이다. 「정성서(定性書)」, 「식인편(識仁篇)」을 비롯하여 시
문과 어록이 『이정전서(二程全書)』에 수록되어 있다.

108 시민여상(視民如傷) : 백성 보기를 다친 사람 보듯 한다. 『맹자(孟子)』 「이루(離婁)」
장에 나오는 말로, 백성을 깊이 사랑하고 긍휼히 여김을 이른다.

109 범희문(范希文) : 범중엄(范仲淹). 989~1052. 중국 북송(北宋) 때의 정치가. 희문(希文)
은 그의 자이다. 송나라 선비의 기풍을 만들어낸 신하로 존경받았고 한(漢)민족의 번
영을 위해 설치한 '범씨의장(范氏義莊)'은 후세에 의장의 모범이 되었다. 저서에 『범
문정공집(范文正公集)』이 있다. 시호는 문정(文正).

110 선우후락(先憂後樂) : 남보다 먼저 근심하고 남보다 나중에 즐거워한다. 범중엄(范仲
淹)의 「악양루기(岳陽樓記)」에 나오는 말로, 뜻 있는 선비와 어진 사람은 의당 천하
의 근심거리는 남보다 먼저 걱정하고 천하의 즐거운 일은 남보다 뒤에 즐거워해야
한다는 의미이다.

111 사창(社倉) : 기근 때 빈민을 구제하기 위하여 조합에서 설치하는, 곡식을 쌓아두는
곳집.

112 문공(文公) : 주희(朱熹). 1130~1200. 중국 남송(南宋)의 사상가. 자는 원회(元晦)·중
회(中晦). 호는 회암(晦庵). 문공(文公)은 그의 시호이다. 주돈이와 정이·정호 형제의
뒤를 이어 신유학인 성리학을 수립하였다. 관리로서 현직에 있었던 기간은 짧았지만
절강성(浙江省)에서 기근(飢饉) 대책의 임무를 수행하고 사창법(社倉法) 등 우수한
치적을 남겼다.

113 상평창(常平倉) : 쌀값의 조절을 위하여 정부에서 설치한 창고로 한나라 선제(宣帝)
때 시작되었다.